명리와 직업선택

명리직업상담의 새로운 **패러다임**

명리와 직업선택

김기승 · 정경화 지음

다산글방

머리말

　세상의 모든 존재는 에너지로 이루어져 있으며 그 에너지는 우주 내의 모든 변화를 주도하고 있다. 그리고 현생인류와 개인의 삶에도 그 에너지는 항상 영향이 미치고 있음을 현대 과학에서 밝혀주고 있다. 이 책 『명리와 직업선택』은 우주가 인간에게 미치는 영향력을 분석하는 명리학에 바탕을 두고 시작하였다. 즉, 개인이 일평생 경제활동을 하게 되는 직업문제와 자신만의 타고난 선천적성을 찾아 능률적인 사회인이 될 수 있도록 도움을 주고자 하는 것이다.

　저자는 2009년에 펴낸 『명리직업상담론』을 통하여 명리를 기반으로 한 직업상담의 알고리즘을 정립하였다. 이후 직업직무 분야와 명리학의 상관성에 대하여 많은 연구가 추가로 이루어졌다. 하여 직업상담전문가인 정경화 박사와 함께 목차와 내용을 전면적으로 수정 보완하여 보다 실용적인 내용의 책을 출판하게 되었다.

　이 책의 가장 큰 특징은 매 장마다 다양한 실제 사례를 충분히 추가하였고, 다양한 사례들을 통해 명리와 직업과의 관계를 좀 더 이해하기 쉽게 구성하여 즉시 상담에 적용할 수 있도록 하였다는 점이다.

이 책의 구성은 대학교재 형식을 취하였고, 주요 내용은 다음과 같다.

1) 인간의 생애주기별로 십성의 역할 변화에 대해 사례를 들어 설명하였다.
2) 타고난 선천성과 좌·우뇌의 기능을 명리학적으로 설명하였다.
3) 선천지능이론과 다중지능이론에 대한 설명과 명리 기반의 성격심리를 다양한 사례를 들어 분석하였다.
4) 직업상담 현장에서 주로 사용하는 검사도구들과 명리직업상담 현장에서 사용하는 선천적성검사(AAT)에 대한 설명과 차이점을 기술하였다.
5) 십성별 교육방법을 다양한 사례를 들어 설명하였고, 현재 교육부에 등록된 학과정보 제공과 학과전공 선택에 대한 다양한 사례를 제시하였다.
6) 사주의 천성인 흥미에 의해 선택한 직업과 사주의 직업코스로 선택하는 직업들을 사례를 통해 설명하였다.
7) 직업을 20가지 테마 별로 분류하여 각 테마 별 십성의 관계를 설명하고 해당되는 사례를 들어 설명하였다.

8) 사주에 없는 십성의 구제와 대응으로 직업을 찾은 사례를 들어 설명하였다.

9) 십성의 에너지 주체에 따라 직무적성의 변화에 대한 설명과 구조에 따른 직업선택을 다양한 사례를 통해 기술하였다.

10) 미래사회와 직업의 변화를 알아보고 그것을 통해 명리직업상담의 미래를 위해 상담의 방향과 상담사의 전문성에 대하여 논하였다.

사회과학 분야의 학문들은 자기 자신과 인간관계에 관한 끊임없는 질문에 대한 정답을 찾아 발전을 거듭해왔다. 그리고 자연과학 분야의 학문들은 우리를 둘러싼 미지의 세계에 대한 끊임없는 탐구와 인간의 삶을 더욱 편안하고 풍요롭게 하기 위한 지속적인 연구를 통해 발전해 왔다.

그러나 자기 자신에 대한 설명과 살아가는 삶의 질에 관한 내용과 목표를 제시해주는 동시에 자신이 잘 할 수 있는 재능을 밝혀줄 수 있는 종합적인 학문이 무엇인지 묻는다면 서슴없이 명리학을 추천할 수 있다. 그리고 이 책을 추천할 것이다.

'선천적'이라고 하면 우리는 누구나 부모로부터 받는 것만 생각한다. 지극히 맞는 말이다. 그러나 전술하였듯이 유전의 영향을 받는 인류는 천체의 운행에 배속되어 있는 동시에 천체의 영향으로부터 자유로울 수 없다는 것을 다시 생각해야 한다.

한편 저술의 커다란 가치라고 한다면 학문융합 기술을 선도하는 패러다임을 보여주는 저술서이다. 현 사회에서의 명리학을 진로적성검사와 직업상담의 실용학문으로 적극 활용한다면 우리나라의 실업률에 긍정적인 영향을 줄 수 있다고 생각한다.

이 책은 이러한 목적을 가지고 저술되었으며 새로운 과학명리의 패러다임을 추구하는 과정이므로 자칫 주관적인 해석이 개입되었을 여지도 있을 것이다. 이에 독자 여러분들의 조언은 언제든지 흔쾌히 수용하고자 한다. 본 저술의 실험적인 이론들은 대부분 대학원 명리전공 학위과정 학생들의 논문주제로 다루어지고 검증된 내용들인 점도 밝혀둔다. 앞으로 더욱 철저한 실험과 연구로 미래사회를 주도할 수 있는 명리직업상담학으로서의 발전이 이루어져야 할 것이다.

끝으로 이 책이 명리학을 공부하는 독자에게 조금이나마 도움이 될 수 있기를 바란다. 그리고 명리학은 가장 오래된 우주천문학이었고 인간학이었으며 먹고사는 문제에 천착해 있었던 직업상담학이었다는 것을 명확하게 인식하기를 바란다.

2022년 8월 15일

春光 김기승 · 木浪 정경화

차례

1장 명리학과 직업 ──────────── 17

    1. 명리학의 활용가치 _ 19
    2. 인간과 직업 _ 34
    3. 생애주기와 진로 _ 38
    4. 십성의 생애주기별 역할 _ 43

2장 타고난 선천성 ──────────── 55

    1. 출생과 존재 _ 57
    2. 우주과학과 명리학 _ 61
    3. 뼛속에 숨은 적성 _ 69

3장 명리와 두뇌분석 ──────────── 83

    1. 뇌의 구조와 기능 _ 85
    2. 지능의 조건과 두뇌영역 _ 100
    3. 사주와 좌·우뇌 발달 분석 _ 104

4장 명리의 선천지능 —— 117

1. 선천지능이론 _ 119
2. 다중지능이론 _ 141
3. 선천지능과 다중지능의 비교분석 _ 146

5장 명리와 성격심리 —— 149

1. 성격이론 _ 151
2. 음양오행의 성격심리 _ 153
3. 십성의 성격심리 _ 163

6장 주요 성격심리검사 도구 —— 191

1. 홀랜드 직업선호도 검사 _ 193
2. 에니어그램 심리유형 검사 _ 198
3. MBTI 성격유형검사와 사주의 연결점 _ 201
4. 직업카드분류검사 _ 213
5. 명리로 개발된 선천적성검사 _ 216

차례

7장 십성별 교육컨설팅 —— 227

1. 명리와 교육 _ 229
2. 명리와 교육심리 _ 231
3. 십성별 양육·교육 방법과 직업적성 _ 242
4. 자녀교육에서 부모의 개선점 _ 260

8장 명리와 학과적성 분류 —— 263

1. 교육부의 학과정보 _ 265
2. 사주와 학과전공 계열의 연관성 _ 278
3. 학과전공 선택의 다양한 사례 _ 288

9장 사주와 직업구조분석 방법 —— 297

1. 사주와 개인의 능력평가 _ 299
2. 사주 내의 강자, 천성과 흥미 _ 312
3. 직업적성을 이루는 기본 코스 _ 325

10장 직종별 적응성과 십성의 범주 337

   1. 여행 분야 _ 339

   2. 음식 분야 _ 340

   3. 호텔 분야 _ 341

   4. 수송 분야 _ 342

   5. 관광레저 분야 _ 343

   6. 게임 분야 _ 344

   7. 애니메이션 분야 _ 345

   8. 순수예술 분야 _ 346

   9. 영화 분야 _ 347

   10. 음반 분야 _ 348

   11. 금융 분야 _ 349

   12. 스포츠 분야 _ 350

   13. 의료 분야 _ 351

   14. 과학수사와 법 분야 _ 352

   15. 문화/예술 분야 _ 354

   16. 방송/언론 분야 _ 355

   17. 광고/마케팅 분야 _ 356

   18. 디자인 분야 _ 357

   19. 정보통신 분야 _ 358

   20. 건설/교통 분야 _ 360

차례

11장 없는 십성의 지식센서 361

    1. 사주에 없는 십성의 구제와 대응 _ 363
    2. 무(無)인성의 직업사례 _ 367
    3. 무(無)비겁의 직업사례 _ 370
    4. 무(無)식상의 직업사례 _ 374
    5. 무(無)재성의 직업사례 _ 378
    6. 무(無)관성의 직업사례 _ 382

12장 십성의 에너지 주체와 직무적성 387

    1. 에너지 주체가 일간(일간-식상-재성) _ 389
    2. 에너지 주체가 관성(관성-인성) _ 394
    3. 에너지 주체가 균형(식재-관인) _ 400
    4. 에너지 주체가 편중 _ 405
    5. 에너지 주체가 불균형 _ 410

13장 직업선택 사례분석 ——————————— 415

   1. 관인상생 구조의 직업선택 _ 417

   2. 식상생재 구조의 직업선택 _ 423

   3. 인비식 구조의 직업선택 _ 429

   4. 상극구조의 직업선택 _ 436

   5. 파격들의 직업선택 _ 442

14장 명리직업상담의 미래 ——————————— 449

   1. 미래사회와 직업의 변화 _ 451

   2. 명리직업상담의 방향 _ 464

   3. 명리직업상담사의 전문성 _ 472

명리학과 직업

우주 내 그리고 지구에 존재하며 인간에게 주어진 그 어떤 자연적 환경이나 사물은 물론 형이상학적인 것까지 포함하여, 무엇이 과학적이고 무엇이 비과학적인 것인가를 이분법적으로 논할 것은 아무것도 없다. 왜냐하면 과거 인간의 신체나 정신을 다루던 한의학이나 대체의학, 또는 딴따라 취급을 받던 연극, 영화는 물론 근래 인간의 아름다움에 대한 가치관이 높아지면서 피부미용과 헤어디자인 등을 대학에서 경쟁하듯 수용하며 최고의 실용학문으로 치솟고 있기 때문이다. 이렇게 수많은 변화를 끊임없이 수용한 결과로 이루어진 문화(culture) 중심의 현대사회를 비추어 볼 때 누가 감히 숫자로 증명되는 것만이 학문이고 과학이라는 잣대를 들이댈 것인가?

본 『명리와 직업선택』의 기저인 명리학은 가장 오래된 우주천문학이었고 인간심리학이었으며 정보가 전무했던 과거사회에서 인간의 나아갈 방향을 예측하여 안내한 진로상담학이었으며 먹고사는 문제를 상담한 직업상담의 전문직이었던 것을 우리는 겸허하고도 진중한 자세로 새롭게 인식하여야 한다. 또한 본 『명리와 직업선택』은 유일하게 인간의 본성(本性)에 깔린 개인의 성격(personality)과 흥미(interest)와 재능(talent)을 분석해 낼 수 있는 선천적성검사 방법론을 체계적으로 기술하고 그 해답으로 개인의 미래 진로방향을 명확히 제시해 줄 수 있도록 안내할 것이다.
이처럼 명리학은 갈수록 복잡하고 다변적인 직업 생활을 위해 준비되었던 우리들의 위대한 과학이며 위대한 유산이다.

1. 명리학의 활용 가치

명리학은 과학명리로 발전하는 과정을 통해 현대사회에서의 인식에 많은 변화가 있었다. 대학의 정규학과로 자리를 잡으면서 많은 학위논문의 연구 성과를 통해 한 단계씩 과학성을 입증해나가고 있다.

1) 과학과 명리학

우주의 탄생으로부터 음양과 오행이 생기고 이로 인해 모든 만물이 형성되었다. 태어나는 순간 부모로부터 받은 유전자는 우리들의 몸을, 우주로부터 받은 기운은 우리들의 정신을 형성하게 되었다. 그렇다면 우리들의 몸을 이룬 것은 어디에서 왔는가?

네이버캐스트의 〈오늘의 과학〉 편에는 '원자(原子, atom)로 된 나'라는 흥미로운 내용이 다음과 같이 실려 있다. 핵전쟁이나 소행성 충돌 등으로 인류가 멸망할 위기에 처했다고 가정할 때, 혹시라도 살아남을 우리 후손을 위해 가장 중요한 과학 사실 하나를 특수 합금에 새겨 지구 곳곳에 남기기로 한다면 과연 거기에는 어떤 내용을 새겨 넣어야 할까? 라는 질문에 20세기의 위대한 물리학자이자 노벨물리학상 수상자인 리처드 파인만(Richard

Philips. Feynman)은 '세상 만물은 원자로 되어 있다.' 라고 말했다.

    지구의 모든 만물과 우주 저 멀리 있는 은하에 이르기까지 모든 세상이 원자로 되어 있다는 것은 이러한 다양한 것들이 사실 모두 같은 기본 물질로 이루어져 있음을 의미하며, 더 나아가 이런 기본 물질들이 끊임없이 교환되고 있음을 뜻한다.

    이처럼 원자는 완벽한 동일성으로 인해 이전에 어디서 무엇을 하고 있었든 관계없이 수많은 곳을 돌고 돌며 각자의 역할을 수행한다. 우리 몸의 원자는 바퀴벌레나 아메바의 일부였을 수도 있고, 이야기 속에서만 들었던 위인이나 조상들의 몸을 이루던 것일 수도 있다.

음양오행은 우주생성과 변화의 원리이다.

    우주탄생의 순간 존재한 원자는 우주를 생성시키고 변화시키는 음양오행의 원리에 의해 순환하고 돌고 있지만 여전히 같은 모양을 하고 있다. 그러므로 우리 인간은 부모로부터 받은 유전자와 더불어 우주유전자를 받고 태어나게 되는 것이다. 과학이 발전할수록 음양오행의 원리는 더욱 선명하게 증명되어지고 있다. 그렇다면 이러한 변화의 원리 속에서 '과연 '나'라는 존재는 어떻게 유지 되는가?' 라는 의문을 갖게 된다. 아무리 내 몸을 이루는 원자가 모두 교체되고 변할지라도 출생 당시 우주로부터 받은 에너지와 부모로부터 받은 유전자는 평생을 함께하게 되는 나의 근원이 된다.

    모든 학문의 발전은 자신을 바로 알고 자신이 행복해지자는 데 있다. 우리는 부모로부터 태어난 것만이 아니라, 우리가 태어날 당시 우주의 원자가 우리의 육체를 형성하고, 출생 당시의 우주의 기운이 우리의 의식과 정신을 만들었다.

　형이상학적 직관에 의해 발달해 온 음양오행의 학문적 체계는 수치화시킬 수 있는 연구가 부족하여 결과적으로 과학적 증거가 미비했었으나, 시간이 갈수록 연구 자료가 쏟아지며 과학성이 증명되고 있다. 글로벌 시대를 넘어 인류는 우주로의 활동무대를 꿈꾸는 시대가 왔다. 명리와 직업선택은 이러한 우주과학을 바탕으로 현재보다 더 많은 정보를 우리들에게 제공할 것이다.

2) 명리학의 시대적 소명

　모든 학문은 현 사회의 문제를 반영하고 사회발전에 도움을 주는 방향으로 발전하여야 할 도의적인 책임이 있다. 명리와 직업선택은 명리를 이용한 진로적성과 직업상담이 융합된 실용학문이라 할 수 있다. 명리직업상담은 별도의 검사도구 없이 태어난 생년월일시로 자신의 타고난 재능을 확인할 수 있고, 그에 따른 직업상담을 통해 직업의 흥미와 가치관 등을 확인할 수 있다. 자신의 재능을 조기에 발견하여 그에 맞는 준비를 한다면 적성에 맞지 않는 학과에 진학하여 졸업 후 바로 직업으로 연결되지 못하고 더 높은 스펙 쌓기에 돈과 시간을 소비하는 일이 발생되지 않을 것이다. 또한 어렵고 힘들게 입사한 직장에서 적응을 못하고 이직하는 청년들이 늘어나면서 사회적 비용도 많이 발생하고 있다. 잦은 이직과 전직 및 조기퇴직자에 대한 직업상담으로서의 명리직업상담은 중요한 역할을 한다고 할 수 있다.

　다음의 자료는 2022년 5월 통계청에서 발표한 실업률에 대한 자료이다.

<실업률의 변화-통계청자료(2022.05)>

[단위: 만명, %]

구분	2016	2017	2018	2019	2020	2021	2022.04
실업자	100.9	102.3	107.3	106.3	110.8	103.7	86.4
실업률(%)	3.7	3.7	3.8	3.8	4.0	3.7	3.0
청년실업자	42.6	42.6	40.8	38.6	37.0	32.6	32.2
청년실업률(%)	9.8	9.8	9.5	8.9	9.0	7.8	7.4

실업률에 대한 통계청 자료를 살펴보면 실업률이 점차 낮아지고 있는 상황이지만, 청년(만 15세~29세)실업률은 전체 실업률의 40% 가까이 차지하고 있는 것을 볼 수 있다. 이 자료를 통해 졸업 후 바로 취업으로 연결이 쉽지 않다는 것을 알 수 있다. 졸업 전에 미리 자신의 적성을 파악하고 준비를 한다면 잘못된 학과 선택이나 무작정 스펙 높이는 일에 시간을 보내는 일이 줄어들 것이다. 자신의 적성을 찾지 못하였거나 올바른 정보의 부족으로 인한 실업에 대한 해결책을 마련해 주는 것이 중요하다.

명리직업상담학은 무엇보다 직업적성의 올바른 선택에 도움을 주어 취업의 질적인 만족도를 향상시키는 데 도움을 줄 수 있는 학문이다.

3) 명리학의 학문 융합

미래학자들이 말하는 학문의 융합시대는 이미 학계와 우리 사회의 전반에 걸쳐 진행되고 있다. 사회가 복잡해질수록 사람들의 요구는 더욱 다양해지고 모든 학문이 한 가지로만 해석이 되지 않는 시대가 왔다. 명리학도 과거와 같은 방식에서 벗어나 새로운 학문적 융합을 시도하고 있다.

'앨빈 토플러(Alvin Toffler)'는 그의 저서 『부의 미래』에서 지식의 특징을 정리하여 제시하였다. 그가 말하는 지식이란 과거 농지나 공장의 작업라인처럼 누군가가 소유하면 공유가 불가능한 시스템과는 달리 소유와 동시에 공유가 가능하고 형태가 없으며 그동안의 경제학으로는 설명이 안 되는 새로운 부의 창출 원리로서의 지식이다. 이 중 학문의 융합과 관련된 내용은 다음과 같다.

**지식은 관계적이다.
지식은 다른 지식과 어우러진다.**

첫째, '지식은 관계적이다.' 라는 것은 개별적인 지식의 조각은 다른 조각들과 나란히 이어져야 비로소 의미를 얻게 된다는 것이다. 둘째, '지식은 다른 지식과 어우러진다.' 라는 것은 지식이 많을수록 보다 무차별적인 혼합이 가능하고 무수하고도 다양한 쓸모 있는 결합이 이루어진다는 의미이다. 앨빈 토플러(Alvin Toffler)가 설명한 지식의 특징에서도 알 수 있듯이 미래의 모든 학문은 융합과 서로의 관계 속에서 발전하게 될 것이다.

이렇게 지식의 발전이 과거와 같은 분화의 형태가 아닌 융합과 관계학의 길로 가고 있으므로 대학도 이에 상응하는 변화를 겪으리라 예상된다. 사람이든 학문이든 지식이든 내부에서의 통합이 아닌 밖으로 나와 새로운 분야와의 통합이 요구되는 시대인 것이다. '위드인(Within)'이 아니라 '비트윈(Between)'의 개념인 것이다.

그 예로 현재 휴대전화는 나노기술 + 인지과학 + 반도체기술의 융합으로 등장했다. 이렇게 미래학문은 기술과 이론적 융합을 통하여 발전될 것이다. 과거에는 세분화와 심화된 연구가 각 학문의 발전을 이루었다면 미래는 그 모든 지식들의 정점에서 통합하는 기술력이 새로운 학문의 분야가 될 수도 있을 것이다. 이러한 학문 간의 관계로 이루어지는 학문자체를 우리는 관계학, 즉 RT(Relation Technology)라고 부를 수 있다. 융합의 시대에서 명리학은 어떠한 노력을 하고 있으며 앞으로의 과제는 무엇인가?

 앨빈 토플러 (1928~2016)

時 日 月 年
甲 丙 辛 戊
午 子 酉 辰

庚己戊丁丙乙甲癸壬 (2대운)
午巳辰卯寅丑子亥戌

丙火 일간이 辛酉월에 태어나 정재격이다. 식신생재를 이루었다. 재격은 이과적 성향을 가지고 있으며 식신생재는 에너지 주체가 일간 자신이므로 스스로의 감성과 직감, 재능 활용, 미래지향의 선택을 하며 살아가는 능력을 가졌다. 앨빈 토플러는 용접공으로 시작해서 저널리스트가 되었다. 용접공도 재성의 직업성분이며 저널도 식신생재의 활용이다. 그의 저서 『제3의 물결』이 출간된 1980년은 庚申 편재년이었다.

(1) 과학명리의 학문적 관계(RT: Relation Technology)

그렇다면 명리학의 학문적 RT는 어떠한 방향으로 발전해 왔는가? 명리학은 과거로부터 지금까지 직업상담을 지속적으로 담당했던 분야였으며 개인의 심리상담과 인생의 전반적인 상담을 담당해왔다. 그러므로 다음과 같은 분야에서의 학문적 융합이 가능하며 이러한 노력의 결과로 선천적성검사(AAT)가 만들어졌다.

< 명리학의 학문적 융합의 결과 >

기존	융합된 학문	결과
명리학	교육학, 직업학, 심리학, 상담심리, 천문학, 통계학	선천적성검사(AAT) 탄생

명리의 테두리 안에서 명리로만 이야기하던 시대는 이미 끝났다. 즉, 아직도 명리 속의 명리라는 비법을 찾아 상담하고 있는 명리학자가 있다면 명리를 통한 그의 미래는 없을 것이다. 앨빈 토플러(Alvin Toffler)가 말하는 새로운 부의 창출의 기반인 지식과 학문의 세계는 자기 안에서의 심도 있는 고민과 발전을 기반으로 지식의 전반적인 흐름에 민감해야 하며 타 학문과의 끊임없는 융합이 있어야 미래사회를 설명해 줄 수 있다는 것이다. 미래사회는 정해진 규칙대로 변화하는 사회가 아니다. 물리적인 변화만을 기대한다면 화학적 변화에 대한 설명은 전혀 할 수가 없다는 것이다. 고인 물은 스스로 썩어 자멸한다. 물은 흘러야 하고 강물은 넓은 바다로 흘러가듯이 모든 학

문은 더 넓은 세계로 나가야 하는 것이다. 명리학은 이미 넓은 세계로의 출발을 시작했다.

(2) 명리학과 교육학

다중지능 이론과 맥락을 같이하고 있는 십성에 의한 선천지능 이론은 교육적 측면에서의 새로운 발견이다. 우수지능을 발견하여 개발하고 부족한 지능에 대하여서는 보완책을 마련할 수 있다. 또한 선천지능이론의 핵심은 지능의 공조가 이루는 개인별로 독특한 구조적 측면에서의 활용이다. 이러한 구조를 파악하여 학과적성은 물론 양육방법과 교육방법에 대한 해답도 찾을 수 있다. 그러므로 명리와 직업선택은 교육학과의 융합이 가능한 학문이다.

(3) 명리학과 경영학

사업운영 및 재테크는 매우 중요한 경영활동이다. 이외에 사회생활에서는 인간관계나 대인관계도 매우 중요하다. 명리학은 경영학적 측면에서 사업운영에 대한 적합도나 업종에 대한 정보 그리고 재산을 관리하는 지침에 대한 정보도 얻을 수 있는 유용한 학문이다. 그러므로 명리와 직업선택은 경영학과의 융합이 가능한 학문이다.

(4) 명리학과 사회학

사회변화를 주도하는 것은 다양한 분야에서 이루어진다. 그중에서 우리가 속한 사회의 질서를 유지하고 관리하는 것은 정치나 사회 분야이다. 명리학은 이러한 분야에서 활동하는 사람들에게 올바른 판단과 결정을 내릴 수 있는 최적의 시기를 제공할 수 있다. 년운과 더불어 생애주기별 정보를 제공하는 시스템을 갖추고 있기 때문에 가능한 것이다. 그러므로 명리와 직업선택은 사회학과의 융합이 가능한 학문이다.

(5) 명리학과 성격심리학

음양과 오행이 가진 기질은 각기 고유한 특성이 확실하다. 이러한 특성 때문에 음양오행으로 구성된 사주를 분석하면 한 사람의 성격과 심리에 대한 가장 정확한 정보를 제공할 수 있다. 성격심리에 관련된 내용은 앞에서 심도 있게 다룬 내용을 참고로 하여 살펴보면 많은 연구와 발전이 있었음을 알 수가 있다. 근래 심각해지고 있는 성격적인 문제 또한 편중된 십성에 의한 성격심리 해석으로, 이제는 정신분석의 수준에 다다른 학문적 성과를 기록하고 있다. 그러므로 명리와 직업선택은 성격심리학과의 융합이 가능한 학문이다.

(6) 명리학과 직업학

본 저술의 제목은 『명리와 직업선택』이다. 명리학은 무려 1,000년이 넘는 기간 동안 직업에 대한 상담을 해 온 학문이다. 직업적성을 도출해 내는 이론과 직업유형에 따라 사주구조를 분류하는 이론 등은 십성의 특성이나 격국, 용신으로 판단하던 과거 명리학의 학문적 성과를 훌쩍 뛰어넘는 것이다. 현 시대의 직업에 대하여 정확한 직무분석과 직업유형에 대한 분석을 통한 정보제공은 명리학과 직업학과의 융합이다.

(7) 명리학과 우리의 생활

이 외에도 명리와 직업선택은 타 학문과의 융합을 통한 발전과 더불어 우리 생활에서 유용하게 활용될 수 있는 생활 속의 학문이다. 음양오행의 체질을 분석하여 각자에게 맞는 건강식품을 추천할 수도 있으며 한의학에서의 활용도 그 예가 될 수 있다. 미국에서는 '파이브 어 데이(Five a day)' 캠페인으로 하루에 다섯 가지의 색깔을 가진 채소, 과일, 곡류를 섭취하자는 식생활 개선을 주장하여 각종 질병률을 30% 낮추었다는 보고가 있다. 이 외에도 각자에게 맞는 색깔이나 방위, 택일 등에서도 활용되고 있다.

이상과 같이 명리와 직업선택은 다양한 학문과의 융합과 교류를 통한 발전이 가능한 학문이며 이미 각 분야에서의 연구에서 진전을 이루고 있다. 그러나 우리들에게 무엇을 해서 먹고사는가 라는 가장 시급하면서도 인생 전체의 삶의 질을 좌우할 수 있는 직업학과의 융합은 성격심리나 경영학, 사회학, 교육학 전 분야를 망라하는 통합적인 융합이요, 현 시대가 가장 절실하게 요구하는 학문이 될 것이다.

※ 선천적성검사(AAT)특허증

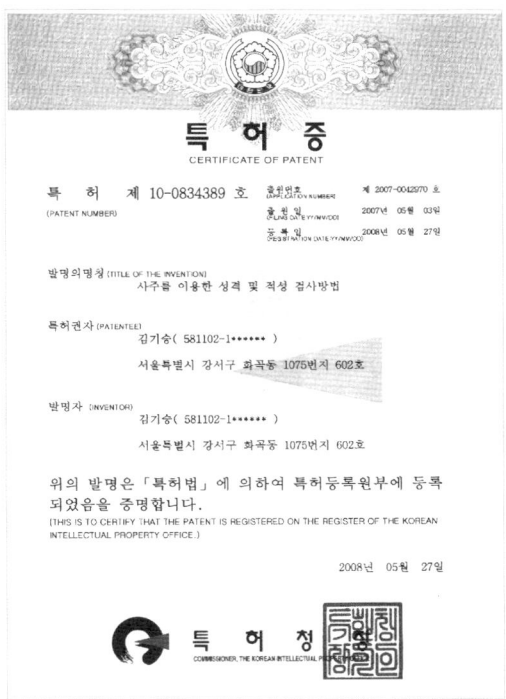

4) 명리학의 과제

　명리학은 중국에서는 청나라 멸망 이후 발전이 더디었으며, 우리나라에서는 일제강점기 이후 학문적 연구 성과가 미진한 연유로 타 학문에 비하여 학문적 입지를 다지는 기회가 적었다. 그러므로 첨단 학문이 등장하고 있는 오늘날에도 명리학을 점술로서 인식하고 있는 사람들이 있다는 점이 아쉬운 현실이다. 과거 인간의 미래에 대한 궁금증을 예측한 점술로서의 활용도 의미가 있는 일이었지만, 오늘날 명리를 연구하는 우리들은 힘들고 어려워도 인간의 경영차원에서 볼 때 신이 준 훌륭한 자료이기 때문에 과학명리의 발전을 위한 노력을 아끼지 말아야 할 것이다.

(1) 과학명리를 지향

학문의 발전에는 연구에 직접 참여하는 인적자원 측면에서의 노력도 중요하지만 일반인들의 인식변화를 위한 노력도 중요하다. 그러기 위해서는 학술지를 통한 명리학적 연구 성과에 대한 발표와 새로운 학문과의 융합과 사회발전에 도움을 줄 수 있는 방향으로의 새로운 시도가 계속되어야 한다. 현업에 종사하고 있는 사람들 중 간혹 생계를 위한 수단으로 혹세무민(惑世誣民)하는 점이 있다면 자성하고 더욱 학문에 열중해서 스스로 발전을 도모해야 한다.

이러한 노력을 기반으로 학계에서는 더욱 과감히 과학명리를 수용해야 한다. 대학에 정규 석·박사 과정을 설치하고 매년 석·박사들을 배출하고 있지만 더욱 적극적인 유치가 필요하다. 통합된 연구기관이 설치되어 연구논문을 발표하고 장학제도를 구성하여 인재를 양성하는 문제 또한 시급하다.

(2) 사회적 합의와 공인

모든 학문은 실생활에 깊이 적용되고 사람들에게 꿈을 주는 생산적인 가치가 있을 때에 학문적 발전과 사회적 인식이라는 두 가지의 목적을 동시에 달성할 수 있다. 과학명리의 우수성을 인정받기 위해서는 기업체나 공공기관에서 활용될 수 있는 이론을 구축하고, 이를 제공해 줄 수 있는 구체적인 시스템을 갖추어야 한다.

명리상담사 자격증 과정을 운영할 수 있는 인력과 관리능력을 갖추고 국가공인 자격증을 발급하여 사회전반에서 활동할 수 있는 여건을 조성해야 한다. 교육계에서는 동양철학이라는 학과목으로 설치하고 자아 개념의 형성과 장래 자신의 적성을 알아볼 수 있는 교양과목으로서 운영될 수 있도록 해야 한다. 병원에서는 심리치료의 목적으로 명리학 전공자들을 고용하고자 하는 수요가 생기도록 명리학자들은 많은 임상적 결과들을 누적해야 한다.

(3) 개인생활의 만족

모든 것의 이유를 내 탓으로 돌리고 남보다는 자신을 변화시키고자 노력할 때 사람들은 타인들과의 갈등도 심적 고통도 줄어들게 된다. 명리학은 자신에 대한 많은 정보를 알고자 할 때, 심리학적 검사나 성격유형에 관련된 다른 어떤 검사보다도 정확한 진단을 내려주고 대안도 제공해 줄 수 있다.

자신의 능력과 가치관이 정립될 때 우리는 타인들과의 비교우위보다는 고유한 자신만의 기준으로 자신이 원하는 행복을 추구하게 된다. 또한 다른 사람들을 이해할 수 있는 의사소통의 통로가 되어줄 수도 있다. 자신을 이해하고 가족과 주변사람들을 이해하는 만족은 과학명리가 주는 커다란 혜택이 아닐 수 없다.

'너'와 '나' 그리고 우리를 둘러싼 '세계'는 우주가 생성되면서 만들어진 원자들을 공유하며 음양오행의 상생상극으로 서로 어우러져 살고 있다. 온 우주와 이 세상은 '나'라는 존재가 태어나면서부터 인식되어지고 시작되었다. 그러므로 '나 자신'의 좌표 설정이 되지 않고서는 어디로 가야할지 어떤 모습이 참다운 자신인지 알 수가 없다. 과학명리의 발전은 이러한 물음에 가장 과학적이고 철학적인 답을 제공해 줄 수 있는 유일한 학문적 이론을 갖추게 하였다.

미래는 꿈꾸는 자의 것이다. 과학명리의 발전을 통한 사회전반적인 공헌과 명리직업상담의 정착으로 많은 사람들의 삶의 질이 높아지는 그런 사회가 오기를 꿈꾼다.

(4) 연구과제

위와 같이 명리와 직업선택은 존중되어야 하는 개인의 행복과 인간이해의 발전과제를 안고 있는 동시에, 실용적 활용가치를 높일 수 있는 학문융합 및 학문질서의 자체적인 연구과제가 주어진다. 하여 다음과 같은 연구과제를 제시할 수 있다.

- **교육 분야** : 선천지능 연구와 뇌과학 연구의 발전으로 교육적 효과 증대
- **진로지도 분야** : 적성검사의 지속적인 업그레이드로 맞춤형 진로지도 성과 증대
- **직업 분야** : 직업적성에 맞는 직업 추천과 직무분석을 통한 직업세계의 이해
- **성격심리 분야** : 심리치료를 위한 정확한 심리분석 연구 지속

- **사회학 분야** : 사회적 변화에 대한 개인의 적응도에 대한 관계성 규명
- **경영학 분야** : 경영에 관련된 인사관리, 사업 분야 등에 관련된 정보의 누적

이 외에도 많은 연구과제가 있을 것이다. 명리직업상담학은 과학명리로서의 이론적 체계를 지속적으로 확립하고 도전적인 연구에 임하여 거듭 발전시켜 나아갈 책임이 있다.

2. 인간과 직업

　직업이란 모든 사람들에게 가장 피부에 와 닿는 현실적인 문제이면서 그 사회의 현재 위치와 상황을 가장 잘 반영해 주는 분야이다. 그러므로 역사와 문화에 대한 논의 없이 직업에 대한 논의를 한다는 것은 불가능하다. 무엇을 해야 잘 먹고 잘 살겠는가를 묻고 답해 온 명리학은 이 시대에 명리와 직업선택이라는 이론적 배경을 탄생시킨다.
　명리학에서의 직업은 그 사람이 하고 싶고, 잘 할 수 있는 일을 찾아 활용도 높은 분야를 추천해주는 과정을 거치게 된다. 무엇보다 가치관과 흥미가 모두 반영되어야 한다. 그것은 출생정보에서 주어지는 사주구조에서 일간에 가장 지대한 영향을 미치는 십성들의 상관관계성이다. 그 상관관계에서 발현되는 개인의 능력은 선천적 다중지능과 직업적성, 소득을 창출할 수 있는 개인의 직업적 능력이 발휘된다.
　다음은 직업에 대한 일반적인 개념의 정리이다.

1) 진로(career)의 개념

　진로(career)란 한 개인이 일생 동안 참여하는 일과 여가활동의 연속적 과정을 포괄하는 생활양식을 뜻하는 개념이다(Macdaniel, 1978). 진로는 좁은 의미에서 '직업'이고 넓은 의미에서는 일생을 통해 행해지는 모든 행동의 연속이기도 하고 사람이 살아가는 과정에서 수행되는 직업적 일, 취미활동, 가정생활 등을 말하기도 한다.

 진로는 어떠한 생애를 살 것인가를 의미하며 자신의 생애계획은 자신의 고유한 생애를 발전하도록 이끌어주고 조장하는 일이다. 또한 직업을 갖기 전과 직업을 갖는 것과 직업에서 은퇴하고 난 후의 생활을 통칭하기도 하며, 학생, 근로자, 은퇴자 등과 관련된 역할을 포함한다. 그러므로 진로는 인간의 전 생애를 통하여 이루어지는 일의 전체를 의미하며 일이 곧 진로인 것이다.

2) 직업의 개념

 직업이란 무엇인가? 우리는 직업을 2가지 의미로 사용한다. 하나는 자신의 '꿈'을 담아 표현하는 것을 의미하고, 다른 하나는 경제적 활동을 의미한다. 이와 같이 직업은 생계의 유지와 사회적 역할분담 및 자기실현을 목표로 하는 어느 정도의 계속된 노동이나 일을 일컫는 말이다. 또한 직업은 자활의 한 수단으로 생활을 위한 개인의 계속적인 일 또는 사업으로서 경제적 보수가 반드시 고려되는 일이다.

 즉, 직업이란 생계유지가 필수이며, 사회에서 생활하는 사람들이 재능과 능력에 따라 업(業)에 종사하며, 정신적·육체적 에너지의 소모에 따른 대가로서 경제적 급부를 받아 생활을 지속해 나가는 활동양식을 의미한다. 그러나 경우에 따라 성직자처럼 보수가 거의 없는 봉사직도 직업에 속한다. 정신적·육체적 에너지의 소모에 따른 대가를 받더라도 윤리적이지 못하면 직업이라고 할 수 없다.

4차 산업혁명시대에 접어들면서 직업은 빠르게 변화되고 있다. 점차 세분화되고 전문화되면서 기존에 있었던 직업들이 사라지고 새로운 직업들이 등장하고 있다. 4차 산업혁명의 핵심요소는 '융합'과 '속도'라고 할 수 있다. ICT(정보통신기술) 기반에서 디지털, 바이오, 오프라인 기술들이 다양하고 새로운 형태의 융합을 통해 새로운 부가가치를 창출하고 있고, 기하급수적으로인 속도로 새로운 기술이나 물건이 발명되며, 그것이 파급되는 속도 역시 예측할 수 없을 정도로 빠르게 진행되고 있다.

직업의 변화는 인간사회의 변화를 가장 밀접하게 반영하고 있다고 볼 수 있다. 직업의 의의와 조건에 대한 직업학적인 시야로 정리하면 다음과 같다.

(1) 직업의 정의 및 의의

직업(Occupation)은 '유사한 직무의 집합'으로 정의되며 여기에서 유사한 직무란 '주어진 업무와 과업이 매우 높은 유사성을 갖는 것'을 말한다(한국표준직업분류, 2007).

직업(職業) = 직(職) + 업(業)

'직(職)'은 관을 중심으로 행하는 관직의 뜻과, 직분을 맡아 행하는 개인의 사회적 역할을 뜻한다. '업(業)'은 생계를 유지하기 위하여 전념하는 일이라는 뜻과, 자기능력을 발휘하기 위하여 어느 한 가지 일에 전념한다는 뜻을 가지고 있다. 그러므로 직업은 생계유지와 사회적 역할 분담 및 자아실현을 지향하는 비교적 지속적인 일을 지칭한다.

(2) 직업의 성립조건

- **경제성** : 경제적인 거래 관계가 성립하는 활동을 수행해야 함을 의미한다. 무급 자원봉사자와 전업학생의 학습행위는 직업으로 보지 않는다.
- **계속성** : 직업은 유사성을 갖는 직무를 계속하여 수행하는 계속성을 가져야 한다. 일의 계속성이란 일시적인 것을 제외하고 주기적이거나 주기가 없더라도 계속 행해지는 것 모두를 의미한다.
- **윤리성과 사회성** : 윤리성은 비윤리적인 영리행위나 반사회적인 활동을 통한 경제적인 이윤 추구는 직업 활동으로 인정되지 못한다는 것이며, 사회성은 보다 적극적인 것으로, 모든 직업 활동은 사회 공동체적인 맥락에서 의미 있는 활동, 즉 사회적인 기여를 전제조건으로 하고 있다는 것을 강조한 것이다.

  ※ 이밖에 속박된 상태에서의 제반활동은 경제성이나 계속성의 여부와 상관없이 직업으로 보지 않는다.

3. 생애주기와 진로

과학의 발달로 인간의 수명이 길어지면서 생애주기(life-cycle)도 변화하고 있다. 즉, 직업에 종사하는 기간이 길어지고 오랜 기간 직업생활을 유지하려는 욕구가 강해지고 있으며, 직업생활에서 은퇴한 후에도 직업복귀를 하려는 경향이 짙어지고 있다. 또한 과학과 경제발전으로 인하여 평균수명이 점진적으로 증가추세에 있다. 우리나라의 노인 인구는 이미 2017년에 전체 인구의 14% 이상(고령사회)이 되었고, 2025년에는 전체 인구의 20% 이상(초고령사회)으로 전망하고 있다.

태어나서 유아기, 아동기, 청소년기를 지나 청년이 되면 결혼을 하게 된다. 하지만 이러한 전형적인 생애주기는 오늘날에 있어서는 결혼기피현상과 저출산으로 인해 변화되고 있다. 초혼 연령은 2021년 기준으로 남자는 평균 33.4세, 여자는 평균 31.1세로, 2009년(남자:31.6세, 여자:28.7세) 기준에 비해 남자는 1.8세 여자는 2.4세 증가하였다(2021년 통계청). 이렇듯 남녀 모두 초혼 연령이 점점 높아지고 있고, 출산율 역시 점점 낮아지고 있어 합계출산율(여성 1명이 평생 낳을 수 있는 자녀의 수)은 1970년 4.53명에서 2021년 0.81명으로 1970년 통계 작성 이후 가장 낮은 수치를 기록했다. 또한 모(母)의 출산연령도 점점 높아져 2021년 모(母)의 평균 출산연령은 33.4세로 나타났다(2021, 통계청).

이렇듯 결혼과 출산은 점점 낮아지고 결혼연령과 평균수명은 점점 높아지고 있어 우리의 생애주기 역시 예전과 많은 변화가 생겼다. 이에 따라 직업 상담도 변화하고 있는 생애주기에 맞게 진행되어야 한다고 본다.

1) 평균기대수명

기대수명은 0세의 출생아가 향후 생존할 것으로 기대되는 평균 생존연수를 뜻하며, 평균수명 또는 0세의 기대수명이라고도 한다. 사람들이 평균적으로 얼마나 오래 살 것인지를 나타내며 연령별 사망률 통계로 산출된다(위키백과).

건강상태는 기본적으로 사망과 질병수준으로 측정할 수 있다. 사망수준은 인구의 수명에 영향을 준다. 사망수준이 낮아지면 인구의 수명이 늘어난다. 기대수명이나 영아사망률은 인구의 건강상태를 나타내는 가장 대표적인 지표로 볼 수 있다.

한국인의 기대수명은 1970년 62.3세에서 2020년 83.5세로 21년 늘어났다. 기대수명은 여자가 남자보다 길다. 2020년 현재 여자의 기대수명은 86.5세로 남자의 80.5세에 비해 6년이나 길다. 한국인의 기대수명은 2010년을 전후로 80세까지 높아지면서 선진국 수준에 도달하였다. 최근 한국은 일본, 스위스 등에 이어 기대수명이 긴 나라에 속한다.

2021년 통계청이 발표한 대한민국 성별 기대수명은 다음과 같다.

[단위 : 세]

	1970	1980	1990	2000	2010	2011	2012	2013	2014	2015	2016	2017	2018	2019	2020
전체	62.3	66.1	71.7	76	80.2	80.6	80.9	81.4	81.8	82.1	82.4	82.7	82.7	83.3	83.5
남자	58.7	61.9	67.5	72.3	76.8	77.3	77.6	78.1	78.6	79	79.3	79.7	79.7	80.3	80.5
여자	65.8	70.4	75.9	79.7	83.6	84	84.2	84.6	85	85.2	85.4	85.7	85.7	86.3	86.5

*출처: 통계청(2021년 출생, 사망통계)

2021년 통계청이 발표한 대한민국 출생아 수는 26만 5백 명으로 전년(27만 2천 3백 명)보다 1만 1천 8백 명(-4.3%) 감소했다. 또한 합계출산율(여성 1명이 평생 낳을 수 있는 자녀의 수)은 0.81명으로 전년(0.84)보다 0.03명 감소했다.

2021년 출생아 수와 합계출산율은 아래와 같다.

[단위: 천 명, 가임여성 1명당 명]

	2011	2012	2013	2014	2015	2016	2017	2018	2019	2020	2021
출생아 수	471.3	484.6	436.5	435.4	438.4	406.2	357.8	326.8	302.7	272.3	260.5
합계출산율	1.24	1.3	1.19	1.21	1.24	1.17	1.05	0.98	0.92	0.84	0.81

*출처: 통계청(2021년 출생, 사망통계)

2) 고령사회와 진로

만 65세 인구가 전체 인구의 7% 이상이면 고령화사회, 14% 이상이면 고령사회, 20% 이상이면 초고령사회로 구분된다. 우리나라는 이미 2000년 고령화사회에 이어 2017년에 고령사회로 진입했다. 2025년에는 초고령사회 진입이 예상되고 있다. 7%~14%까지 걸리는 기간은 17년이 소요되었으나 14%~20%까지 도달하는 데는 8년이 소요되어 고령화사회에서 초고령사회까지 25년이 소요된다. 이러한 결과는 프랑스 156년, 영국 92년, 미국 86년, 독일 80년, 일본 36년 등으로 프랑스보다 6.2배 가량 빠르게 우리나라가 고령사회로 돌입하고 있음을 의미한다.

   IMF 금융위기를 맞기 전까지는 자신의 재능과 전공에 맞춰 회사에 취업을 하면 특별한 일이 없는 한 정년까지 꾸준히 다니는 평생직장의 개념이었다. 그러나 IMF 금융위기가 오면서 평생직장도 하루아침에 없어질 수 있다는 것을 확인시켜 주었고, 평생직장에서 평생직업으로 변하게 되었다. 그때부터 다양한 자격훈련과 자격증 취득 열풍이 일어나게 되었고 자신만의 전문 자격을 갖추기 위해 자기계발에 투자하게 되었다.

   4차 산업혁명시대에 접어들면서 사회가 급속도록 변하면서 기존의 직업이 사라지고 그동안 없었던 새로운 직업들이 등장하게 되었고, 기존의 직무들도 세분화와 전문화 및 융합이 일어나면서 변화에 맞는 학습의 필요성이 대두되었다. 그러면서 평생직업은 다시 평생학습의 개념으로 변화되었다. 즉, 평생직장에서 평생직업으로, 이젠 평생학습의 시대가 되었고 평균기대수명까지 늘어나면서 학습의 시기가 따로 정해진 구간이 있는 것이 아닌 평생에 걸쳐 학습(기술)이 진행되는 시대가 되었다.

   평생학습의 시대가 되면서 전 생애를 통해 직업의 수 역시 사람에 따라 다를 수 있지만 7~8개 이상의 직업에 종사할 수 있으며, 그에 따른 7~8개의 능력을 미리 미리 준비하고 개척해 두어야 한다. 이제는 한 가지 능력만 잘 해서는 살아남을 수 없는 시대가 되었다. 즉, 현대는 다중직업(multi-job) 시대이다.

어느 95세 어른의 수기

나는 젊었을 때 정말 열심히 일했습니다. 그 결과 나는 실력을 인정받았고 존경을 받았습니다. 그 덕에 65세 때 당당한 은퇴를 할 수 있었죠. 그런 내가 30년 후인 95살 생일 때 얼마나 후회의 눈물을 흘렸는지 모릅니다. 내 65년의 생애는 자랑스럽고 떳떳했지만, 이후 30년의 삶은 부끄럽고 후회되고 비통한 삶이었습니다. 나는 퇴직 후 '이제 다 살았다. 남은 인생은 그냥 덤이다.'라는 생각으로 그저 고통 없이 죽기만을 기다렸습니다. 덧없고 희망이 없는 삶… 그런 삶을 무려 30년이나 살았습니다. 30년의 시간은 지금 내 나이 95세로 보면 3분의 1에 해당하는 기나긴 시간입니다. 만일 내가 퇴직할 때 앞으로 30년을 더 살 수 있다고 생각했다면 난 정말 그렇게 살지는 않았을 것입니다. 그때 나 스스로가 늙었다고, 뭔가를 시작하기엔 늦었다고 생각했던 것이 큰 잘못이었습니다. 나는 지금 95살이지만 정신이 또렷합니다. 앞으로 10년, 20년을 더 살지 모릅니다. 이제 나는 하고 싶었던 어학공부를 시작하려 합니다. 그 이유는 단 한 가지, 10년 후 맞이하게 될 105번째 생일날! 95살 때 왜 아무것도 시작하지 않았는지 후회하지 않기 위해서입니다.

4. 십성의 생애주기별 역할

1) 생애주기와 십성

십성을 인간정신과 활동에 적용함에 있어서는 새로운 사고가 필요하다. 그동안 사주를 감정하는 과정에서 고려되지 않았던 것 중 하나는 세대별로 십성을 활용하는 단계를 적용하지 않았던 것이다. 예컨대 십성의 활용은 세대별로 현격히 다르다. 즉, 자기 의사와 상관없이 그리고 자기 사주의 고유한 특징과 상관없이 세대별로 특정 십성의 사회성 범주화에 있게 되며, 또 스스로 그 해당 십성을 의무적으로 활용하게 된다는 것이다.

생애주기	십성 활용	역할	공통
01~20세	인수(印綬)를 활용	학습, 부모, 선생님	비겁 에너지
20~40세	식상(食傷)을 활용	호기심, 활동, 창조	
40~60세	재관(財官)을 활용	부와 명예	
60~90세	인수(印綬)를 활용	안정과 정리	

(1) 영·유아기는 인수(印綬)를 의무적으로 활용하고 있다.

아이들(학생)은 집에서는 부모의 말을 잘 들어야 하고, 학교에서는 선생님의 말을 잘 들어야 한다. 학원에 가서도 선생님의 말을 잘 듣고 가르침을 받아들이는 학생이 착하고 올바르다는 칭송을 듣게 된다.

유치원부터 고등학교까지 그들의 생활과 활동은 모두 인성의 지배를 받고 있으며, 인성의 활용과 결과만이 인정받고 칭찬 받을 수 있다. 예외는 있겠지만, 자신의 타고난 사주의 격(체질, 성격)이나 편중된 오행이 무엇이든지 간에 인성으로 일관된다는 것이다.

만약 편재격의 아이가 아르바이트를 해서 10,000원을 벌었다고 엄마에게 자랑을 한다면 칭찬받기보다는 학원은, 숙제는, 공부하라고 했지 누가 돈 벌어 오라고 했냐면서 나무랄 것이다. 또 상관이 발달한 아이가 화장을 하거나 옷을 화려하게 입고 학교에 왔다면 선생님은 지나침을 나무랄 것이다. 모두 인수와 대치되는 사주들이니 칭찬을 들을 리가 없다.

그들의 사주 격이나 발달된 십성(타고난 적성)은 고려되지 않고 있다. 그러나 단지 그 아이들의 성향이 그런 것이고, 성적이나 생활태도에 문제가 없을 경우 아이들이 가지고 태어난 재능이 발현되지 않게 된다.

예컨대 재성이 발달하여 아르바이트를 한 아이는 경제관념이나 현실적인 문제를 해결하는 능력을 타고났으니 그 상황을 칭찬해주고 학습효과가 나타나도록 진로지도를 해준다면 창의력이 발현되어 금융전문가나 사업가로 대성할 수 있을 것이다.

가정교육은 물론이고 공교육에서도 이와 같이 선천적성을 고려한 진로

교육은 말할 나위 없이 좋을 것이다. 한마디로 자신만의 타고난 재능이 발현될 수 있도록 아이들의 성격강점을 찾아주고 성공지능을 개발시켜 주어야 한다.

 식재의 재능발현을 뒤로하고
인수(공부)하는 남학생(2006년생)

```
時 日 月 年
甲 辛 己 丙
午 丑 亥 戌
```

丁 丙 乙 甲 癸 壬 辛 庚 (10대운)
未 午 巳 辰 卯 寅 丑 子

辛金 일간이 亥월에 태어나 시간으로 甲木 정재가 투출하였으니 상관생재격이다. 연·월간으로 관인상생이 이루어져 있어도 이 사주의 에너지 중심은 일간이 주체가 되는 비-식-재로 볼 수 있다. 대운도 庚子년으로 지지가 식신국을 이뤄 자신이 중심이 되어 에너지를 발산하는 모습이다. 하지만 14세(상담 당시의 나이)로 공부가 가장 중요한 시기이기 때문에 식재의 에너지를 최대한 자제하면서 학생의 본문인 공부(인수)를 활용하게 된다. 열심히 공부는 하고 있어 성적은 좋지만, 엄마의 관심과 참견을 힘들어 했고, 아울러 공부에 집중하기 어려움을 호소했다.

(2) 청년기는 식상(食傷)을 의무적으로 활용한다.

젊은이들은 자신의 역할을 위해 사회적 활동을 왕성하게 한다. 강한 에너지를 소모하는 식상의 활동인 것이다. 대학생은 사회인이 되기 위한 학습이며 전문적인 수련이다. 오로지 인성으로 받아들이는 일방적 학습이 아닌 대인관계와 함께 자신의 전공을 전문화하는 과정이다. 즉, 그동안 인수로 배운 것을 최대한 활용할 수 있는 식상을 갈고 닦는 것이다. 취업활동을 하고, 취직이 되면 일을 하게 되고, 연구하고 생산 활동을 통하여 재를 얻는다. 식상을 통하여 생각을 말하고 감정표현을 하여 이성도 만나 교제를 한다.

운동이나 등산을 가고 취미활동과 친구들을 만나는 등 쉼 없이 활동한다. 세상에 나와서 자신의 능력을 모두 내어놓고 도전과 공개경쟁을 한다. 어디서든 식상으로 성과를 내어야 인정받고 칭찬받는 것이다. 이것은 세대가 주는 식상의 지배하에 또 자기 스스로 식상을 의무적으로 활용하고 있다.

그러므로 이들의 사주를 감정할 때는 식상의 지배를 받으며 식상을 활용하는 세대라는 것을 참고해야 한다.

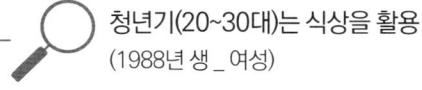

청년기(20~30대)는 식상을 활용
(1988년생 _ 여성)

時 日 月 年
癸 甲 癸 戊
酉 申 亥 辰

乙 丙 丁 戊 己 庚 辛 壬 (6대운)
卯 辰 巳 午 未 申 酉 戌

甲木 일간이 亥월에 태어나 월간으로 癸水가 투간되어 정인격이다. 인수가 왕하여 공부를 많이 했으며 피아노를 전공했다. 자신의 재능을 활용할 식상 火가 없으나 활동을 안 한다고 볼 수 없다. 20~30대는 식상을 가장 많이 활용하는 시기이다. 이 시기에는 식상을 활용하여 자신의 재능을 표현하고 활동량이 많은 시기이다. 즉, 사주에 식상이 없지만, 이 시기에는 식상을 활용한다. 다만 식상이 없으니 재능이 뛰어나지는 않을 것이다.

(3) 장·중년기는 재관(財官)을 의무적으로 활용한다.

사람들은 장·중년이 되면 누구나 부와 귀가 인생의 목표가 된다. 다시 말해서 장·중년들은 자신의 능력이나 처한 환경이 있겠지만 공동목표는 부귀하고 싶은 것이다. 부동산 투자나 주식투자 등과 재산증식이 되는 재테크에 적극적이고 돈 된다는 정보에 열을 올린다. 또는 승진을 하기 위해 부단한 노력을 한다. 지자체 의원직이나 단체장 등에 출마로 권력(귀)을 얻으려고 한다.

사회적 서열이 치열하게 정해지는 시기이다. 서열본능을 가진 동물의 세계에서는 부귀가 높을수록 자신의 위치가 높아진다.

모두 세대가 주는 재성과 관성의 지배하에 활동하고 자신 스스로도 재관을 좇아 살아가고 있다. 만약 이 장·중년들이 재관을 소홀히 하고 공부(인수)나 하고 있고 자기위주(비겁)로 활동한다면 부귀가 추락하니 가족부터 좋아할 리가 없다. 노후 대책에도 문제가 따른다.

그러니 이들의 사주를 감정할 때는 재관(財官)의 지배하에 활동하는 세대들이라는 것을 감안해야 한다.

 장·중년기(40~50대)는 재관을 활용
(1966년 생 _ 남성)

```
時 日 月 年
辛 丙 戊 丙
卯 寅 戌 午
```

丙 乙 甲 癸 壬 辛 庚 己 (2대운)
午 巳 辰 卯 寅 丑 子 亥

丙火 일간이 戌월에 태어나 식신격이다. 천간으로 식신생재격이지만, 지지로 寅午戌 비겁국을 이뤘다. 조열한 사주이며 가종왕격 형식을 이룬다. 식신생재격이며 인비식 구조다.

40~50대는 재성과 관성을 가장 많이 활용하는 시기이며, 부귀가 높아지는 시기이다. 사주의 주인공은 서울대를 졸업하고 재경부 고위직으로 있다가 2017년 퇴직 후 경제연구소에서 2년간 계약직으로 근무하고 다시 대기업에서 스카웃 제의를 받은 사람이다.

(4) 노년기는 다시 인수(印綬)를 활용한다.

노후를 준비하기 위하여 다시 평생학습을 한다. 시대가 빠르게 변화한 탓에 무엇인가 배우지 않으면 이해 못하는 것이 많아졌다. 공부를 하고, 정리를 하고 건강관리를 하며 안정된 인수에 의존하여 살아가고자 한다. 노인이 되면 아이처럼 자식이나 누구의 말을 잘 듣고 미움 받지 않으려고 한다.

국가연금이나 보험금이 아니면 임대료를 받아서 살아가고자 하는 인수 운으로 환원되는 것이다. 어느 세대나 십성을 모두 활용하지만 그 특정 세대에서 집중하여 활용하거나 지배받는 환경이 되므로, 명리학을 활용하여 상담에 임하는 사람들은 섬세한 인간의 심리를 다루어야 하는 만큼 이를 간과하지 않기 바란다.

일간(自己)을 기준으로 성장하면서 인수를 쓰고, 젊어서 식상을 쓰고, 중년에 이르러서 재성과 관성을 쓰고, 노년에 다시 인수를 쓰는 것은 오행의 상생과 같고 자연의 순리와 같다.

노년기(60대 이후)의 인수 활용
(1958년 생 _ 남성)

```
時 日 月 年
壬 丙 壬 戊
辰 戌 戌 戌
```

庚 己 戊 丁 丙 乙 甲 癸 (1대운)
午 巳 辰 卯 寅 丑 子 亥

> 丙火 일간이 戌월에 태어나 연간으로 戊土가 투간되어 식신격이다. 사주가 제살이 태과하니 편관 壬水를 보호하고 식신을 제어하는 인수(木)운이 좋다. 60대 이후부터는 그동안의 삶을 정리하면서 다시 인수를 사용하여 학습하고 자신의 노하우를 알려주고 수용하는 삶을 살게 된다. 60대에 들어 부동산 관련 서류 정리 등 소일을 하는 상태이다.

2) 십성에 따른 세대별 상담

미래의 명리상담은 사주팔자구조 자체의 길흉에 초점을 맞추던 과거와는 달리 사회적 구조와 생애주기 및 인간의 심리구조와 사주구조의 관계를 대입시키고 다양하게 분석해야 한다. 그런 의미에서 생애주기별 십성의 의무적 활용에 따라 십성의 세대별 상담은 매우 중요한 것이며, 더 체계적이고 구체적으로 많은 연구가 이루어져야 한다. 아래 표는 십성을 세대별로 구분하여 놓은 것이다.

구분	영·유아기	청·장년기	중·노년기
비겁	도전	활동과 인간	안정과 대책
	함께 가는 지혜를 배워야 함. 자기성찰 중요-모든 활동의 근본이 됨		
식상	탐닉	창조와 실현	호기심과 소비
	호기심과 창의성을 어디에 초점 맞출 것인가를 명확히 할 것		
재성	즐김	소유와 욕망	부귀의 격차
	트렌드를 읽어내는 우수한 평가력을 실생활에 활용하는 지혜 요구		

관성	관념	도전과 권력	직업과 변화
	세상을 안정적인 상태로 만들기 위한 자기희생을 어떻게 할지 연구			
인성	정보	재관의 적응	관리와 여가
	자기 세계와 생각으로 세상과의 소통 부재 주의			

십성은 생애주기별로 활용 포인트가 다른 것을 포함하여, 위 표와 같이 세대별로 상담 포인트 역시 다르다.

① **비겁**은 자기 에너지가 왕성하여 어린 시절은 부산하게 활동하고 도전하며, 청·장년기에는 활동과 인간관계에 대하여, 노년기에는 안정과 대책에 대한 상담주제가 빈번할 수 있다.

② **식상**은 호기심과 창조적 에너지로서 어린 시절은 탐구하고 경험하며, 청·장년기에는 자신의 창조능력을 실현시켜가는 과정이고, 노년기에는 잘 쓰고 살아가는 소비문화에 대한 상담주제가 많을 것이다.

③ **재성**은 현실적 상황을 잘 간파하므로 어린 시절은 먹는 것과 활동 환경에 대하여, 청·장년기에는 소유하고 싶은 욕망에 대하여, 노년기에는 소유한 재산의 분량과 관리에 관한 상담주제가 많을 것이다.

④ **관성**은 안정과 규칙수행능력으로 어린 시절은 세상의 규칙과 규범에 대한 자신의 관념과 나아갈 방향을, 청·장년기에는 권력을 향한 승진, 노년기에는 퇴직 후의 건강, 직업변화 문제 등에 대한 상담이 빈번할 것이다.

⑤ **인성**은 전통성과 학습능력으로 어린 시절은 자기의 미래를 위한 학습

과 진로 적성 등의 정보에 대하여, 청·장년기에는 부귀를 수용하는 여러 가지 형태의 심리와 인적·물적 관계를, 노년기에는 자기관리와 여가생활 등에 대한 상담주제가 많을 것이다.

 진로사례 – 재격 사주
(2004년생 _ 남성)

```
時 日 月 年
壬 庚 丁 甲
午 寅 卯 申
```

乙甲癸壬辛庚己戊 (8대운)
亥戌酉申未午巳辰

庚金 일간이 卯월에 태어나 연간 甲木으로 투간했으니 재격이다. 재생관 구조로 직장형이다. 전반적으로 火기운으로 몰리면서 관성(火)이 강하다. 재격에 신약사주로 이과 성향이다. 재격에 관성까지 강하기 때문에 수리와 과학에 강하다. 중2 때 카이스트 과학 영재반 최종 면접에서 탈락하였는데 무인성이 원인일 수 있다.

진로사례 – 상관격 사주
(1997년 생 _ 여성)

```
時 日 月 年
辛 甲 丁 丁
未 子 未 丑
```

乙 甲 癸 壬 辛 庚 己 戊 (6대운)
卯 寅 丑 子 亥 戌 酉 申

甲木 일간이 未월에 태어나 월간으로 丁火가 투간하여 상관격이다. 지지로 재성이 많으니 상관생재 구조이며 이과 성향으로 대학에서 컴퓨터공학을 전공하였다. 재능 에너지는 식재를 활용하지만, 水 인수를 용신하고 金관성이 희신이다. 즉, 자신의 재능인 고급기술을 익혀서 시스템이 갖춰진 곳에서 활용하는 것이 능률적이다. 관인 대운을 만나면 교육계나 교육 사업도 가능하다.

2장

타고난 선천성

선천

적성(先天適性,Apriority Aptitude)의 어원(語源)을 살펴보면 다음 표에 나타난 바와 같다.

	선천적성의 어원의 의미	
한자	先(먼저 선): 먼저, 나아가다, 옛날 天(하늘 천): 천체, 천체의 운행, 태양 適(갈 적): 가다, 이르다, 도달하다 性(성품 성): 성질, 생명, 목숨	그 옛날 천체(天體)의 기운을 받고 태어난 성질(性質)을 말하는 것이니 바로 출생과 함께 소유하게 되는 유전적(遺傳的)인 의미를 말한다.
영어	Apriority, Aptitude	선천적임, 선험성, 경향, 소질, 적성

선천적성이란 타고난 출생과 함께 주어지는 유전적인 적성을 의미하는 것이다. 유전적(遺傳的)이라고 하면 우리는 누구나 부모로부터 받는 것만 생각한다. 지극히 맞는 말이다. 그러나 인류는 천체(天體)의 운행에 배속되어 있는 동시에 천체의 영향으로부터 자유로울 수 없다는 것을 생각해야 한다. 그렇다면 과연 부모에게서만 유전을 받는다고 할 수 있을까? 이와 같은 의문을 파헤쳐 보기 위해 21세기 인간이 바라보아야 할 위대한 과학을 소개하고자 한다. 특히 출생과 존재의 굴레로부터 선천적성은 과연 어디에서 오는가? 그리고 선천적성에 대한 명리학의 시야 등에 대하여 설명한다.

필자는 명리학을 현대명리학으로 발전시키기 위해 노력하였다. 명리철학으로서 연구를 진전시키다가 심리적, 사회적 현상을 좌우하는 심리구조 분석의 기틀을 마련하였다. 개인의 올바른 진로선택에 있어 가이드 역할에 대한 중요성을 인식하고 명리직업상담으로서의 실제적이면서도 실현가능한 자아실현의 장을 펼치고자 하는 것이다. 그러나 이 모든 연구의 기저에는 언제나 인간은 우리를 둘러싸고 있는 우주와 함께 호흡하며 그 기운을 받고 있다는 원칙이 자리잡고 있음을 간과해서는 안 된다. 여러 학설과 이론들이 있어도 가장 기본적인 것은 음양과 오행을 주관하고 있는 우주론적인 입장에서 명리학을 바라보아야 한다는 것이다.

1. 출생과 존재

　음양오행의 기운이 가득 차 있는 우주 속에서 태어나는 생명체는 탄생과 동시에 우주의 기운을 받게 된다. 엄마의 자궁 속에 있는 아기는 코와 입으로 양수를 들이마시고 내뱉고, 폐는 양수로 가득 차 있다. 좌심실과 우심실은 연결되어 있고, 오직 탯줄을 통해 영양분과 산소를 공급받고 있는 상태이다. 그러나 자궁 밖으로 나오고 탯줄이 잘리는 동시에 놀라운 변화가 일어난다.
　폐에서 양수가 빠져나가며 우주의 기운, 곧 음양오행의 기운을 들이마신다. 그리고 좌심방과 우심방이 분리되고 폐에 들어온 산소를 우심실에서 혈액을 통해 전신에 공급하게 된다. 즉, 아기는 자궁 밖으로 나와 탯줄이 잘리는 동시에 호흡을 통하여 우주의 기운을 전신에 포맷시키는 것이다. 그리고 미숙한 육신은 대기에 존재하는 기(氣)로부터 압력을 받게 되며 우주의 기가 투입되어 체내에 흡입되는 동시에 선천적 체질을 형성시키게 되는데, 이것이 곧 개인의 고유한 정보가 입력된 우주유전자(사주)라고 볼 수 있다.
　인간의 타고난 선천적 지능은 아이가 출생하여 첫 호흡을 하는 순간 우주 기운이 체내에 들어가게 되고, 혈액이 체내에 들어온 우주의 기운을 온몸에 전달하면서 뇌(腦)와 심장(心腸) 등에 포맷되어 형성된다. 한 생명의 존재가 모태의 자궁 밖으로 나오는 순간 일어나는 신비로운 신체의 생리적 변화에 따라서 우주의 에너지가 뇌와 심장, 인체의 뉴런에 기억되어 정보가 된다. 이렇듯 사주에 있어 출생의 연월일시는 매우 중요한 정보이다.

즉, 어떻게 태어났느냐가 중요한 것이 아니라, 언제 태어났는가 라는 시간이 중요하다. 그러므로 제왕절개로 출산할 경우 좋은 사주가 되게 택일을 하는 것은 그 의미가 있다. 제왕절개란 로마의 황제였던 율리우스 카이사르가 출생 당시 머리가 너무 커서 엄마의 배를 가르고 태어났는데 후일 제왕이 되었다는 데서 유래한 출산방법이다.

이 순간도 태양과 달과 오행성의 에너지가 지구의 모든 생명체에 막강한 영향력을 행사하고 있음은 세계 모든 인류가 인정하고 있다. 지구의 생명체 중 가장 민감한 세포와 감성을 소유하고 있는 생명체!

바로 인간에게 막강하게 미치는 행성에너지 분포를, 출생시점에 적용하여 육십갑자 도구를 이용한 측정방법이 사주명리이다.

인간은 출생 시 약 30%만 성장해서 나와 만3세 무렵까지 뇌(腦)의 완성도는 70%에 다다른다. 30%의 완성도에서 약 3년 동안 70%가 되기까지 보고, 듣고, 느끼고를 반복하면서 뇌(腦)는 폭발적으로 성장하는 것이다.

이때의 경험은 뇌(腦) 속에 각인되어 평생 우리의 삶에 영향을 미친다. 그래서 '세 살 버릇 여든까지 간다'는 속담은 실제로 그렇다. 성격은 어머니의 뱃속에 있을 때부터 형성된다.

여섯 살 이전에 이미 성격은 완성되고, 관계의 패턴이 고착되며, 그 이후는 그 고착된 패턴을 평생 반복한다. 1~3~6세까지 부모의 언행과 사고, 환경 등의 영향을 지대하게 받고 성장한다. 잠재적인 성격이 가장 많이 형성되는 시기이다.

<인간의 탄생에 미친 우주의 기운(에너지)>

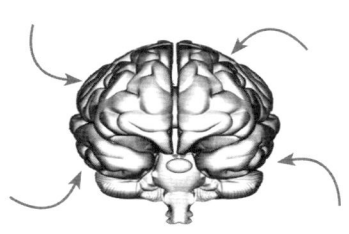

〈피가 온 몸을 도는 시간 – 46초〉

엄마 뱃속에 있다가 출생과 동시에
탯줄이 잘리는 순간부터

- 1차 변화 : 폐에서 양수가 빠져나감
- 2차 변화 : 열려 있던 좌심방 우심방이 닫히고 나뉨
- 3차 변화 : 첫 호흡과 함께 혈액순환을 통해 산소 공급(피가 온몸을 도는 데 걸리는 시간 = 46초)
- 1, 2, 3차 변화와 동시 : 우주의 강력한 기운이 몸과 뇌에 포맷!!!

- 인간의 뇌(腦)는 정보를 에너지로 받는 기능이 있다는 놀라운 사실! 아기의 정수리(숨골)로 들어온 우주에너지(기=음양오행)가 정보로 저장됨

- 신생아 : 90% 이상 수분! 행성의, 기운을 많이 받음
- 미숙한 육신의 외부에서 강력한 우주에너지가 침투하여 체질(뉴런이 기억)을 만든다.
- 이와 같은 인간에게 포맷된 우주 에너지 정보를 측정할 수 있도록 출생연월일시에 육십갑자 적용!

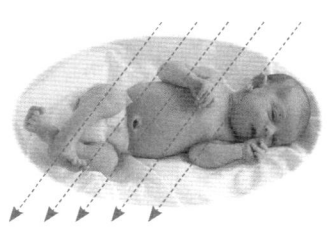

〈정보를 에너지로 받는 뇌〉

46초의 기적

출생 시점에 처음 접하는 것들

눈 : 빛, 물체의 형태 …

귀 : 소리, 음악, 초음파 …

코 : 냄새, 계절, 밤낮 …

입 : 공기의 맛 …

몸 : 공기(기압), 습도, 온도, 세균, 파동 …

마음 : 주변 사람들의 생각(축복, 기도, 저주) …

기타 : 육각수, 꽃가루, 지역적 계절, 날씨,
우주선(Cosmic Rays), 암흑물질(Dark Matter),
암흑에너지(Dark Energy), 초끈들(Super-strings) …

〈출생 시 우주에너지를 받는 몸〉

2장 타고난 선천성

인간은 태어나는 시점에 자궁 밖으로 나오면서 양수의 보호와 탯줄의 연결에서 벗어나게 된다. 이때 우주에 분포되어 있던 음양오행의 에너지가 오행성의 중력, 빛, 소리, 냄새, 맛, 온도, 분위기 등 감각을 통해서, 또는 감각이 인지하지 못하는 파동이나 에너지 형태로 태아에게 강력한 영향을 미치게 된다.

이 영향들은 그 순간의 에너지 분포 형태로 태아의 전신에 영향을 주며, 특히 민감한 뇌세포에 영향을 줌으로써 특정한 신체적, 정서적 정체성을 이루고, 이는 성장을 하면서 좀 더 큰 작용으로 나타나 한 인간의 특성을 결정짓게 된다.

그래서 태어나는 바로 그 시점의 에너지 분포를 알 수 있으면 태아의 성장 후의 정체성을 알 수 있는 것이다. 또한, 몸에 각인된 태어난 시점의 에너지 분포가 인생을 살아가면서 변화되는 시간 속 우주의 음양에너지 분포와 만나 어떠한 영향을 미치게 될 지 예측할 수 있게 된다.

이는 한 인간의 생애를 통한 길흉화복을 예견할 수 있는 근거가 되는데, 이렇게 태어나는 시점의 음양오행 에너지 분포를 앎으로써 한 인간의 정체성과 생애주기의 길흉화복을 예견할 수 있는 일, 바로 이것을 사주라 부르는 것이다.

2. 우주과학과 명리학

과학이란 무엇이며 과학적이라는 의미는 무엇일까? 사전적 의미로 과학은 '보편적인 진리나 법칙의 발견을 목적으로 한 체계적인 지식'이며 과학적이란 '과학을 바탕으로 정확성이나 타당성이 있는, 또는 그런 것'이다.

이렇듯이 인정받는 과학(科學, science)이 되려면 보편적이며 타당한 학문적 체계를 갖추어야 한다. 즉, 누구나 인정할 수 있는 근거가 필요하고 기승전결이 있는 이론적 정비가 되어야 한다. 명리학의 타당한 이론적 체계의 시원은 우주창조에서부터이다. 우주의 사이클을 이해하고 다시 우주의 일부분이 되어 있는 지구를 중심으로 우주에 존재하는 행성과의 관계로 다음과 같이 설명된다.

1) 태양계 오행성과 음양체계

우리가 사주명리가 존재할 수 있는 음양오행을 이해하기 위해서는 우주 천체에서 태양계[1]를 이해할 필요가 있다. 태양계에서 특히 우리가 살고 있

---

1) **태양**(太陽)은 태양계 중심에 있으며 지구에서 가장 가까운 항성(또는 별)이다. 본래 우리말로 해라고 하며, 태양이란 한자어는 음양(陰陽: '물과 불', '그늘과 볕', '차가움과 뜨거움' 등) 가운데 가

는 지구를 중심으로 해와 달 그리고 오행성 등 우주과학에서 밝혀진 사실적 내용으로 음양과 오행의 체계를 이해해보자.

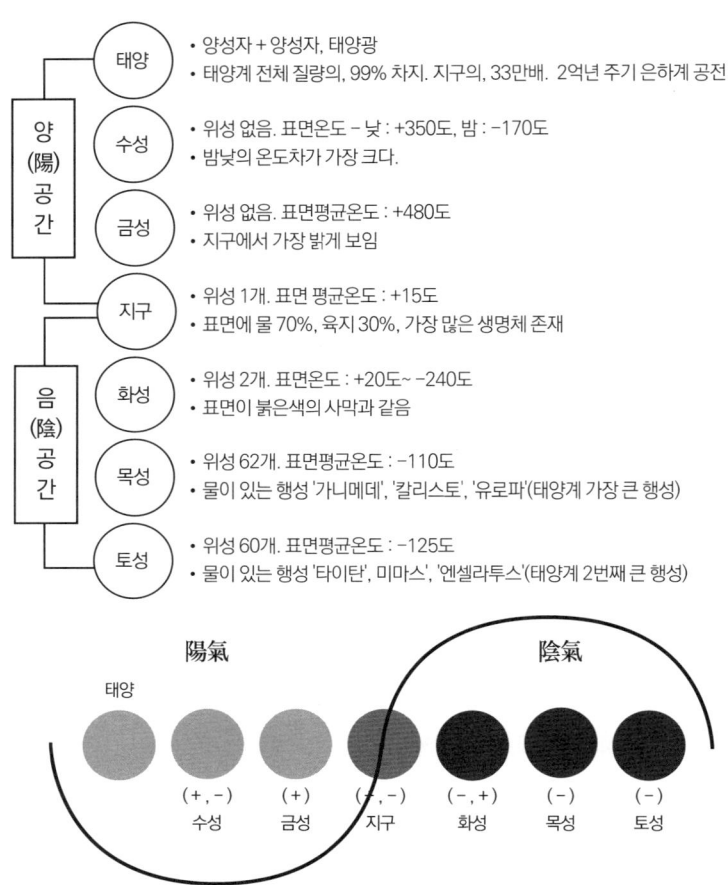

위 행성들의 특징을 살펴보면 음양과 오행에 대한 아주 의미 있는 형태를 보여준다.

장 큰(太) 양(陽)이라는 뜻이다. 지구를 비롯한 태양계의 여러 행성과 소행성, 유성, 혜성 등의 천체가 태양을 중심으로 돌고 있다.

첫째, 태양으로부터 양기(陽氣)운의 공간에는 음기(陰氣)운을 가진 수성(水星)과 금성(金星)이 차지하고 있고, 음기(陰氣)운의 공간에는 양기(陽氣)운을 가진 화성(火星)과 목성(木星), 토성(土星)이 차지하고 있다. 이는 양기(陽氣) 속에 음물(陰物)이, 음기(陰氣) 속에 양물(陽物)이 배속되어 있으니 음양의 공존성과 일치하고 있으며, 세상의 모든 음양의 이치와 배합되는 것이다.

둘째, 수성(水星)은 태양과 가장 가까이에 있으면서도 낮에는 +350도이지만 밤에는 -170도이며 화성(火星)은 표면온도가 +20도에서 -240도까지로 수성과 화성 두 행성은 신비스럽게도 음(-)과 양(+)의 온도가 공존하고 있다는 것이다. 다른 행성에서는 찾아볼 수 없는 특징이다.

셋째, 양기운의 공간에 있는 수성(水星)과 금성(金星)은 자체 위성이 없다. 그런데 음기운의 공간에 있는 화성(火星), 목성(木星), 토성(土星)들은 모두 자체 위성을 가지고 있는데, 이것은 마치 음기운에 속한 행성들이 자녀를 생산하는 이치와 같다.

넷째, 양(陽) 공간에 있는 행성표면에는 수기(水氣)가 없으나 음(陰) 공간에 있는 행성 또는 그 행성이 가지고 있는 자체 위성에는 수기(水氣)가 존재하고 있다는 사실이다. 미 항공우주국(NASA)은 우리 태양계 곳곳에 물과 바다가 있다고 하였고, 나사과학자들은 '우리 태양계에 물이 있는 천체는 9곳'이라며 구체적인 천체명을 거론했다. 지구는 표면의 70%가 수분으로 수많은 생명체가 살고 있다. 그리고 화성(火星)에는 없으나 화성(火星)과 목성(木星) 사이 '왜소 행성 세레스'에 물얼음이 존재한다고 하며, 목성(木星)의 위성 중에는 '가니메데', '칼리스토', '유로파' 3개의 위성에 물이 존재하고 토성(土星)의 위성 중에는 '타이탄', '미마스', '엔셀라두스' 3개에 존재한다.

참고로 천왕성은 표면온도가 -170도이고 거느린 위성이 27개가 있으며, 해왕성은 표면 온도가 -200도이고 위성이 13개이며 '트리톤'이라는 위성이 수기(水氣)를 지녔다고 한다. 마지막으로 명왕성 또한 유사한 저수지를 가지고 있는 것으로 보인다고 한다.

다섯째, 각 행성 별로 보면 수성(水星)이 밤낮의 온도 차가 가장 많이 나고 있는 것은 실제 수(水) 오행이 고체(얼음)와 액체(물), 기체(수증기) 등 가장 변화가 많음을 나타내고 있는 것과 같으며, 금성(金星)은 빛나는 보석과 같이 가장 밝게 빛나고 있는 것이 같다. 화성(火星)은 표면이 붉은색이라는 것이 같고, 목성(木星)은 가장 크고 거느린 위성이 63개로 가장 많은 것을 보면 생명체를 가진 오행으로 번식을 상징하고 있으며 나아가 수기(水氣, 바다)를 가지고 있는 위성이 3개나 된다. 토성(土星) 역시 두 번째로 큰 행성이고 또 60개의 위성을 거느리고 있으며 수기(水氣, 바다)가 있는 위성이 3개나 있는데 이는 마치 생명체와 간지(干支)를 축장(蓄藏)하는 토(土) 오행과 비교하지 않을 수 없다.

지구의 기후를 주관하는 것은 태양이다. 그리고 각 행성들이 형성한 간격에 따라 규칙이 존재하고 있다. 그 행성들 간의 사이에는 에너지 파장이 형성되어 있으며 상호간 영향을 주고받는다. 그와 같이 태양을 중심으로 오행성 사이에 현재의 환경과 기후가 있는 지구가 있다. 그러므로 음양과 오행으로 이루어지는 사주명리학의 시원에 대한 준거인 오행 천문기원설이 가장 설득력 있다고 생각하는 것이다.

**고양이를 평생 훈련시켜도 결코 범이 될 수 없듯이
타고난 것을 이길 수는 없다. 그것이 바로 선천적성이다.**

2) 기후와 정서문화

(1) 한습(寒濕) 지역의 정서 문화

기후가 한습하면 정적이고 이론적이다. 따라서 고위도 지역의 사람들은 실내공간에서 사색을 통해 발현하는 예술 집약적 구성력이 발달하게 된다. 이러한 사고력 체계는 분석적, 탐색적, 내밀성을 바탕으로 한 음악, 작곡, 그림, 분석, 철학, 경제이론, 물리학, 사상이론, 건축공법 등의 심층적인 이론의 탄생과 발전에 유리하게 작용한다. 따라서 북·서유럽에서 세계적인 사상가, 철학자, 심리학자, 음악가, 작곡가 등이 배출되었다.

지동설을 주장한 폴란드의 천문학자 코페르니쿠스, 영국의 계몽사상가 로크, 미생물을 발견한 네델란드의 현미경학자 레벤후크, 근대 이론과학의 선구자인 영국의 물리학자 뉴턴, 프랑스의 계몽사상가 루소, 영국의 경제학자로 고전 경제학의 창시자인 애덤 스미스, 마르크스주의를 창시한 독일의 경제학자 카알 마르크스, 유전 법칙을 발견한 오스트리아의 유전학자 멘델, X-선을 발견한 독일의 물리학자 뢴트겐, 증기기관을 발명한 영국의 기계기술자 와트, 영국의 세계적인 극작가인 셰익스피어, 낭만파 음악의 창시자이자 고전파 음악을 완성한 독일의 작곡가 베토벤 등은 인류문명 발전에 기념비적인 업적을 남긴 대표적인 북유럽 출신의 인물들이다.

또한 밤은 정적이며 인간의 활동을 제약하고 고요하다. 추위와 어둠 등의 요인으로 인간의 외부활동이 제약을 받으면 자연스럽게 실내활동이 증가하게 된다. 따라서 밤 시간이 길면 생각하고 사색하는 시간이 많은 것을 의미하고 이를 글로 남기면 저술활동이 된다. 실제로 겨울에 춥고 밤 시간이 긴 북극권 지역에서 세계적인 철학자, 물리학자, 수학자, 화학자, 음악가, 미술가 등이 배출되었다.

 한습한 사주로 평생 역학책을 저술한 故 한중수 선생

時	日	月	年
辛	壬	辛	丙
丑	戌	丑	子

한중수 선생은 평생 역술 관련 모든 분야의 고전을 번역하고 집필하였다. 壬水가 丑월, 丑시에 생하여 한습하기 이를 데 없고 연간의 丙火마저 丙辛 合으로 꺼져간다. 오직 내밀하고 깊이 연구하는 한중수 선생의 정서는 가난한 학자의 길을 걷게 된 이유로 보여진다.

(2) 온난(溫暖) 지역의 정서 문화

기후가 온난하면 동적이고 실천적이며 개방화된 생활패턴을 가지게 된다. 주로 실외에서 인간과의 직접적 사교에 의한 리듬에 맞춰져 있다 보니 정서가 타인 지향적이며 행복지수를 고조시키는 대중문화가 발전하게 된다. 열광적이며 쾌락적인 성향으로 자유분방한 테크닉을 구현하는 스포츠, 무용, 유흥, 오락 등의 분야에서 두각을 보인다. 남부 유럽, 남미, 아프리카

지역의 사람들이 스포츠에 능하고 현란한 율동의 춤을 잘 추는 것은 이러한 기후적 요인이 작용했기 때문이다.

　단거리 육상종목의 세계 정상급 선수들은 흑인들이며, 그 이유는 대부분 열대기후 출신으로서 선천적으로 유연성과 순발력이 뛰어나기 때문이다. 중미 아메리카 카리브해 연안에 위치하여 열대기후에 속하는 인구 280만 명에 불과한 자메이카는 단거리 육상의 최강국이다. 글래스고대학교와 서인도제도대학교의 공동연구 결과에 따르면 선천적인 조건이 절대적이라는 것이다. 자메이카 육상선수들을 대상으로 조사한 결과, 근육 이완과 수축을 빨리 일으키는 '액티넨A'라는 특이 유전자가 200여 명의 선수 중 70% 이상에게 존재하고 있음을 밝혀냈다. 그러나 호주 선수들을 조사한 결과 이 유전자를 가지고 있는 선수가 단 30%에 불과했다. 이처럼 자메이카 선수들의 폭발적인 스퍼트는 근육 이완과 수축이 빠를수록 더 큰 힘을 발휘할 수 있어 타 지역 선수들보다 유리하다는 분석이다.[2]

　남부 유럽, 남미, 아프리카 등 저위도 지역은 현란한 율동의 춤과 음악으로 유명하다. 스페인 민속춤인 플라멩고는 빠르고 경쾌한 음악에 맞춰 화려한 의상의 집시들이 손을 옆으로 세우고 손뼉을 치며 발을 구르는 동작으로 이루어진다. 역시 스페인 민속춤인 살사는 정열적인 라틴댄스로 건전하고 율동감이 넘치는 춤이며 파소도블레도는 스페인에서 유래되었고 기본 스텝은 행진곡 형식이며 대중적이고 투우를 묘사한 라틴댄스의 꽃이라 할 수 있다. 훌라댄스(Hula Dance)는 하와이에서 남성에 의한 민속춤으로 애초에는 종교예식의 일부로 신이나 왕에게 받치는 신성한 춤이었다. 룸바(Rumba)

---

2) 매일경제(2008.08.19.), '자메이카·케냐 육상 왜 강한가?'

는 쿠바의 토인들로부터 시작한 민속무용이다. 그리고 태국의 대중민속춤인 람-옹(Ram-Wong)은 드럼의 흥겨운 리듬에 맞춰 친목도모에 이용되는 오락춤으로 젊은 남녀들이 함께 추는 전통 공연예술이다.

 자메이카 육상선수
우사인볼트

時	日	月	年
癸	丁	丙	丙
卯	酉	申	寅

우사인 볼트는 자메이카 육상선수로 2008년 베이징 올림픽, 2012년 런던 올림픽, 2016년 리우데자네이루 올림픽에서 100m, 200m, 400m계주 부분에서 금메달을 따는 등 3종목을 3연패하는 기록을 세웠다.(추후 2008 베이징올림픽 400m릴레이는 팀 동료의 도핑검사 결과 금지약물 검출로 금메달을 박탈당했다.)

자메이카는 북반구의 위도 18도 지점이고, 기후는 열대우림성 해양성 기후로 덥고 습하다.

丁火 일간이 申월에 태어나 정재격이다. 천간으로 비겁(火)가 강하고 연지에 뿌리를 두고 있다. 비겁이 강하고 일지와 월지 재성에 신강사주로 운동선수에 적합한 사주라고 볼 수 있다.

3. 뼛속에 숨은 적성

한 사람의 적성은 선천적으로 타고난 25%의 재능과 후천적인 가정환경, 교육, 다양한 경험 등으로 구성된다. 그러므로 선천적으로 타고난 것이 아무리 훌륭해도 개발되지 못한다면 숨은 적성이 되고 만다. 선천적성검사(AAT)는 이러한 뼛속에 숨은 적성까지 찾아내어 개발할 수 있는 기회를 주고자 고안된 적성검사도구이다. 인간의 유전인자가 뼛속에 있다고 하는 것처럼 우주의 유전자도 역시 그렇게 말할 수 있다.

1) 선천적성의 개발

선천적성(先天適性)		
先	먼저 선: 나아가다, 옛날	'선천'의 국어사전적 의미는 태어나면서 몸에 지니고 있는 것을 의미한다. 바로 타고난 적성이 있다는 의미가 된다.
天	하늘 천: 천체, 천체의 운행, 태양	
適	갈 적: 가다, 이르다, 도달하다	
性	성품 성: 성질, 생명, 목숨	

모든 아이들은 자신만의 선천적 소질을 가지고 태어난다. 따라서 부모의 바람과는 달리 아이가 부모와 다른 소질을 발휘하더라도 전혀 이상한 것이 아니다. 원래 그럴 수밖에 없는 소질과 재능, 하고 싶은 것들이 바로 그 아이가 성공할 수 있는 선천적성이다.

"저 아이는 천성이 원래 그래!"
"선천적으로 소질을 타고 났나 봐!"

어른들이 아이들을 보면서 흔히 하는 이 말들은 사람은 태어날 때부터 자기만의 기질을 타고났다는 것을 인정하는 말이다. 사주선천지능은 이렇게 타고난 지능을 개발하여 직업적성을 찾자는 이론이다. 이것은 태어난 순간의 출생 연월일시의 정보로부터 이 모든 것들을 분석할 수 있으며 결국 빠른 시기에 맞춤형 진로지도를 할 수 있다는 이론이다.

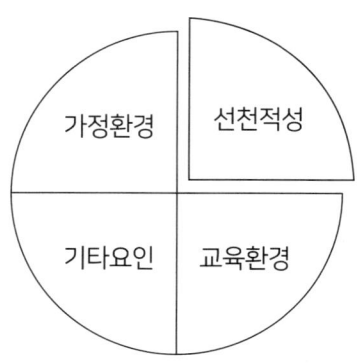

< 적성을 이루는 선천, 후천적 요소 >

적성을 구성하는 단 25%의 선천적성이 아주 작은 요인으로 보일 수 있지만 나머지 75%가 이를 개발하는 환경적 조건이 된다는 사실에 주목하면 정확한 선천적성의 진단이 얼마나 중요한지 알 수 있다. 선천적성은 적성이 드러나 있는 사람, 적성이 평범한 사람, 적성이 다중한 사람, 적성이 미온적인 사람, 적성이 드러나지 않은 사람이 있으며 특별한 고민 없이 자신에게 우연히 주어진 일이 자신의 적성과 일치하는 사람은 대운과 세운의 영향 속에서 올바른 선택을 한 사람이다.

위와 같은 경우에 어떤 사람은 자신의 적성이 평균 50점이고 그중에서 가장 잘하는 적성을 찾아주었는데 그 적성이 65점이다. 그렇다면 적성이 좋은 사람들의 평균치인 70에도 못 미치는 것이다. 그러나 그 적성을 찾아주어야 사회활동의 일반적 수준이 낮더라도 그 사람에게는 최선의 선택이 되고 자신의 삶을 유지할 수 있다는 것을 알아야 한다. 65점의 적성은 자신의 최대 적성이지만 전체의 평균에도 못 미치므로 적성상담이 잘 되었다고 하지 않을 것이다. 그러나 그 대상자에게는 가장 잘된 적성검사가 되며 다른 검사로는 65점의 적성을 찾아줄 수 없다.

 **자신의 뼛속 재능을 찾아가다**
가수 허각

```
時 日 月 年
甲 癸 乙 甲
寅 丑 亥 子
```

2장 타고난 선천성

> 癸水 일간 사주가 전체적으로 비겁과 식상으로 이루어져 있다. 비겁은 자신의 에너지를 활용하는 능력이 좋다. 그리고 식상이 많으니 자신의 재능을 세상에 내어놓고 공개 경쟁을 하는 탁월한 능력을 가지고 있다. 환풍기 수리공으로 일하고 있다가 국내 대형 오디션프로그램에서 우승하여 유명 가수가 되었다.

2) 사주는 왜 맞는 걸까?

"사주는 왜 맞는 거지?"

문득 어처구니없는 질문이라고 생각할 수 있다. 그러나 필자는 사주명리(四柱命理)에 입문하여 공부하면서 그 사주팔자에 따라 성격이나 사건 등에 대하여 맞는다는 것이 신기하고도 흥미로웠던 만큼, '사주는 왜 맞을까?' 라는 단순하고도 막연한 의문을 많이 가졌었다. 다만 사주가 인간의 선천적인 고유성을 분석한다는 입장에서 볼 때 다음과 같은 연구결과는 간접적인 해답을 준다.

잭 햄브릭 미시간주립대 교수 연구팀은 노력과 선천재능의 관계를 조사한 88개 논문을 대상으로 연구를 진행했다. 지금까지 진행된 이 분야 연구 중 가장 광범위한 것이다. 논문의 결론은 다음의 표가 보여주는 바와 같이 아무리 노력해도 선천재능을 따라잡기 힘들다는 것이다.

<전체 성과에서 노력과 선천재능의 비중>

구분	게임	음악	스포츠	학술교육
선천재능	74%	79%	82%	96%
노력	26%	21%	18%	4%

　이와 같은 결과는 어떤 분야든 선천재능이 없으면 아무리 노력해도 대가가 될 수 있는 확률은 그리 높지 않다는 것을 의미한다. 그리고 잭 햄브릭 교수는 "한 분야에서 최고가 되기 위해서는 꾸준한 노력이 필수적이지만 선천재능과 비교했을 때 대부분의 사람이 생각하는 것만큼 절대적인 요소는 아니다"라고 설명했다.[3]

　이러한 간접적인 긍정을 스스로 찾아보며 이해하는 것 외에 사주가 왜 맞는지에 대한 설득력 있는 논리와 과학적(科學的) 설명은 명리서적 그 어디에서도 찾아보기 어려웠다. 그리고 명리학계의 알려진 술사(術士)나 대가(大家)라는 사람들에게도 그 대답을 들을 수는 없었다. 다만 동양철학(東洋哲學)의 사상(思想)으로 음양오행(陰陽五行)을 논하고, 사주는 음양오행의 학문으로 자연(自然)의 이치(理致)로 설명되어 이해된다. 물론 철학적(哲學的)으로 논한다면 누구나 이해 못할 것은 없다. 나아가 자연에서 형성된 기운이 오행(五行)이고 오행은 사계절이 주관한다는 논리도 우리가 실제 살아가면서 피부로 느끼는 계절적 요인(要因)이므로 틀리다 할 수 없다. 일반인들도 동양철학 사상과 자연의 이치로 설명되는 것에는 충분히 동의하고 있는 것은 사실이다.

---

3) 자료: 미국 심리학회, 인터내셔널뉴욕타임스(INYT) 2014년 7월 16일 자.

그런데 왜 자꾸 사주명리를 점술(占術)이라고 하는지에 대하여 생각해 볼 필요가 있다. 하나의 요인은 사주를 활용하지만 점과 혼용하여 활용하는 사람들이 제공하는 것이고, 또 하나는 동양철학 사상과 자연의 기후학으로 설명되는 것이 일반인들을 확실하게 설득하지 못하기 때문이라고 생각한다. 그러므로 이제는 사주명리학이 왜 맞는지에 대하여 과거보다 더 과학적이고 설득력 있는 논의가 필요하다. 비판을 두려워하지 말고 사주의 과학적 사실에 대한 논리적 설명에 대하여 세계인들이 이해할 수 있는 근간을 세워야 한다.

천 년 전 서자평(徐子平) 선생은 왜 연주(年柱) 중심의 삼명학(고법사주학)을 일간(日干) 중심의 신법사주로의 과감한 변화를 단행했을까? 그분은 지금의 결과를 예견했다기보다는 태양계를 중심으로 오성(五星)이 운행되는 것에 초점을 맞춰야 한다고 생각했을 것이다. 즉, 일(日)을 나로 삼고 오성(五星)을 대입하는 것이 더욱 타당한 논리(論理)라고 판단했기에 서자평 선생은 비판을 두려워하지 않고 자신의 창조적 가치를 실행하여 후대에 경이(驚異)로운 지혜를 남기게 된 것이다.

세상의 모든 일을 증명할 수는 없다. 밝힐 수 없는 신화의 세계를 믿어야 하고 그 증명할 수 없는 믿음의 세계를 무조건 믿는 것이 아니라 인간의 생각하는 능력으로 설명하고자 하는 것이 철학이며 학문의 근간이라고 하였다.

서양의 천문학은 점성학에서 그 출발이 시작되었고 서양점성술은 별자리(행성)를 원점으로 하고 있다. 그리고 동양의 명리학은 자연의 에너지를 형성시키는 원점! 즉, '우주의 질서'라고 표현한 근거로써 태양과 달과 오행성(일월오성)을 출생연월일시에 배합하여 명(命)을 논하는 것이 사주이다.

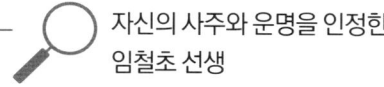

자신의 사주와 운명을 인정한 임철초 선생

```
時 日 月 年
壬 丙 戊 癸
辰 午 午 巳
```

적천수천미를 저술한 임철초 선생은 책에 자신의 사주를 기록해 놓고 다음과 같이 논하였다.

"대저 육척(六尺)의 몸으로 원대한 그림과 뜻이 없는 것은 아니었으나 겨우 형편없는 재주를 가지고 웃음거리만 되었으니, 내가 스스로 생각해보아도 명운(命運)이 가지런하지 않으니 매사에 이익이 되는 일이 없었다. 이른바 수레바퀴 자국에 고인 물속에 사는 붕어처럼 되와 말의 물로 한계를 맞아야 하고, 땅도 한계가 있고, 시(時)에도 곤궁함이 있으니 한탄스럽구나! 모든 것이 명(命)이 아님이 없는 것이니, 그 순리(順理)를 바르게 받아들일 뿐이다."

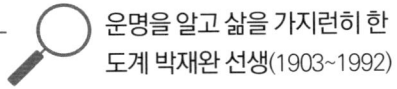

운명을 알고 삶을 가지런히 한
도계 박재완 선생(1903~1992)

```
時 日 月 年
丁 乙 甲 癸
亥 亥 子 卯
```

19세에 중국으로 건너가 무송현 탕해의 왕보 선생 문하에서 태을수, 황극수, 명리학을 수학했다. 그는 40대에 대전에 정착하였고, 저서로는 〈명리요강〉, 〈명리사전〉, 〈정전역해〉 등이 있다.

70년대 후반 대전 지역 신도시가 개발될 무렵 많은 사람들이 땅을 사들이고 도계선생에게도 권했다. 땅집고 헤엄치기 투자였으나 도계선생은 다음과 같이 말하고 거절했다.

"나는 무재 팔자이네. 재물이 없는 무재 팔자가 갑자기 큰 돈이 생기면 화를 입게 되지. 나에게 돈이 들어오면 제 명에 못 살고 죽네."

그는 90세까지 장수하였고, 자신이 죽을 시기를 정확하게 예측하여 제자들과 자식들에게도 미리 준비하게 했다고 한다.

3) 관련 논문 살펴보기

■ 이문정(2007), 「명리이론을 활용한 초등학생 생활지도와 학부모상담」
　국제문화대학원대학교 석사학위 논문

☞ 이 연구는 각 학생의 출생연월일시에 의한 정보로 사주명식을 구성하고, 명리이론으로 이를 분석한 자료를 토대로 9개월간 초등학교 교육현장에서 학생생활지도와 학부모상담에 활용한 후 그 효율성을 분석한 논문이다.

선천적성에 대한 내용은 학습지도와 진로지도에 활용되어 학생과 학부모가 필요로 하는 많은 정보제공이 가능하였다. 교육이든 다른 학문적인 시도든 모든 활동과 적용은 적시에 가장 효율적인 도구를 활용해야 가장 높은 효과를 볼 수 있다고 할 때, 초등학교 현장이야말로 이와 같은 방법이 잘 활용될 수 있는 곳이라고 판단하였다.

▶ 연구대상
서울 ○○초등학교 4학년 31명

▶ 연구내용
학생들의 사주명식을 분석하여 각 학생들의 사주특성에 맞게 학습지도, 인성지도, 진로지도 등 학생생활지도와 학부모상담에 활용하고, 그 효율성에 대한 만족도 확인

▶ 연구가설

첫째, 명리학 이론은 학교 현장에서 학생 개개인의 가치관, 성격, 적성, 학업성취도 파악에 유용한 이론일 것이다.

둘째, 명리학 이론은 학교 현장에서 학생에 대한 장기간의 관찰이나 절차 없이도 학습지도, 인성지도, 진로지도에 대한 많은 정보를 제공할 것이다.

셋째, 명리학 이론은 학습지도, 인성지도, 진로지도를 위한 학부모상담에 있어서 유용한 이론이 될 것이다.

▶ 연구결과

< 사주분석정보를 받기 전·후의 학부모 태도의 변화비교 >

구분	전	후
	빈도(%)	빈도(%)
미신으로 여김	6명(19.35%)	3명(9.67%)
흥미있게 생각함	14명(45.16%)	2명(6.45%)
많은 정보를 제공하는 과학적 학문으로 생각함	0명	17명(54.84%)
잘 모르겠음	11명(35.48%)	9명(29.3%)

< 학습, 인성, 진로지도의 내용에 대한 만족도 >

구분	학습지도	인성지도	진로지도
매우만족	4명(12.90%)	2명(6.45%)	2명(6.45%)
만족	18명(58.06%)	20명(64.52%)	18명(58.06%)
보통	8명(25.81%)	9명(29.03%)	11명(35.48%)
불만	1명(3.22%)	0명(0.00%)	0명(0.00%)
매우불만	0명(0.00%)	0명(0.00%)	0명(0.00%)

<학생지도 및 학부모상담에 이용한 자료의 예 1>

사주 명식	時 日 月 年 甲 乙 甲 丁 申 巳 辰 丑	- 겁재격 - 특이사항 : 을목 일간 양쪽에 갑목 겁재가 자리를 잡은 중에 식상이 투출되어 있으며 재성 진토와 축토에 수기를 갖고 있는 구조이다.
학습 지도		- 매우 경쟁력이 강하고 목표의식이 강한 유형이지만 체력적으로 뒷심이 다소 부족한 면이 보완되어야 좋으며, 논리수학적 지능이 우수하여 학업성취도가 높은 유형이다. - 자신의 자아실현에 대한 욕구가 강하고 훌륭한 결과를 내고자 노력하는 유형인데 심리적인 안정감이 부족한 점이 단점이므로 항상 친구나 가족들로부터 지지를 받고 있다는 편안한 기분을 느끼게 돕는 것이 중요하다. - 기억력이 다소 부족하므로 암기하는 습관과 기록하는 습관이 필요하다. - 흥미와 관심을 유발시키거나 친구들이 많이 하는 것에 대하여 무조건 시작해 보는 성격인데 자신이 할 수 있는 범위 내에서 계획성 있게 준비하고 실속 있게 다져가는 것이 중요하다.
인성 지도		- 매우 경쟁력 있는 심리구조로 인해서 개인적 발전도 오지만 정서적인 문제도 동반하게 되므로, 자신이 할 수 있고 하고 싶은 것이 무엇인가에 대한 생각을 먼저 하고 활동의 범위를 정하는 것이 매우 중요한 유형이다. - 자신만의 독특한 발상과 창의적인 생각들이 학교나 사회에서 인정받기를 바라는 심리가 강하므로 많은 대회나 다양한 경험들을 통해서 자신의 기량을 보여주는 기회를 많이 갖는 것이 좋다. - 책임감은 강하지만 인내력이 다소 부족하므로 항상 욕심을 조금 버리는 것이 필요하다.
진로 지도		- 장기적인 안목으로 볼 때에 공부를 많이 하는 것이 좋으므로 학업에 정진하는 기간을 길게 잡고 다소 여유있는 마음으로 진로탐색을 하는 것이 좋고 자격을 갖춘 전문적인 능력을 갖추는 것이 좋다. - 자신감이 있으나 조급한 성격이므로 장기간보다는 단기간에 승부를 보는 업무에 적합하다. - 아이디어가 필요한 창의적인 업무에도 강점을 가지는 유형이므로 연구직에서도 능력을 발휘할 수 있다. - 우주과학자, 안경사, 체육교사, 의상디자이너, 매니저
종합 의견		- 매우 경쟁력이 강한 성격에 자아실현 욕구가 강하지만 인내심과 기획력이 다소 부족하므로 단기간에 승부를 보는 일에 강점을 가지며, 자신이 할 수 있는 것에 대한 범위를 정하고 활동하는 것이 좋고, 공부를 많이 하여 일정한 자격을 갖추는 것이 반드시 필요하다.

＜학생지도 및 학부모상담에 이용한 자료의 예 2＞

사주명식	時日月年 戊午癸未 甲辰丁丑	- 상관제살격 - 특이사항 : 재성과 관성이 강한 중에 월간 갑목이 상관제살을 하고 있는 구조이다. 갑목의 역할이 항상 주목되는 사주이다.
학습지도		- 항상 도전적인 심리가 강하므로 학습도 그러한 맥락에서 자신의 능력과 외적인 자극으로 인식하고 열심히 하는 유형이다. - 학습 성취도도 높고 이해력도 높지만 인내심과 협력이 필요한 학습은 힘들어 하며 개인적인 동기유발에 근거하여 자기주도적인 학습을 고집하는 유형이다. - 강한 자존심을 가진 이상으로 감정적인 면이 많으므로 감정조절이 학습에 영향을 많이 미치므로 주의할 사항이다.
인성지도		- 이상과 현실의 괴리감 속에서 심리적으로 항상 도전하고 생각이 아주 많은 학생이다. - 외적인 자극이 강제성을 띤다는 강박관념과 내면적 수용거부의 심리가 불균형을 이루고 있지만 외적으로는 이를 모두 극복한 이상적인 자아를 표현하기 위해 상반되는 행동을 보이는 유형이다. - 언제나 자신이 인정받기를 바라므로 장점에 대해서는 절대적으로 인정하고 칭찬해주며 잘못된 점에 대해서는 논리적으로 납득이 되게 설명해 주어야 되는 유형이다.
진로지도		- 직장생활보다는 자격증이나 학문적 소양을 겸비한 자유전문직이 더 적절한 유형이지만 독자적인 영역이 보장된다면 직장생활도 가능하다. - 법을 많이 다루고 관청과 관련된 업무에 능하며 자신은 그러한 법이나 관청에 속해 있지는 않아도 그러한 종류의 업무에 강점과 흥미를 보이게 되는 유형이다. - 심리적으로는 바르고 정도를 걷고자 하지만 감정적인 면이 강하므로 항상 공적인 문제와 사적인 감정을 구분하고자 하는 개인적인 노력이 사회적 성공의 기반이 된다는 것을 명심해야 한다. - 기술, 작가, 법률분석가, 평론가, 감정평가사
종합의견		- 매우 지능이 높고 문제 해결에 있어서 도전적이고 능동적인 면이 많은 학생으로 자신의 언어지능과 전문지식의 활용이 기대되지만 감정적인 면과 강박관념으로부터의 심리적 극복이 가장 중요한 유형이다.

이 연구의 의의는 명리학 이론이 각 학생에 대한 학습지도, 인성지도 그리고 진로지도에 대한 내용을 정확하게 분석하고 적절한 대안과 양육방법을 제시해 주는 이론이라는 점이다. 또한 학생 스스로도 올바른 자아관을 갖도록 도울 뿐 아니라 양육을 담당한 학부모도 교사와 함께 학생에 대한 교육적 효율성을 높이기 위한 협조체제를 마련하는 방법이다. 결론적으로 선천적성을 발견하고 개발하도록 돕는 명리학 이론의 적용은 초등학교라는 교육현장에서 학생생활지도와 학부모상담에 활용될 수 있는 효율성 높은 방법이다.

3장

명리와 두뇌분석

인간은 모체 내에서 열 달 동안 육체가 자라고 지구에서 생존할 수 있는 준비를 하다가, 태어나는 순간에 우주의 기운을 받아들여 개인이란 고유한 존재가 되는 것이다. 인간의 모든 행동과 사고는 모두 선천적으로 유전받은 뇌(腦)가 주관한다. 그러므로 뇌과학에 대한 이해가 중요하다.

21세기에는 인간이 비생물학적 존재가 되면서 지능이 지금의 1조 배가 된다는 주장이 있다. 인간의 지능 활용성에 대한 연구가 중요한 학문이라면 지능과 직접적인 관련성이 높은 뇌과학에 관심을 갖지 않을 수 없다. 그러므로 미래에는 교육활동이 어떻게 이루어질 것인지 그 기능이 어떻게 변할지에 대하여 궁금하지 않을 수 없는 것이다.

선천지능과 유사한 이론인 다중지능이론을 확립한 하워드 가드너(Howard Gardner) 박사 또한 각 지능을 주관하는 뇌의 부위가 있음을 확인하였다. 그는 심리학자이기 이전에 뇌를 연구한 학자였다. 그러므로 선천지능도 뇌과학에 대한 연구를 바탕으로 보다 그 활용성이나 연구 성과를 과학적으로 발전시켜 나가야 하기 때문에 미래의 명리학자들은 뇌의 연구가 필요한 것이다.

1. 뇌의 구조와 기능

생각이 변하면 성공이 보인다. 이는 아주 간단한 말이지만 영원히 변하지 않을 진리이다. 뇌과학이 발달한 지금 우리의 뇌가 변하면 생각이 변하는 것이고 생각이 변하면 성공이 보인다. 그렇다면 우리 인간의 행동양식과 삶을 주도하는 생각이 생성되는 뇌는 과연 무엇인가? 정신활동의 중심이요 한 인간의 모든 것을 결정해 주는 뇌, 뇌는 마치 컴퓨터의 저장장치에 각기 다른 내용이 저장되듯 각 고유한 우주의 기운을 받아 저마다 다르게 포맷되는 곳이라 할 수 있다.

그러나 이 뇌도 우리의 육체와 다르게 취급받아야 되는 정신적 활동의 산물이지만은 않다. 뇌 연구에 의하면 뇌의 노화를 방지하기 위해서는 학습보다는 꾸준한 운동이 더 중요하다는 연구결과가 나왔다.

'노화에 대해 가장 효과적으로 뇌 건강을 유지할 수 있다고 알려진 방법은, 우리가 기대했던 바와는 사뭇 다르다. 그 답이 신체 운동이니 말이다. 뉴런은 자신의 역할을 정확히 수행하기 위해 많은 원조를 필요로 하며, 노후의 순환기계통 문제는 뇌에 산소와 포도당을 나르는 혈액공급을 감소시킬 수 있다. 심박률을 상승시키는 종류의 정기적인 운동은 노후에 인지 능력을 유지하기 위해 할 수 있는 유일하며 가장 유용한 일이다.'(네이버캐스트, 오늘의 과학)

뇌는 우리 인간을 정신과 육체로 분리하는 근거가 되어주는 개념이 아니고 총체적인 개념으로 우리 인간을 이해해야 하는 이유를 말하고 있다. 그러므로 정신적 활동을 주관하는 뇌도 우리 인간의 육체와 긴밀한 관련성을 가지고 있다. 우리 인간의 뇌와 육체, 지구와 우주는 이렇게 동 시간에 서로 영향을 주고받는다.

1) 뇌(brain)의 이해

오늘날 인류의 어마어마한 진화를 이루게 한 것은 바로 신경계(神經系)의 발달이라고 한다. 신경계를 관장하는 기관이 뇌(腦)이며 인류는 뇌의 활용이 발달하면서 초월적 진화를 하게 된 것이다. 이와 같은 동물의 중추신경계를 관장하는 기관인 뇌는 척추동물의 발달과 함께 뇌도 커지고 기능이 복잡해지면서 할 수 있는 일들이 더 많아졌다. 원생동물 시절부터 회상해 본다면 놀랄만한 변화라고 할 수 있겠다. 특히 모든 동물 가운데 뇌가 차지하는 비중이 가장 높은 인간은 논리적인 사고력과 상상력을 지녔으며 그로 인해 종교, 철학, 예술 같은 다양한 문화의 산물을 남기며 많은 발명을 해내고 있다.

뇌는 크게 보면 생각하는 대뇌(大腦), 운동을 조절하는 소뇌(小腦), 생명을 유지하는 뇌간(腦幹)으로 이루어져 있다. 인간 뇌의 4분의 3을 차지하는 대뇌는 좌우 두 개의 반구로 되어 있으며 간뇌를 포함시켜 말하기도 한다. 감각(感覺) 정보를 분석하고 기억(記憶)을 저장하며 사고(思考)하는 기능을 담당한다. 고등 동물일수록 크게 발달되어 있고 특히 인간의 뇌는 어떤 동물 보다 크고 표면에 주름이 많은 것을 볼 수 있다. 대뇌피질은 위치에 따라 전두엽, 두정엽, 측두엽, 후두엽으로 구분한다.

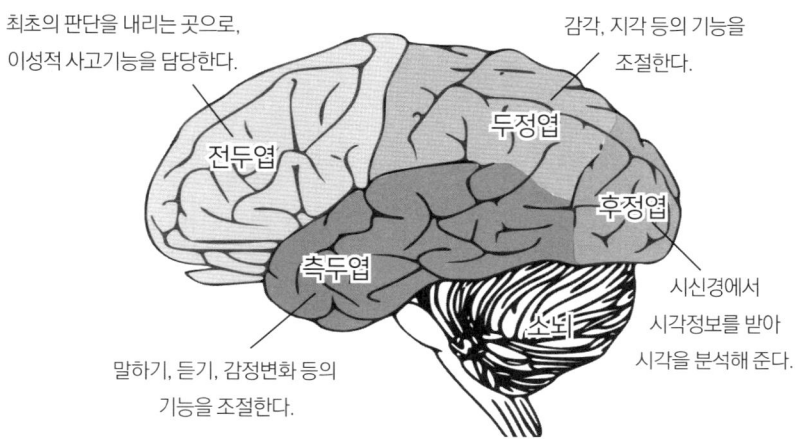

< 두뇌의 구조와 기능 >

머리의 뒤쪽에 있는 소뇌는 약 150g 정도로 감각·인지의 통합과 운동근육의 조정과 제어에 중요한 역할을 한다. 평형기관에 전달된 정보를 바탕으로 몸의 균형을 유지한다. 운동선수들이 빠르고 정교하게 움직일 수 있는 것은 훈련 시 골근육의 활동조절작용을 하는 소뇌도 함께 발달하기 때문이다.

생명을 유지하는 뇌줄기인 뇌간은 대뇌와 간뇌, 소뇌를 제외한 나머지 부분을 말하는 것으로 대뇌와 척수(脊髓) 사이를 연결한다. 뇌줄기는 호흡과 소화, 혈액 순환 등 무의식적인 생명유지 기능을 담당한다. 다양한 운동과 감각정보를 매개하는 신경핵들이 집중되어 있다.

우리가 인식하지 못하는 사이 이렇게 복잡하게 연결되어 있는 뇌를 통해 우리가 행동하고 말하고 느끼는 모든 것이 일어난다는 것은 매우 중요한 일이다.

2) 뇌와 정보처리

　뇌(腦)는 모든 정보(情報)를 저장한다. 그리고 그 저장된 정보를 각자 독특하게 가공하여 다르게 처리한다. 즉, 개인성향, 학습내용, 이해관계 등에 따라 똑같은 정보라고 해도 각각 다르게 해석하고 처리한다. 그러므로 같은 교실에서 같은 수업을 받은 학생들조차 똑같은 정보처리 결과가 나타날 수 없다는 것이다.

　그리고 자신이 지닌 가치관과 부합되는 정보는 잘 수용하지만 날카롭게 충돌하는 정보는 극단적으로 거부하게 된다. 우리의 뇌에는 '폐쇄적 자기강화 메커니즘'이 있기 때문이며, 다른 사실, 다른 해석과 논리 등으로 아무리 상대를 이해시키려고 해도 결코 받아들이지 않는 사람들이 있다. 그들의 뇌에 기존의 정보가 지워지고 새로운 정보가 저장되어야만 다른 사실, 다른 해석과 논리를 거부하지 않을 수 있으나 뇌에 있는 기존의 정보는 생각만으로 결코 쉽게 지워지지 않는다.

　새로운 결심을 해도 삼 일이 지나면 포기하게 되는 작심삼일(作心三日)의 이유는 간단하다. 뇌에 저장된 기존의 잘못된 정보를 그대로 둔 상태에서 새로운 정보를 넣고 행동하게 되니 약 삼 일이 지나면 기존의 고착화된 강한 정보가 다시 뚫고 나오기 때문이다.

　사주분석상담을 하면서 '당신은 현재의 운이 하락되어 있으니 개업하지 마라', 또는 '투자하지 마라', '당신은 현재의 직업에 만족해야 한다.' 등등 수없이 많은 조언을 해줘도 실상 그것을 지키는 사람은 소수에 지나지 않는다. 왜냐하면 이미 그의 뇌에는 이것저것 알아보는 과정에서 여러 사람들의 성공신화 정보가 먼저 입력되어 강하게 고착되어 있기 때문이다. 그러니 상담자의 해석과 논리적인 조언에 대하여 충돌되고 있으니 거부하게 된다는 것을 알 수 있다.

어린아이들도 마찬가지다. 어떠한 이유에서 부정적인 정보가 뇌에 고착되어 있으면 타이르고 설득하는 말들이 아이가 이미 가지고 있는 정보와 가치관이 충돌하므로 설득을 받아들이지 않고 거부하는 것이다.

그렇다면 아이의 뇌에 저장된 부정적인 정보를 모두 지우고 0점 상태로 만든 다음 새로운 긍정적인 정보를 넣어주어야 한다. 그렇게 되면 아이는 새로 입력된 정보를 가공하여 행동하고 말하며 그것은 습관이 된다. 그 좋은 습관이 곧 사람을 바꾸어 놓게 되어 성공하는 것이다. 물론 이와 같은 뇌의 정보를 교체하는 것은 어른도 마찬가지다.

그렇다면 우리의 뇌에 이미 저장되어 있는 부정적인 정보는 어떻게 지울 수 있을까? 그것은 부정적인 정보를 상쇄할 수 있는 강력한 긍정에너지가 있을 때 가능하다. 운동선수가 시합에 임하며 우렁차게 기합소리를 내거나, 잠시 눈을 감고 에너지를 모으거나 하는 것도 시합의 두려움을 상쇄시키고 상대를 기선제압하기 위한 행동이다. 이와 같이 변화에는 강력한 긍정에너지를 필요로 하게 되는데 긍정에너지의 발현은 긍정적인 정신과 함께 무엇보다 어떠한 행동으로부터 발현된다.

모든 운동과 체조, 요가 등은 그러한 차원에서 정신일도하사불성(精神一到何事不成)의 근간이 되는 것으로 볼 수 있다.

명리상담이 진정한 인간중심의 상담이 되기 위해서는 무엇보다 뇌의 정보를 바꿔줄 수 있는 수준 높은 상담기법과 함께 사주구조에 따라 행동의 변화를 이끌어 낼 수 있는 효과적인 방법론이 개발되어야 한다.

즉 다시 말해서 빛나는 전통 자평명리의 학문과 기능적 시스템에 과학적 메커니즘을 형성시켜 인간의 선천적 고유성을 수준 높게 분석 및 해석한 다음 그 결과에 따라 내담자를 변화시킬 확실한 대안을 제공할 수 있는 고급상담학으로 진화시켜야 한다.

3) 좌·우뇌 기능분화

대뇌피질의 좌반구는 신체의 우측에 있는 피부 수용기와 근육이 연결되어 외부 세계의 우측 절반만을 본다. 우반구는 반대로 신체의 좌측에 있는 감각 수용기와 근육이 연결되어 있고 세계의 절반만을 본다. 바로 이러한 내용이 좌·우뇌 기능분화이다. 좌·우뇌 반구는 뇌량을 통하여 정보를 교환하게 되는데 그러므로 뇌량이 없는 사람은 좌반구의 우측에서 들어오는 정보만을 처리하고 우반구는 좌측에서 들어오는 정보에 대해서만 반응할 수 있다. 그러나 뇌량이 있는 대부분의 사람들은 양쪽에서 들어오는 정보를 모두 받아들일 수 있다.

이러한 기능적인 설명보다 더 중요한 것은 좌·우뇌 기능에 대하여 누구나 어느 한쪽 뇌를 선호하는 경향이 있다는 것이다. 이러한 경향은 한 개인의 인생과 일의 방식에도 영향을 주게 되며 그 선호도를 변경하기는 어려워도 사용이 저조한 반구의 능력을 개발하는 것은 가능하다는 것이다. 좌·우뇌의 기능은 차이가 있기도 하지만 중복되는 기능이나 사고방식도 있다.

좌·우뇌 기능에 대한 설명을 간단히 요약한 내용을 살펴보면 다음과 같다.

<좌·우뇌 기능의 차이점>

좌뇌	우뇌
확신적 분석적 직선적 명쾌함 연속적 언어적 구체적 합리적 활동적 목적지향적	직관적 일시적 종합적 정서적 시각적 비언어적 확산적 예술적 상징적 육체적

우뇌 우위든 좌뇌 우위든 인간은 누구나 독자적인 뇌 조직에 맞추어 양뇌를 모두 사용하고 전환을 하게 된다. 좌·우뇌 기능 분화란 뇌의 기능이 하는 일에 적합하게 작용하는 정도를 의미하며 논리적인 좌뇌와 감성적인 우뇌라는 커다란 특징을 갖는 것이다.

뇌를 연구한 학자들은 이러한 뇌기능 분화에 대한 설명에서 남녀평등의 진정한 의미를 말하고 있다.

'여자와 남자는 처음부터 다르다. 평등하기 위해 필요한 것은 이 차이점 위에 기반을 둔 가치이다.'

즉 여자의 경우는 언어지능이 이른 시기부터 발달하며 뇌량이 발달하여 능숙한 정보교환이 가능하다. 이러한 융통성으로 인해 언어적, 직관적인 기능을 더 많이 부여받는 반면, 남자는 이러한 통신이 결여되어 우뇌로 치우치게 정보가 전달되어 남자들이 공간적, 신체적 능력이 여성보다 우수해진다는 것이다.

좌·우뇌선호도는 어떤 뇌를 더 집중해서 사용하고 있는가를 측정하는 검사도구로서 일명 BPI라고도 부른다.

아래에 〈좌·우뇌선호도(BPI) 진단테스트〉 및 〈문항에 따른 점수판별법〉을 소개한다.[4]

좌·우뇌선호도(Brain Preference Indicator: BPI) 진단 테스트

[뇌선호도 유형]

뇌선호도	좌뇌	우뇌
점수		

사람들은 각기 나름대로 생각하고 느끼고 행동하는 방식이 서로 조금씩 다릅니다. 아래의 각 문항들은 그와 같이 서로 다른 방식을 기술하고 있습니다. 처음에 느껴지는 답에 체크하면서 빨리 푸세요. 이것도 해당되고 저것도 해당될 때는 당신의 태도나 행위에 더 가까운 쪽에 체크하세요. 각 문항 중 자신에게 가장 잘 맞는다고 생각되는 것을 하나만 골라서 해당란에 O표 하세요. 물론 정답이 있는 문제는 아닙니다.

---

4) 고영희 역, 『당신의 양쪽뇌를 사용하라』, 양서원, 1997〉 참고.

1. 문제를 해결해야 하는 경우 당신은 어떻게 하는가?
a. ___ 산책하면서 곰곰이 해결방안을 생각한 다음 그것들을 토의한다.
b. ___ 생각하고, 모든 선택 가능성을 적어 놓은 후, 중요성이 큰 것부터 순서를 매긴 다음 최상의 것을 고른다.
c. ___ 성공적이었던 과거 경험을 상기해서, 그것을 보충한다.
d. ___ 자연스럽게 사태가 호전되는 것을 기대하며 지켜본다.

2. 공상에 빠지는 것은
a. ___ 시간낭비이다.
b. ___ 즐거우며 긴장을 풀어준다.
c. ___ 문제해결을 위한 진정한 도움과 창조적 사고에 도움을 준다.
d. ___ 나의 미래 계획에 실행 가능성 여부를 부여하는 수단이다.

3. 아래의 그림을 재빨리 보고 질문에 대답하라.

그려져 있는 얼굴은 웃고 있는가?
a. ___ 예   b. ___ 아니오

4. 예감에 대하여 생각할 때
a. ___ 자주 강한 예감을 느끼며 그것에 따른다.
b. ___ 강한 예감을 느끼긴 하나 의식적으로 그것에 따르진 않는다.
c. ___ 때로 예감을 느끼나 그것을 많이 믿지는 않는다.
d. ___ 중요한 결정을 내리기 위하여 예감에 의존하고 싶진 않다.

5. 평상시의 당신 행동에 대해 생각해 본다면 당신 스타일의 가장 전형적인 것은 무엇인가?
a. ___ 내가 해야 할 일, 만나야 할 사람들의 목록을 만든다.
b. ___ 갈 곳, 만날 사람, 할 일을 마음속에 그린다.

c. __ 일이 일어나게 내버려 둔다.
　　d. __ 각각의 목록과 활동에 필요한 적당한 시간을 적으면서 하루 일과표를 짠다.

6. 모든 물건을 일정하게 두는 장소를 정하며, 일을 할 때 언제나 정해진 방식대로 하며, 정보나 자료를 정리하는 능력이 있는가?
　　a. __ 예　　　　　b. __ 아니오

7. 가구를 옮기고, 집이나 사무실의 장식 바꾸기를 좋아하는가?
　　a. __ 예　　　　　b. __ 아니오

8. 다음의 행동 가운데에서 좋아하는 것은 어느 것인가?
　　(있는 대로 모두 체크 하세요)

__ 수영	__ 여행	__ 테니스	__ 자전거
__ 골프	__ 수집	__ 야영/도보여행	__ 글쓰기
__ 스키	__ 장기 / 바둑게임	__ 낚시	__ 카드게임
__ 노래하기	__ 도박	__ 정원 가꾸기	__ 몸짓놀이(제스처게임)
__ 악기연주	__ 춤추기	__ 집 개량	__ 걷기
__ 바느질	__ 달리기	__ 독서	__ 껴안기
__ 미술 / 공작	__ 입맞춤	__ 요리	__ 접촉
__ 사진	__ 잡담하기	__ 토론하기	__ 아무것도 하지 않는다

9. 운동과 댄스를 배울 때 어떤 방법이 좋은가?
　a. __ 음악이나 게임의 느낌을 잡아 흉내를 내며 배운다.
　b. __ 순서를 잘 배워 스텝을 마음속에서 반복한다.

10. 운동을 하거나 대중 앞에서 연극을 할 때, 연습 때 익힌 실력이나 실력 이상의 힘을 발휘하는 일이 자주 있는가?
　　a. __ 예　　　　　b. __ 아니오

11. 당신은 말로써 자신을 잘 표현하는가?
　　a. __ 예　　　　　b. __ 아니오

12. 당신은 목표지향적인가?

a. __ 예　　　　b. __ 아니오

13. 지시사항, 이름, 뉴스기사 등을 기억하려 할 때 어떻게 하는가?

a. __ 정보를 마음속에 그려본다. 정보를 시각화하여 기억한다.

b. __ 기록한다.

c. __ 입으로 말하며 외운다.

d. __ 과거의 정보와 관련지어 기억한다.

14. 당신은 사람들의 얼굴을 잘 기억하는가?

a. __ 예　　　　b. __ 아니오

15. 말을 사용할 때 당신은?

a. __ 단어를 아름답고 멋있게 꾸민다.

b. __ 리듬을 생각하고 은유를 넣기도 한다.

c. __ 정확하고 적절한 표현을 선택한다.

16. 사람과 이야기할 때 어떤 쪽이 더 편안한가?

a. __ 듣는 편　　　b. __ 말하는 편

17. 모임에서 즉석으로 연설해 달라는 요청을 받는다면 어떻게 하는가?

a. __ 주장이 관철될 때까지 말한다.

b. __ 주장을 뒷받침해 줄 수 있을 듯한 권위자를 찾는다.

c. __ 뒤로 물러나 앉는다.

d. __ 의자나 탁자를 밀거나 큰소리 치거나 한다.

18. 시계를 보지 않고 시간이 얼마나 지났는지 정확하게 맞출 수 있는가?

a. __ 예　　　　b. __ 아니오

19. 다음의 어떤 사회적 상황을 좋아하나?

a. __ 미리 계획된 상황　　b. __ 즉흥적인 상황

20. 새로운 일이나 어려운 일에 대비할 때 어떻게 하는가?
a. ___ 그 일을 능률 있게 처리하고 있는 자신의 모습을 마음속에 그린다.
b. ___ 비슷한 경우에는 성공한 때를 기억해 낸다.
c. ___ 그 일에 관한 광범위한 데이터를 준비한다.

21. 혼자서 일하는 것이 좋은가, 단체에서 일하는 것이 좋은가?
a. ___ 혼자   b. ___ 단체

22. 규칙을 왜곡하거나 또는 회사의 방침을 바꿔야 하는 것에 대해서 어떻게 생각하는가?
a. ___ 규칙과 방침에 따라야 한다.
b. ___ 체계화된 것의 도전에서 진보가 탄생된다.
c. ___ 규칙은 파괴되어지기 위해 있다.

23. 학생시절 당신이 선호한 것은?
a. ___ 대수   b. ___ 기하학

24. 글자를 쓸 때 연필은 어떻게 쥐는가?
a. ___ 정상적인 오른손잡이
b. ___ 갈쿠리 모양으로 굽혀서 쓰는 오른손잡이 (손가락이 가슴을 향하게)
c. ___ 정상적인 왼손잡이
d. ___ 갈쿠리 모양으로 굽혀서 쓰는 왼손잡이 (손가락이 가슴을 향하게)

25. 필기할 때 활자체로 쓰는 때가 있는가?
a. ___ 예   b. ___ 아니오

26. 어떤 목적으로 제스처를 하는가?
a. ___ 요점을 강조하기 위해서
b. ___ 감정 표현을 위해서

27. 어떤 결과가 맞거나 옳다고 본능적으로 느끼는가, 아니면 어떤 정보에 기초하여 결정을 내리는가?
a. ___ 느낀다.   b. ___ 결정한다.

28. 모험하기를 좋아하는가?
a. ___ 예   b. ___ 아니오

29. 뮤지컬 관람 후
a. ___ 곡의 선율 몇 개를 콧노래로 부를 수가 있다.
b. ___ 가사 몇 개를 생각해 낼 수 있다.

30. 연필을 쥔 손을 몸 앞으로 뻗어라. 연필이 마루에 수직이 되도록 하며, 시선의 바로 앞에 가지고 온다. 조금 떨어진 곳에 있는 액자, 흑판, 문 등의 세로 선과 맞추어라. 그대로 왼쪽 눈과 오른쪽 눈을 교차로 감아라.
a. ___ 왼쪽 눈을 감았을 때 연필이 움직이는 것 같이 보였다.
b. ___ 오른쪽 눈을 감았을 때 연필이 움직이는 것 같이 보였다.

31. 편안한 자세로 앉아 손을 깍지 끼어 무릎 위에 놓아라. 어느 쪽 엄지손가락이 위로 가는가?
a. ___ 왼쪽   b. ___ 오른쪽   c. ___ 양쪽 나란히

32. 자신에게 해당된다고 생각하는 항목을 모두 선택하라.
a. ___ 계약서, 지도서, 법률관계서류 등의 의미를 적절히 잡을 수 있다.
b. ___ 모형과 도식을 이해할 수 있다.
c. ___ 등장인물, 무대장치, 연출법을 대담하게 마음속에 그려낼 수 있다.
d. ___ 친구가 방문하기 전에 미리 전화해 주는 것을 좋아한다.
e. ___ 전화로 답장하는 걸 싫어한다.
f. ___ 여행의 세부사항을 계획하고 정리하는 것에 만족을 느낀다.
g. ___ 전화하기를 좋아한다.
h. ___ 사전에서 단어를, 전화번호부에서 이름을 잘 찾는다.
i. ___ 말장난을 좋아한다.
j. ___ 회의나 강의에서 필기를 많이 한다.
k. ___ 스트레스 속에서 기계를 조작할 때는 긴장한다.
l. ___ 아이디어가 종종 어디선지 모르게 떠오른다.

33. 기분이 자주 변하는가?
a. __ 기분파이다.
b. __ 거의 기분이 변하지 않는다.

34. 바디 랭귀지(body language)에 대하여
a. __ 바디 랭귀지에 대해서는 그다지 의식하지 않고 상대가 말을 하는 것에 귀를 기울인다.
b. __ 바디 랭귀지를 잘 읽는다.
c. __ 사람이 하는 말과 또 그들이 사용하는 바디 랭귀지도 잘 이해한다.

이제 검사가 모두 끝났습니다. 감사합니다.

문항에 따른 점수 판별법

이제 안내된 표를 참고로 채점한 점수를 합쳐서 당신이 체크한 답안의 '수'로 나누어보세요. (답안의 숫자는 8번과 32번 질문이 많은 수의 항목을 차지하고 있기 때문에 개인에 따라 다를 것이다. 예를 들면 만약 40개의 답안에 합한 총점이 300이면 당신의 뇌 선호도 (BPI) 는 7.5가 될 것이다.)

자기 진단 테스트 점수 계산 방법은 다음과 같이 선택한 답에 쓰여진 점수를 채점한다.
1. a=7 b=1 c=3 d=9   2. a=1 b=5 c=7 d=9   3. a=3 b=7   4. a=9 b=7 c=3 d=1
5. a=1 b=7 c=9 d=3   6. a=1 b=9   7. a=9 b=1
8. 수영=9 여행=5 테니스=4 자전거타기=8 골프=7 수집=1 야영/도보여행=7 글쓰기=2 스키=7 장기/바둑게임=2 낚시=8 카드게임=2 노래하기=3 도박=7 정원 가꾸기=5 몸짓놀이(제스처게임)=5 악기연주=4 춤추기=7 집 개량=3 걷기=8 바느질=3 달리기=8 독서=3 껴안기=9 미술/공작=5 입맞춤=9 요리=5 접촉=9 사진=3 잡담하기=4 토론하기=2 아무것도 하지 않는다=9

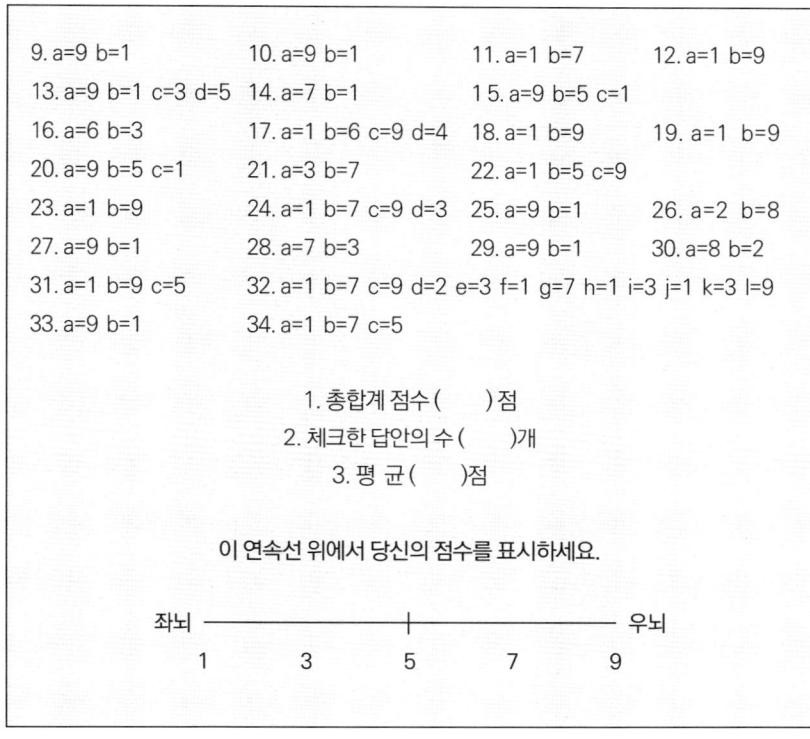

좌·우뇌 기능분화 이론은 자신의 뇌사용 성향을 분석하여 균형된 삶을 이루도록 돕는 데 활용할 수 있는 이론이다. 그러나 위대한 사람들의 이점은 양쪽 뇌를 효과적으로 사용하는 경향이 있는 반면에 일반인들은 뇌의 한쪽에 편중되어 일단 그것을 사용하는 데 익숙해져 버리면 그쪽 뇌만을 사용하는 경향이 있다고 한다.

사주에서도 좌·우뇌 기능 또한 직업적성에 영향을 미치는 한 요인으로 파악하였다. 십성의 정편, input과 output, 상극관계 등으로 대비되는 오행의 에너지 작용은 좌·우뇌 기능분화와 밀접한 관련성을 가지는 것으로 파악되었다.

2. 지능의 조건과 두뇌영역

　명리의 선천지능과 가장 이론적 맥락을 함께하는 이론이 가드너 박사의 다중지능 이론이다. 한 개인의 사주구조가 전체적으로 일률적인 지능을 보여주는 것이 아니라 각 십성이 저마다의 지능을 발현한다는 이론은 다중지능 이론과 그 주장이 동일하다. 가드너 박사는 각 지능을 주관하는 뇌의 분야가 있음을 주장하였고 심리학자이기 이전에 뇌를 연구한 학자로서 다중지능을 뇌과학으로도 설명하였다.
　좌·우뇌 기능에 대한 연구는 다중지능 이론의 발전에 한몫을 하였다. 많은 심리학자나 생리학자들이 뇌에 대한 연구를 거듭하였지만 아직도 뇌에 대해 많은 것을 밝혀내지 못하였다. 다중지능 이론은 뇌에 대한 연구를 바탕으로 등장한 것으로 특히 1981년 미국의 노벨 의학상 수상자인 로저 페리(Roger Perry)가 발표한 좌·우뇌 이론이 다중지능 이론을 뒷받침하는 데 큰 역할을 했다.

1) 지능의 조건

지난 100년 가까이 인간의 지능을 측정해 온 IQ 검사는 주로 언어와 논리, 수학적 지능만을 측정한 것으로, 좌·우뇌 기능 중에서 좌뇌의 능력만을 측정한 것이다. 그러므로 가드너 박사는 인간 두뇌의 전반적인 기능을 측정해야 된다고 주장하였으며 어떤 재능이 지능으로 인정을 받으려면 반드시 두뇌에서 어떤 부위와의 관련성이 있음이 첫 번째로 증명되어야 한다고 하였다. 두뇌와 관련된 조건을 포함하여 가드너는 다음과 같은 8가지 조건을 지능의 조건으로 주장하고 이를 충족시키는 지능만을 다중지능으로 발표하였다.

< 가드너박사의 지능의 조건 >

1	두뇌에 그 기능을 담당하는 곳이 있어야 한다.
2	지능에는 최고와 최저의 발달과정이 있어야 한다. → 즉, 기초부터 시작해서 전문가에 이르는 발달 과정이 있어야 한다.
3	지능이 발휘되기 위한 나름의 체계가 있어야 한다. → 컴퓨터의 작동을 위한 DOS나 WINDOW의 체계가 있듯이 음악지능도 화음과 음률, 리듬의 체계가 있고 신체운동지능도 그 동작을 위한 체계가 있다.
4	지능은 실험 연구나 심리학적 연구로 검증될 수 있어야 한다. → 퍼즐은 공간지능, 논리적 패턴은 논리수학지능을 알아보기 위한 것처럼 심리학적 연구와 관찰로 지능의 존재를 인정할 수 있어야 한다.

5	지능은 독립적인 형태로 관찰 가능해야 한다. → 영화 '레인맨'의 자폐증상을 가진 주인공이 천재적인 수리 계산 능력을 가진 것이나 모차르트가 5세에 천재적인 음악지능을 보여주었듯이 지능 자체를 독립적으로 관찰할 수 있어야 한다.
6	모든 사람에게 특정 능력은 발달과정이 있어야 한다. → 모든 사람에게 특정 능력은 기본적인 능력에서 시작하여 전문가 수준에 이르기까지 독특한 발달 과정을 통해 독립적 지능이 된다.
7	지능은 진화적인 특성을 갖고 있어야 한다. → 인간보다 먼저 존재했던 종으로부터 현재에 이르기까지 진화론적인 역사를 갖는 능력이어야 지능으로 볼 수 있다. 새들의 음악지능이라든지 동물의 공간지능이 그 대표적인 것으로 가드너는 자신이 제시한 8개의 지능이 모두 호모사피엔스 시대로부터 현재까지 그 진화 과정을 추적할 수 있다고 주장했다.
8	지능은 관련된 상징체계를 갖고 있어야 한다. → 수학, 지도, 건축, 언어, 음악, 춤, 축구 등에서 사용되는 표식들로 숫자나 몸동작, 그림, 단어 등으로 표현할 수 있어야 하며, 이러한 상징체계는 중요한 정보를 전달하며 관련 지능을 구체적으로 표현하는 역할을 한다.

2) 지능과 두뇌영역

다음으로 가드너 박사의 다중지능을 주관하는 두뇌의 영역을 살펴보면 다음과 같다. 각 지능은 이를 담당하는 두뇌의 부위가 존재하며 다중지능이론의 자연친화지능을 제외한 7가지 지능을 정리해 보면 다음과 같다.

< 다중지능과 관련 두뇌 영역 >

지능	관련 두뇌 영역
언어지능	좌측두엽과 전두엽
논리수학지능	두정엽의 좌측과 우반구
공간지능	우반구의 후반구
신체운동지능	소뇌, 기저핵, 운동피질
음악지능	우측두엽
인간친화지능	전두엽과 측두엽, 변연계
자기성찰지능	전두엽, 두정엽, 변연계

3. 사주와 좌·우뇌 발달 분석

음양의 존재처럼 우리 인체도 내부와 외부 그리고 좌뇌와 우뇌라는 상대적인 개념이 존재한다. 음양오행은 독립적이면서도 공존하는 원리가 적용된다. 좌뇌와 우뇌는 서로 분화되어 독립적인 기능을 가지고 있다. 그러나 서로 공조체제를 이루며 좌·우뇌로 분화된 기능이 한 사람의 성격과 지능형성에 영향을 미치고 있다.

좌뇌의 특성	우뇌의 특성
사실적이며 현실적이고 구조적이다	창조적이고 유동적이며 자발적이다
지성, 논리성, 객관성, 합리성	감성, 추상성, 주관성, 창조성
언어적 학습과 추리력의 수학학습에 유리	비언어적 학습과 시·공간적 학습에 유리
선택형 질문을 선호, 감정 자제	주관적 질문을 선호, 감정을 쉽게 표현
분석적 독서와 객관적인 판단력	종합적 독서와 직관적인 판단력
확실하고 정확한 정보를 선호	불확실하고 불분명한 정보를 선호
계획된 연구 및 작업에 적합, 귀납적	자유로운 연구 및 작업에 적합, 연역적

1) 좌우뇌 판별기준

1차 판별기준

- 십성의 正은 본질적이고 논리적이므로 좌뇌를 활용
- 십성의 偏은 주관적이고 직관적이므로 우뇌를 활용
- 정·편이 고르게 분포되어 있으면 좌·우뇌를 고르게 활용

2차 판별기준

- 관인상생의 흐름은 이성적 반응으로 좌뇌를 활용
- 식상생재의 흐름은 감성적 반응으로 우뇌를 활용
- 관인과 식재가 균형이 잡혔으면 좌·우뇌를 고르게 활용

3차 판별기준

- 〈재다신약〉〈인수극식상〉의 사주는 이과 성향으로 좌뇌를 활용
- 〈식상극관성〉의 사주는 즉흥적이고 변화적 성향으로 우뇌를 활용
- 〈비겁극재성〉〈재극인〉의 사주는 논리가 취약하여 우뇌를 활용

2) 사주에서 좌뇌가 발달한 사례

(1) 십성의 正이 많은 사례

 행정공무원 _ 여성

```
時  日  月  年
丁  乙  庚  庚
亥  亥  辰  戌
```

乙木 일간이 辰월에 태어나 정재격이고 재생관구조이다. 사주가 모두 '정'으로 구성되어 있다. 재-관-인이 모두 강한 사주다. 맡은 업무가 좌뇌가 많이 필요한 행정업무다. 정확하고 치밀하고 논리적이고 분석적이다. 행정공무원 6급에 재직 중에 있는데 전체적인 관리업무보다는 자신에게 주어진 업무에만 최선을 다해 몰입하는 성향이다. 일중독이란 말을 들을 정도로 맡은 일은 완벽하게 처리한다.

(2) 관인상생 흐름의 사례

 사무직 회사원 _ 여성

時 日 月 年
癸 丙 乙 甲
巳 午 亥 子

丙火 일간이 亥월에 태어나 시간으로 癸水가 투간하여 정관격이고 관인상생구조이다. 사주가 관-인-비 구조로 input 구조이다. 관인상생 구조는 일간으로 정보가 들어오는 구조로 정해진 규칙과 법규대로 움직이는 형식이다. 수동적이고 논리적이고 감성보다는 이성적 성향이다. 두 아이의 엄마인데, 두 아이 모두 비-식-재로 output 구조이고 창의적 성향의 우뇌를 많이 사용하는 데 반해 엄마는 경직된 사고의 좌뇌를 많이 쓰기에 육아에 어려움을 느끼고 있다.

(3) 재다신약 사례

 선박기관사 _ 남성

```
時 日 月 年
丙 戊 壬 丁
辰 子 子 丑
```

戊土 일간이 子월에 태어나 월간 壬水로 투간하여 재격이다. 지지가 모두 水국을 이뤄 재다신약이다. 재다신약은 사주가 신약하고 재성이 강한 사주로 학과는 이과계열이고 수리능력이 뛰어나다. 분석적이고 논리적인 성향으로 우뇌보다 좌뇌를 많이 사용한다. 한국해양대학교 기관시스템공학부를 졸업하여 현재 해양운수 업체의 외양선에서 기관사로 근무하고 있다.

3) 사주에서 우뇌가 발달한 사례

(1) 십성의 偏이 많은 사례

 애니메이션, 디자이너 _ 남성

時 日 月 年
癸 庚 辛 癸
未 戌 酉 亥

庚金 일간이 酉월에 태어나 월간 辛金으로 투간하여 양인격이며 지지가 酉戌 합으로 金국을 이뤄 아주 신강하다. 상관을 용신으로 활용하고 인비식 구조로 머리가 좋다. 사주 전체에 '편'이 강하게 자리 잡아 우뇌를 많이 사용하는 구조이다. 창조성과 아이디어가 중요한 애니메이션학과를 졸업하고 직장에서 디자인 일을 하다가 지금은 프리랜서로 개인지도, 강의 및 디자인 일을 하고 있다.

(2) 식신생재 흐름의 사례

 간판사업 _ 남성

```
時 日 月 年
壬 丁 己 庚
寅 未 丑 子
```

丁火 일간이 丑월에 태어나 월간 己土로 투간되어 식신격이며 식신생재격이다. 일간을 중심으로 식재로 흐르는 output 구조이다. 대학 졸업 후 대기업 자재과에서 5년 정도 근무했었고, 퇴사 후 지금까지 자영업(간판관련 사업)을 하고 있다. 식신생재격은 일간에서 자기에너지가 밖으로 유출하는 구조로 사업형구조이며 제조판매 구조다. 간판을 제작하여 판매까지 진행되는 사업으로 연구지능과 표현지능이 필요한 분야다. 자유로운 사고와 자기중심적 사고로 우뇌에 더 가깝다.

(3) 식상극관성의 사례

 순수한 영혼 _ 여성

```
時 日 月 年
庚 甲 戊 丁
午 寅 申 未
```

甲木 일간이 申월에 태어나 시간으로 庚金이 투간되어 편관격이며 상관을 용신으로 상관제살격이다. 상관제살격은 즉흥적이고 변화에 적응을 잘하고 비범성이 있다. 관계 중심적이고 허술한 면이 있으며 순수하다. 대학 전공은 운동 쪽인데 상관과 편재가 발현되어 미술 분야에 재능이 있다. 특별히 미술을 배우지 않았는데 개성 있는 그림들을 그리고 전시회도 하고 있다.

(4) 비겁극재성의 사례

 피아노학원장 _ 여성

```
時 日 月 年
己 癸 癸 丙
未 巳 巳 午
```

癸水 일간이 巳월에 태어나 연간 丙火로 투간하여 정재격이다. 지지가 모두 재성으로 강한 재격에 신약하여 비견 癸水를 용신으로 한다. 비겁으로 강한 재성을 극하는 구조로 비겁극재성 구조는 논리에 취약하여 우뇌가 발달했다. 피아노학과를 졸업하고 피아노 강사로 시작하여 피아노학원을 개원하였고 지금까지 피아노학원을 운영하고 있다.

(5) 재극인의 사례

 어린이집 원장 _ 여성

```
時 日 月 年
庚 乙 戊 乙
辰 卯 子 巳
```

乙木 일간이 子월에 태어나 편인격이다. 월간 정재를 용신으로 하여 재극인 구조이다. 전공이 전산학이고 졸업 후 3~4년 컴퓨터 학원을 운영했지만, 정리하고 어린이집을 현재까지 계속 운영하고 있다. 재극인 구조는 우뇌를 더 많이 쓰는 구조로 우뇌 쓰는 일을 더 많이 했다. 중간에 잠시 어르신 케어 관련 일을 하다가 다시 어린이집을 운영하고 있다. 주로 사람을 대하는 관계 중심의 일을 했다.

4) 사주에서 좌·우뇌가 고르게 발달한 사례

(1) 정·편이 고르게 분포되어 있는 사례

 엔지니어 _ 남성

```
時 日 月 年
乙 丙 庚 癸
未 子 申 酉
```

丙火 일간이 申월에 태어나 월간으로 庚金이 투간되어 편재격이다. 천간으로 재생관과 관인상생 구조를 이뤘다. 천간의 정관과 정인으로 이성적 성향의 좌뇌 성향과 지지의 상관견관의 비범성이 보이는 우뇌 성향 등 좌·우뇌가 고르게 발달한 사례다. 공대를 졸업하고 현재 엔지니어로 근무 중이다.

(2) 관인과 식재가 균형이 잡힌 사례

 자영업 _ 여성

```
時 日 月 年
己 壬 丙 乙
酉 子 戌 巳
```

壬水 일간이 戌월에 태어나 월간으로 丙火가 투간되어 편재격이다. 연·월지에 뿌리 둔 강한 편재는 연간의 상관과 함께 상관생재 구조를 형성하여 우뇌가 발달했고 시주의 관인상생으로 좌뇌도 함께 발달했다.

4장

명리의 선천지능

심리 학자들은 인간의 능력을 측정하기 위해 다양한 측정도구를 개발하고 임상실험을 거쳐 표준화하여 인간의 지능을 측청하려는 노력을 하였다. 명리와 직업선택에서의 지능은 선천적으로 타고난 그 사람만의 고유한 장점지능을 발견하여 개발하는 데 목적을 두고 있다.

아리스토텔레스(Aristoteles)는 진정 가치있는 삶이란 '에우다이모니아(Eudaimonia)'를 낳는 삶이라고 말했다. '에우다이모니아(Eudaimonia)'는 그리스어로 행복이란 의미를 가진 말로 아리스토텔레스가 일찍이 설파했던 명언이다. 즉, 자신이 가장 잘하는 분야에서 최선을 다하라는 명언으로 선천적성으로 발현되는 선천지능의 의미를 생각해보게 하는 말이다.

1. 선천지능이론

1) 선천지능(Apriority intelligence)의 구성

　십성은 각각 개별적인 선천지능을 소유하므로 인간은 선천적 다중지능을 소유하게 된다. 이러한 선천지능이 사주에서 복합적인 작용을 하면서 분포된다.

　선천지능은 사주 내 십성분포의 정도에 따라 인지, 행동, 사고, 흥미, 적성, 직무 능력, 사회성 등의 개별적이고 역동적인 기능을 측정할 수 있다. 바로 이러한 측정방법을 '선천적성검사'라고 한다. 그러므로 그 측정결과에 따라 훌륭한 인생의 길을 걸을 수 있도록 출생과 동시에 양육 및 교육방법의 효과적인 선택과 함께 적성에 맞는 학과전공 및 자신의 직무능력에 적합한 직업유형을 선택할 수 있도록 한다.

　선천적성검사(AAT)는 능률적인 사회인, 행복한 인간이 되도록 출생과 동시에 인생을 다하는 그날까지 일관되게 인간경영을 하는 것이다. 선천지능은 우주가 인간에게 내린 선물이다.

<우주가 인간에게 내린 선물 - 열 개의 선천지능>

십성	특성	선천지능명칭
정인	전통을 숭상. 기록능력이 우수	사고지능 - Thinking intelligence
편인	예술과 철학적 수용능력	인식지능 - Cognition intelligence
비견	독립적이고 현실적인 해결사	자존지능 - Self-existence intelligence
겁재	신체적 기술과 적극성	경쟁지능 - Competition intelligence
식신	생산적 연구와 기술 노하우	연구지능 - Research intelligence
상관	탁월한 설득력과 비판적사고	표현지능 - Expression intelligence
편재	공간지각력과 신속한 가치판단력	평가지능 - Estimation intelligence
정재	치밀한 계산력과 분석력	설계지능 - Design intelligence
편관	결단하고 판단하는 카리스마	행동지능 - Action intelligence
정관	명예와 신념의 정직과 원칙	도덕지능 - Moral Intelligence

2) 선천지능의 해석

선천지능의 해석은 10개의 십성이 지능으로 어떻게 발현되는가에 대한 설명이다. 각 지능은 고유한 기질과 목표를 지니며 이러한 선천지능의 공조는 새로운 능력을 일간에게 부여한다.

(1) 사고(思考)지능(Thinking intelligence): 정인(正印)

정인의 수용력은 세상과 싸우지 않고 사이좋게 지내는 데 탁월한 능력이다. 수용한다는 것은 마음이 순수하고 착해서 모든 것을 인정한다는 의미이다. 정인의 기록한다는 것은 모든 것에서 의미를 찾는 마음가짐에서 나온다. 모든 것이 의미 있다는 것은 나의 생각만을 고집하지 않고 모든 것을 존중하는 데서 나온다.

사고지능이 발달한 아이는 정말로 착하고 말을 잘 듣는다. 또한 지금 자기가 하고 있는 것이 소중하고 의미가 있기 때문에 모든 것을 기록으로 남기고 싶어 하는 경향이 강하다. 그렇기 때문에 당연히 글재주가 뛰어나다. 하지만 자기만의 필터를 고집하지 않기 때문에 사실만을 그대로 기록한다. 순서가 틀리는 것도 싫어한다. 인식지능과 동일한 위치라서 에너지의 흐름이 자기 자신을 향해 유입되어지는 기운이기 때문에 '나'에게 안정감과 만족감을 준다. 필터가 필요 없이 순수하게 직접적으로 유입되기 때문에, 항상 같은 마음일 수 있는 항상성도 갖추고 있다.

정인의 사고지능이 우수한
2012년생 _ 남성

時 日 月 年
乙 壬 己 壬
巳 午 酉 辰

丁 丙 乙 甲 癸 壬 辛 庚 (7대운)
巳 辰 卯 寅 丑 子 亥 戌

> 壬水 일간이 酉월에 태어나 정인격이다. 관인상생격이며 辰酉합으로 인수가 강해진다. 정인의 사고지능은 배우고 그대로 수용하고 기록하는 능력이 우수하고 수동적이다. 수직구조의 사고로 원리원칙주의자이며 성실하고 책임감이 강하다. 그러나 지지에 巳午 재국으로 재성 또한 강하다. 즉, input과 output 구조가 모두 공존하고 있다. 문과와 이과 성향이 모두 있다. 시작은 직장형으로 시작하는 게 좋고 추후 자유업으로 이동할 수 있다. 교육, 컴퓨터공학, 경영, 경제, 세무, 회계, 펀드매니저, 기자, 마케팅전문가, IT 분야, 방송 분야 등이 좋다.

(2) 인식(認識)지능(cognition intelligence): 편인(偏印)

편인의 추리를 잘하는 능력은 평소에 생각을 많이 해 두는 여유에서 나온다. 물론 무조건 생각을 많이 한다고 추리를 잘하는 것은 아니고 추리는 자기만의 독특한 생각하는 방법이 있기 때문에 할 수 있는 일이다. 편인의 직관력은 촉이다. 촉은 외부 세계를 잘 관찰하는 마음에서 나오고, 남들이 못 느끼는 것을 느낄 수 있는 능력을 의미한다. 추리와 연결된 직관력은 오묘한 색이라서 같은 것을 보고도 참 기발하게 느끼고 생각한다.

인식지능이 발달한 아이는 혼자 생각하면서 혼자 울고 웃는다. 글쓰기를 좋아하지만 책상 앞으로 가는 데 시간이 한참이나 걸리는 아이라서 정말 쓰고 싶어야만 쓰기 시작한다. 인식지능과 사고지능은 에너지가 직접적으로 나에게로 오는 방향이라 언제나 마음이 풍요롭고 항상 누군가가 나를 보살피고 있다는 안정감을 준다. 그래서 조금은 게을러 보이기도 하고 여유도 있어 보인다. 인식지능은 사고지능과 달리 나에게로 유입되는 에너지의 파이프를 내가 차단할 수도 있고 고를 수도 있기 때문에 매우 독특한 생각의 세계에서 예술적인 감각도 키울 수 있으며, 종교적, 비현실적, 추리적인 세상을 창조해낸다.

 편인의 인식지능이 우수한
2009년생 _ 남성

時 日 月 年
癸 辛 甲 己
巳 卯 戌 丑

丙 丁 戊 己 庚 辛 壬 癸 (2대운)
寅 卯 辰 巳 午 未 申 酉

辛金이 戌월에 태어나 정인격이다. 연간으로 편인 己土가 투간되었고 지지에 뿌리가 강해 편인이 강하다. 천간은 식신생재 구조에서 정재(甲)는 강한 인수를 제어하고 있어 좋다. 인수는 생각이 많고 순서대로 정리되어야 안정을 찾는다. 편인은 문과 계열로 언어, 교육, 역사, 철학 분야가 좋다. 학자, 교수, 작가, 공무원 등 조직에 속해 있는 것이 좋고 전문 분야(면허, 자격)의 일이 좋다.

(3) 자존(自存)지능(Self-existence intelligence): 비견(比肩)

비견의 추진력은 곧 자신감과 배짱을 의미한다. 자신감과 배짱은 자기 자신의 능력을 신뢰하고 '난 할 수 있어'라는 믿음이 바탕이 되는 것이다.

비견의 자기 몰입은 스스로 묻고 답하는 형식의 자기 성찰을 의미하며, 자기 성찰은 끊임없는 자신에 대한 관심과 사랑에서 나오는 것이다.

자존지능이 발달한 아이는 한마디로 강력한 추진력이 모든 활동에 기본적으로 작용하며, 스스로에게 몰입할 수 있는 정신적·육체적 체력을 가지고 있다. 에너지의 방향은 자기 자신과 동일한 위치에서 자신을 향해 있기 때문에 항상 행동의 중심이 '나'라는 자아를 향하게 된다. 자존지능과 경쟁지능은 에너지의 활용이 비슷하긴 하지만, 동전의 이면처럼 다른 면도 있다.

 비견의 자존지능이 우수한
2017년생 _ 여성

```
時 日 月 年
壬 乙 癸 丁
午 卯 卯 酉
```

辛 庚 己 戊 丁 丙 乙 甲 (2대운)
亥 戌 酉 申 未 午 巳 辰

> 乙木 일간이 卯월에 태어나 비견격이다. 비견은 자존지능으로 자기애가 강하고 자기에너지가 강해 열정이 높다. 인비식 코스로 전문가형이다. 도식하는 편인을 제어할 재성이 없다. 독립심이 강해 스스로 하려고 하고 친구들을 좋아하며 함께 해 나가는 과정을 중요하게 생각한다. 문과 계열 또는 예체능 계열이 좋고, 교육, 방송, 예능계, 아트(미용)분야 등이 좋다.

(4) 경쟁(競爭)지능(Competition intelligence): 겁재(劫財)

겁재의 경쟁은 의식이 강력하게 타인을 향한다. 타인을 향한 의식은 곧 자기 자신을 돌아보게 만들고 장점과 단점을 발견하게 한다. 겁재의 모험은 새로운 세계에 대한 동경을 말한다. 새로운 세계는 나 자신을 모두 걸지 않으면 결코 들어갈 수 없기 때문에, 경쟁지능은 담백한 면이 있으며, 결코 쓰러지지 않는다.

경쟁지능이 발달한 아이는 지는 것을 매우 싫어한다. 타인을 의식하는 바탕 위에 에너지의 흐름이 자기 자신을 향해 있기 때문에 강력한 목표 의식이 강하게 자리 잡고 있는 것이다. 자존지능과 유사하지만 몰입의 순간에도 결코 경계를 늦추지 않는다. 경쟁지능은 자존지능과 비슷하면서도 다르기도 하다.

겁재의 경쟁지능이 우수한
2012년생 _ 여성

時 日 月 年
丁 丙 丙 壬
酉 午 午 辰

戊己庚辛壬癸甲乙 (3대운)
戌亥子丑寅卯辰巳

丙火 일간이 午월에 태어나 양인격이다. 비겁이 아주 강한 사주이다. 강한 비겁을 관성(水)이 제어해주고 식재로 에너지가 발산된다. 겁재가 강해 경쟁심리가 강하고 지는 것을 싫어하며 사람들과 함께 하는 것을 좋아한다. 인수가 없어 즉흥적이고 급하다. 예체능 또는 경영, 법 관련 분야가 좋다. 직장보다는 사업이나 자유업이 맞다.

(5) 연구(硏究)지능(Research intelligence): 식신(食神)

식신의 사교성은 다른 사람의 마음을 잘 헤아려주는 마음이다. 식신의 마음 헤아리기는 공감에서 나오는 마음이고 이것은 자연스럽게 우러나오는 사람에 대한 관심이다. 노하우는 오래도록 내가 좋아서 일을 해야 쌓이는 것이다. 내가 좋아서 하는 일은 지금 당장 이익이 있든 없든 관계없이 그냥 재미있는 일이고 끝까지 해도 질리지 않는 일이다.

연구지능이 발달한 아이는 에너지의 흐름이 항상 외부로 향해 있어서,

내가 좋아서 어떤 일을 하고, 내가 좋아서 베풀고, 내가 좋은 것을 말로 표현한다. 그래서 일을 스스로 만들고, 사람들을 찾아가서 만나고, 글보다는 누군가와 마주보고 이야기하면서 내가 사람들과 함께 무언가를 한다는 것에 기쁨을 느낀다. 연구지능과 표현지능은 자기 몰입 에너지와 나 자신에게서 곧장 나온 에너지이므로 나 자신의 직접적인 연구 성과이고 표현인 것이다.

 식신의 연구지능이 우수한
2012년생 _ 남성

```
時 日 月 年
己 庚 壬 壬
卯 申 寅 辰
```

庚 己 戊 丁 丙 乙 甲 癸 (2대운)
戌 酉 申 未 午 巳 辰 卯

庚金 일간이 寅월에 태어나 편재격이다. 지지가 寅卯辰 木局 방합으로 재국을 이뤘다. 연·월간이 壬식신이고 지지에 뿌리가 있어 강하다. 인비식 코스로 전문가형이며 식재가 강해 output 구조이다. 천간이 정인과 식신으로 구성되어 있어 공감을 잘 하고 대인관계가 좋다. 이과 계열 또는 예술 계열 쪽으로 적성이 맞는다.

(6) 표현(表現)지능(Expression intelligence): 상관(傷官)

상관의 창의력은 새로운 세상을 펼치고 싶은 흥미진진한 호기심이다. 호기심은 나를 세상과 모두 연결시키고 싶은 마음의 분출이고, 사람에 대한 관심이 중심에 있다. 상관의 비판은 사물을 입체적으로 볼 수 있는 자유로운 생각에서 나온다. 입체적인 시야는 노력으로 되는 것이 아니라, 타고난 마음의 시력이 순간적으로 세상을 360도로 돌려볼 수 있는 천성에서 나오는 것이다.

표현지능이 발달한 아이는 내가 가지고 있는 것들을 모두 쏟아 부어서라도 나를 표현하고 싶어 한다. 내 기운을 다 쓴 다음에야 시원한 기분을 느낀다. 에너지의 초점이 항상 외부로 향해 있고 사람과 사물과 모든 것들이 나를 향해 속삭이는 것 같아서 표현지능은 항상 시선이 동시에 100군데를 향해 있다. 그렇기에 표현지능은 창의적인 동시에, 모든 것이 한꺼번에 보이니 비판 또한 가능하게 되는 것이다.

 상관의 표현지능이 우수한
2014년생 _ 남성

```
時 日 月 年
癸 癸 丙 甲
亥 丑 寅 午

甲 癸 壬 辛 庚 己 戊 丁 (8대운)
戌 酉 申 未 午 巳 辰 卯
```

> 癸水 일간이 寅월에 태어나 연간으로 甲木이 투간하여 상관격이다. 상관생재격이며 비-식-재로 output 구조이다. 상관은 표현지능으로 호기심이 많고 아이디어도 많으며 자신을 표현하는 것을 좋아한다. 상관을 제어하는 인수가 없지만, 상관이 정재로 흘러 어느 정도 제어는 된다. 비식재가 모두 강해 자기의 생각을 조리있게 잘 표현한다. 사교적이고 감수성이 높고 모방과 발상에 대한 변화가 우수하다. 이과 계열 또는 예체능 계열이 좋고, 경영, 패션, 디자인, 홍보, 기자 등이 좋다.

(7) 평가(平價)지능(Estimation intelligence): 편재(偏財)

편재의 가치평가는 그 사람이 살고 있는 사회에서 무엇이 인정받는지를 확실하게 안다는 것을 의미한다. 확실하게 알기 때문에 순간순간 가치 환산이 가능하다. 편재의 결과지향은 가치 있는 것을 지금 내가 만족할만한 것으로 바꾸고 싶다는 욕망을 말한다. 만족과 욕망은 사람을 빨리 움직이게 하는 원동력이 된다.

평가지능이 발달된 아이는 기본적으로 지금 당장 쓸모 있고 이득이 나는 것에 대하여 관심이 많다. 그래서 욕심을 부리는 것으로 보여질 때가 많지만, 그렇게 생각할 것이 아니라, 내가 쓸모 있는 일을 했다는 것에 대단한 성취감을 느끼기 때문에 그렇다고 이해하면 된다. 에너지의 흐름이 내가 도달하기에 힘이 드는 먼 거리에 위치한다. '나'와 같은 자리인 자존지능과 경쟁지능과도 상대적으로 거리가 존재한다. 나도 함께 가치 있는 존재가 되어야 한다는 부담과 함께 주어지는 지능이므로 자기 노력도 많이 필요하고 그만큼 성취감도 최고인 지능이다. 멀기 때문에 그만큼 빨리 가기 위한 스피드도 굉장하다.

 편재의 평가지능이 우수한
2013년생 _ 남성

```
時 日 月 年
戊 癸 戊 癸
午 丑 午 巳
```

庚 辛 壬 癸 甲 乙 丙 丁 (4대운)
戌 亥 子 丑 寅 卯 辰 巳

癸水 일간이 午월에 태어나 편재격이다. 재생관 구조로 관성도 강하다. 식상과 인수가 없고 재성과 관성으로 구성되어 있어 과정보다는 결과를 중요하게 생각한다. 재생관 구조는 직장형이며 업무수행기능은 리더기능이다. 평가지능은 가치판단을 잘하고 확장하고 개발시키는 본능이다. 단, 신약사주라 자기에너지가 약해 끈기 있게 밀고 나가는 부분이 아쉽다. 이과 계열로 경제, 금융, 유통 분야가 좋다.

(8) 설계(設計)지능(Design intelligence): 정재(正財)

정재의 치밀함은 중요한 것에 대한 확인이다. 중요한 것은 가치 있는 것이고 작은 것에도 감사하며 의미를 주는 아름다운 마음이다. 정재의 현실적 결과 지향은 가치 있는 것을 지금 내 옆에 있는 사람들을 위해 빨리 모으고 싶다는 소망을 의미한다. 현실적인 가치는 돈으로 환산하는 것이 가장 쉽기 때문이다.

설계지능이 발달된 아이는 경제개념이 뚜렷하다. 그래서 작은 돈도 절대 함부로 하지 않고 소중히 생각한다. 치밀하고 꼼꼼하고 현실적으로 존재하는 모든 가치에 대해 관심이 많다. 에너지의 활용이 나에게서 멀리 존재하므로 노력이 많이 필요하지만 그 노력도 주어지는 보상이 따른다면 그리 힘든 게 아니라고 생각한다. 통 큰 평가지능과 비슷해 보이지만, 지금 손해를 보더라도 나중을 기약하는 배팅보다는 안전한 적금을 더 선호하는 것이 설계지능이다.

 정재의 설계지능이 우수한
2009년생 _ 여성

```
時 日 月 年
壬 甲 辛 己
申 申 未 丑

己 戊 丁 丙 乙 甲 癸 壬 (10대운)
卯 寅 丑 子 亥 戌 酉 申
```

> 甲木 일간이 未월에 태어나 연간에 己土가 투간되어 정재격이다. 재생관과 관인상생 구조로 서열본능이 강하고 직장형이다. 설계지능인 정재는 수리능력이 뛰어나고 꼼꼼하며 섬세하다. 연·월간이 정재와 정관으로 책임감이 강하고 모범적인 생활을 한다. 문과와 이과 성향이 다 있지만, 이과 계열이 더 맞는다. 경영, 경제, 컴퓨터공학, 회계 분야가 좋고 법, 행정 분야도 괜찮다.

(9) 행동(行動)지능(Action intelligence): 편관(偏官)

편관의 과감한 행동은 나를 던지는 희생정신이 있어야 가능하다. 나를 던진다는 것은 포기가 아니라 모두를 위한 강렬한 소망이 있는 마음에서 나오는 것이다. 편관의 결정력과 실행력은 신속한 판단에서 나온다. 신속히 판단할 수 있는 이유는 가치판단보다는 나와 모두를 위해 최선이 무엇인지 빨리 알아볼 수 있기 때문이다.

행동지능이 발달한 아이는 행동이 무척이나 빨라 보인다. 빨리 결정해버리니 그 다음 행동도 빠를 수밖에 없다. 상황 속에 들어가면 금세 내가 뭘 해야 하는지 내게 그 상황이 명령을 내리는 것과도 같다. 그런 강력한 확신이 있어서인지 일단 마음먹은 대로 뭐든 밀고 나가고, 명령하고 나도 그렇게 열심히 발로 뛰는 것이 바로 행동지능이다. 행동지능과 도덕지능은 내가 먼저 시범을 보이니까 남도 동참하라고 당당히 말할 수 있는 실천력을 갖고 있다. 에너지의 흐름은 나와 모두를 가장 멋진 틀로 찍어내고자 하는 수동적 방향이다.

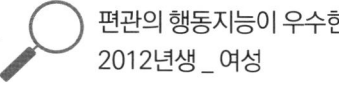

편관의 행동지능이 우수한
2012년생 _ 여성

時 日 月 年
丙 壬 戊 壬
午 戌 申 辰

庚 辛 壬 癸 甲 乙 丙 丁 (7대운)
子 丑 寅 卯 辰 巳 午 未

壬水 일간이 申월에 태어나 편인격이며 살인상생격이다. 월간 편관(戊)이 지지에 강한 뿌리를 내려 편관이 강한 사주이다. 편관인 행동지능은 서열 본능이 강하고 결정과 행동이 빠르며 리더십과 강한 카리스마가 있다. 강한 편관을 제어할 식상이 없어 자신의 내면을 표현할 수 있는 통로가 없어 심리적으로 어려움이 있다. 지지에 午戌합으로 재성이 강하고 申辰으로 水국을 이룬다. 재생관과 관인상생구조로 직장형이며 리더기능이다. 문과 성향이고, 정치, 법학, 경제학 분야가 좋다.

(10) 도덕(道德)지능(Moral Intelligence): 정관(正官)

정관의 원칙은 언제든 머리 아픈 일들을 한 순간에 해결해주는 유일한 길이다. 원칙대로만 산다면 인간미는 조금 떨어지지만 공정하게 행동할 수 있다. 정관의 모범지향은 남들에게 인정받고 싶다는 보이지 않은 욕심이다. 그래서 도덕지능은 항상 조용하지만 속으로 열심히 움직이고 노력하여 최고가 되고자 노력한다.

도덕지능이 발달한 아이는 행동지능처럼 에너지의 흐름이 자신을 규제하는 방향으로 수동적인 작용을 받고 있다. 그래서 수용적이고 수동적으로 보이지만 내가 지킬 것을 확실히 지킨 이후에는 내가 명령을 잘 따랐듯이 다른 사람도 내 명령을 잘 따랐으면 좋겠다고 생각한다. 그래서 행동지능처럼 빠르거나 앞에 나서지는 않지만, 도덕지능도 똑같이 리더가 되고 싶어 한다. 조용한 리더가!

 정관의 도덕지능이 우수한
2005년생 _ 여성

時　日　月　年
丙　庚　壬　乙
戌　寅　午　酉

庚 己 戊 丁 丙 乙 甲 癸 (1대운)
寅 丑 子 亥 戌 酉 申 未

庚金 일간이 午월에 태어나 시간으로 丙火가 투간하여 편관격이지만, 지지가 寅午戌 정관삼합을 이뤘다. 관성이 강한 사주다. 시간의 편관(丙)을 월간 식신(壬)이 제살해주고 있어 사주가 맑아졌다. 서열본능이 강해 위·아래가 분명하고 책임감이 강하며 객관적이고, 판단과 결정을 잘한다. 문과 계열이고 직장형이다. 공부는 잘하고 본인이 법학 쪽을 원했는데, 법, 행정, 교육 분야 모두 맞는 적성이다.

3) 선천지능의 발현에 대한 관련 논문 및 저술

■ 김기승(2006), 『사주명리를 통한 초등학생 영재판별 방법의 연구』, 청소년지도학회

☞ 이 연구는 사주명리를 통한 영재판별 방법으로 일간을 기준으로 오행의 상생과 상극관계를 십성의 명칭으로 표출시켜 대입하는 과정에서 여러 가지의 고유한 작용을 판별하게 된다. 영재판별을 받은 초등학생들의 사주를 비교분석하고 그 결과가 지능검사의 도구로 가능한가를 확인하여 영재판별 방법의 도구로 개발하고자 하는 것에 연구의 목적이 있다.

< 사주의 지능발현 유형과 영재사주의 비교결과 >

지능발현 유형코스	비교분석 검증내용	일치	%
B형 1코스	자아(E)를 기준으로, (A-인성)지식의 수용과 (B-식상)지식의 응용이 활발하게 이루어 질 때 지능이 가장 높게 발현된다.	74명	64.36%
C형 2코스	자아(E)를 기준으로, (A-인성)지식의 수용과 (C-재성)수리능력이 공조관계를 형성할 때 지능이 높게 발현된다.	18명	15.65%
D형 3코스	자아(E)를 기준으로, (C-상관)지식의 응용(창의성)과 (D-관성)분별력이 정밀하게 공조할 때 지능이 높게 발현된다.	14명	12.17%
비교분석 종합 결과		106명	92.17%

사주명리 이론의 지능발현 특성 작용에 준거하여, 영재판정을 받은 초등학교 학생들의 자기보고에 의한 출생연월일시로 구성되는 사주와의 비교 분석에서 일치하는 정도가 총합 92.17%의 매우 높은 수준으로, 이는 사주명리를 지능검사도구로 활용할 수 있는 가치가 충분하다고 판단되는 결과이다.

■ 김기승(2005), 『사주심리와 인간경영』, 창해

☞ 이 저술은 1부 인간과 사주심리, 2부 인간경영론으로 구성된 저술로 2부에서는 성격심리검사와 지능검사, 선천적성검사의 이론적 배경이 되는 내용들이 수록되어 있다. 위 1)번 연구의 지능발현 코스를 다음과 같이 제시해주고 있다.

▶ 지능발현 1코스: E-A-B형
: 사고지능, 인식지능이 일간을 통하여
   연구지능, 표현지능으로 표출되는 코스

지능발현 1코스 B형 단계는 일간을 기준으로 인성의 생을 받는 조건에서 식상으로 설기하는 체제를 갖춘 예로 지능이 가장 높게 발현되는 기준이 된다. 즉, 자아(E)를 기준으로 (A-인성) 지식의 수용과 (B-식상) 지능의 활용관계로 형성될 때 지능이 높게 발현되는 구조가 된다. 지능이 높은 사람들의 사주에서 가장 많은 구조로 나타난다.

1코스 : A-E-B

```
        生         洩
    A ─────→ E ─────→ B
   印星       自我       食傷
    └──────────────────┘
```

<편인과 식신> <편인과 상관> <정인과 식신> <정인과 상관>

 **[인-비-식]의 지능구조**

時 日 月 年
庚 戊 庚 丁
申 辰 戌 酉

壬 癸 甲 乙 丙 丁 戊 己 (5대운)
寅 卯 辰 巳 午 未 申 酉

戊土 일간이 戌월에 태어나 연간 丁火로 투간되어 정인격이다. 월지 비견(戌)에서 정인격으로 변경되어 격이 좋아졌다. 인-비-식 구조이고 관성이 없다. 지지가 金(식신)으로 간다. 申辰에 재성(水)을 담고 있다. 인비식 구조는 전문가형으로 지능이 가장 잘 발현되는 구조이다. 제약 분야에서 신약을 개발하여 기업을 크게 일으킨 사람이다. 현재는 경영진에서 물러나 있지만, 신약 개발 분야에서 계속적인 연구를 하고 있다.

▶ 지능발현 2코스: E-A-C형
: 사고지능과 인식지능이 평가지능과 설계지능에 의하여
   비범성을 갖는 코스

지능발현 2코스 C형은 [B형] 단계와 다르게 인성의 생은 받으나 설기하는 식상이 없는 구조이다. 이때 사주 내에 재성이 유리한 작용을 하게 될 때 지능발현이 높게 나타난다. 앞서 말했듯이 식상과 재성은 지능의 활용 포인트이기에 식상이 없어도 재성이 활용과 응용을 대행할 수 있음이다. 즉, 자아(E)를 기준으로 (A-인성) 지식의 수용과 (C-재성) 수리능력이 공조관계를 형성할 때 지능이 높게 발현되는 구조가 된다. 식상이 없는 상태에서 지능이 높게 나타나는 사람들의 사주로 그 대상자는 많지 않다.

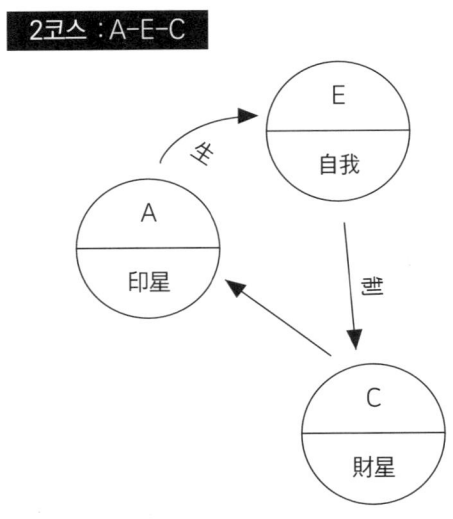

<편인과 편재> <편인과 정재> <정인과 편재> <정인과 정재>

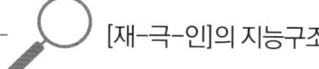
[재-극-인]의 지능구조

```
時 日 月 年
乙 丙 甲 庚
未 辰 申 申

丙丁戊己庚辛壬癸 (1대운)
子丑寅卯辰巳午未
```

丙火 일간이 申월에 태어나 연간 庚金으로 투간되어 편재격이다. 월간의 편인 甲木을 재성으로 극을 하여 정편인 혼잡이 맑아졌다. 인비식재성으로 고급기술을 이용한 전문직이 좋다. 간호학과를 졸업해서 임용고시 합격하여 고등학교 보건교사에 재학 중이며 간호학 박사학위도 취득하였다.

▶ **지능발현 3코스 : E-B-D형**
: 행동지능과 도덕지능이 연구지능과 표현지능에 의해
  비범성을 갖는 코스

지능발현 3코스 D형은 식상의 활용성과 응용성이 있는 구조에서 일간으로의 지식유입체계가 되는 인성이 없는 구조다. 인성을 대행할 수 있는 관성이 유리하게 작용한다면 지식을 유입시키는 역할을 하게 되어 지능이 잘 발현된다. 즉, 자아(E)를 기준으로 (C-식상) 지식의 응용(창의성)과 (D-관성) 기억력이 정밀하게 공조할 때 지능이 높게 발현되는 기준이 된다. 인성이 없는 상태에서 지능이 높게 나타나는 사람들의 사주이며 그 대상은 많지 않다.

3코스 : E-B-D

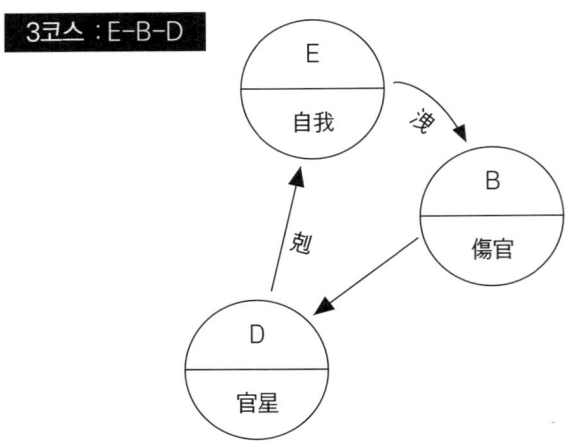

<편관과 식신> <편관과 상관> <정관과 식신> <정관과 상관>

🔍 [식-극-관]의 지능구조

時 日 月 年
壬 庚 丙 庚
午 午 戌 申

戊 己 庚 辛 壬 癸 甲 乙 (5대운)
寅 卯 辰 巳 午 未 申 酉

庚金 일간이 戌월에 태어나 월간으로 丙火가 투간되어 편관격이다. 강한 편관을 시간의 壬水식신이 제살하여 식신제살격이다. 편관을 식신으로 제살하면 정관으로 사용한다는 것이다. 庚金 일간이 壬水와 丙火가 함께 투간되어 강직하고 멋진 사주다. 지지가 관성이 강하다. 수직구조의 사고와 서열본능이 강하다. 비범하고 두뇌가 우수하다. 관공서에서 근무 중이다.

2. 다중지능이론

1) 가드너의 다중지능

하버드 대학의 하워드 가드너(Howard Gardner) 박사는 지능을 '여러 문화권에서 가치 있다고 인정되는 문제를 해결하는 능력 또는 특정 문화 상황에서 가치 있게 여기는 산물을 창조해 내는 능력'이라고 정의하였다. 가드너 박사는 인간의 지능을 주관적 요인분석(subjective factor analysis)에 의해 8개의 다중지능으로 분류하였다. 각 지능들은 하나의 과제를 수행하는 동안 상호작용을 하지만 하나의 지능이 손상되었다고 해서 다른 지능도 손상되는 것이 아니라 지능은 각각 독립적이라고 하였다. 또한 한 개인의 지능이 얼마나 실현될 수 있는지는 환경에 달려 있으며 개별화된 교육과정과 수행평가를 통한 지능평가를 주장하였다. 8개의 다중지능과 그 외의 지능을 살펴보면 다음과 같다.

① **언어적 지능**(Linguistic Intelligence)
  - 단어를 효과적으로 사용하는 능력(말과 글로 표현)
  - 언어를 이해하고 실용적 영역을 조작하는 능력

② 논리수학적 지능(Logical-Mathematical Intelligence)
- 숫자를 효과적으로 사용하는 능력
- 사물 사이의 논리적 계열성을 이해하고 유사성과 차이점을 측정하고 사정하는 능력

③ 공간적 지능(Spatial Intelligence)
- 방향감각, 시각, 대상을 시각화하는 능력
- 색, 줄, 형태, 구조와 관련된 지능으로 사물을 인지하는 능력
- 내적인 이미지와 사진과 영상을 창출하는 능력

④ 신체운동적 지능(Bodily-Kinesthetic Intelligence)
- 신체의 운동을 손쉽게 조절하는 능력
- 손을 사용하여 사물을 만들어 내고 변형시키는 능력

⑤ 음악적 지능(musical intelligence)
- 음악에 대한 전반적인 직관적 이해와 분석적이고 기능적인 능력
 (음에 대한 지각력, 변별력, 변형능력, 표현능력)

⑥ 대인관계지능(Interpersonal Intelligence)
- 다른 사람의 기분, 의도, 동기, 느낌을 분별하고 지각하는 능력
- 타인에게 동기를 부여하고 변화에 대해 유추하는 능력
- 감각과 대인관계의 암시를 구별해내는 능력
- 실용적 방식으로 암시에 반응하는 능력

⑦ **자기이해지능**(Intrapersonal Intelligence)
- 자아를 이해하는 데 관련된 지식과 그 지식을 기초로 적응하는 능력
- 자신에 대해 정확히 알고, 그에 따른 자아 훈련, 자아이해, 자존감을 위한 능력
- 메타인지, 영혼의 실체성 지각 등 고도로 분화된 감정들을 알아내어 상징화하는 능력

⑧ **자연탐구지능**(Naturalist Intelligence)
- 사물을 구별하고 분류하는 능력과 환경의 특징을 사용하는 능력
- 분별-대처 기능으로 사물을 분별하고 그 사물과 인간과의 관계를 설정하는 대처기능

⑨ **실존지능**(Existentialist Intelligence)
- 인간의 존재 이유, 생과 사의 문제, 희로애락, 인간의 본성, 가치 등 철학적이고 종교적인 사고를 할 수 있는 능력
- 처음에는 영적 지능(spiritual intelligence)으로 불렸던 것으로 철학적이면서 상당히 종교적인 사고를 할 수 있는 능력이다. 이 지능은 해당되는 뇌의 부위가 없을 뿐 아니라 아동기에는 이 지능이 거의 나타나지 않기 때문에 가드너는 다른 여덟 가지 지능과 달리 반쪽 지능으로 여기기도 한다.

이 외에 새롭게 제기될 수 있는 지능으로는 도덕적 감수성(moral sensibility), 성적 관심(sexuality), 유머(humor), 직관(intuition), 창의성(creativity), 요리능력(culinary (cooking ability)), 후각능력(olfactory perception (sense of smell)), 타 지

능을 분석하는 능력 (an ability to synthesize the other intelligences) 등도 새로운 지능으로 주목을 받고 있다.

하워드 가드너(Howard Gadner) 박사는 세계적으로 저명한 경제학자인 '미하이 칙센트미하이(Mihaly Csikszentmihalyi)'와 교육학자 '윌리엄 데이먼(William Damon)'과 함께 저술한 『Good Work』에서 냉혹한 시장 중심의 사회에서 우리가 훌륭한 직업인으로 성공하려면 가장 기본적인 두 가지, 즉 윤리성과 유능성을 갖춰야 한다고 하였다.

서울대학교의 문용린 박사는 그의 저서 『지력혁명』에서 '경쟁의 시대가 가고 공존과 협력의 새 시대가 다가온 것이다. 최근 개인적인 능력이나 지식보다는 인성이나 인간관계를 중시하는 방향으로 기업의 신입 사원 선발 방식이 획기적으로 변하고 있는 것이 이를 입증한다.'라고 하였다.

2) 전통지능이론과 다중지능이론의 비교

하워드 가드너(Howard Gardner) 박사의 다중지능 이론은 단순한 지적 능력 이상의 개념이며 사회적 성공과 윤리성을 동시에 겸한 지능이론이다. 전통적 개념의 지능이론과 다중지능을 비교해보면 다음과 같다.

<전통적 지능이론과 다중지능 이론의 비교>

전통적인 지능 이론	다중지능 이론
지능은 단답형 검사로 측정가능	다중지능은 단답형 검사로 측정 불가능 → 기존의 지능검사는 단답형 방식으로 얼마나 답을 잘 할 수 있는가 단편적인 기억 정도 밖에 측정하지 못함
지능은 한 가지 척도로 측정 가능	사람마다 모든 지능을 가지고 있으나, 지능의 발달 정도는 개인에 따라 차이가 있음
사람의 지능은 불변하며 한 사람의 능력을 총체적으로 지배	모든 사람은 지능을 향상시킬 수 있으나 지능의 향상 속도는 사람에 따라 다름
지능은 논리적 능력과 언어적 능력으로 구성	8가지 지능 이외에도 많은 지능이 존재 가능
전통적인 교실에서는 모든 학생들에게 똑같은 학습 자료를 가지고 가르침	다중지능이론을 응용한 교실에서는 개별학습이 실시되어야 함
전통적인 교실에서 교사들은 '주제'나 '교과'를 가르침	다중지능이론을 응용한 교실에서는 학습활동을 재구성하며 학생들의 독특한 특성에 가치를 둠

3. 선천지능과 다중지능의 비교분석

사주의 각 십성은 고유한 지능을 소유하며 이를 선천지능이라고 한다. 선천지능(Apriority intelligence)은 전통적 개념의 지능이 아닌 다중지능(Multiple Intelligences)의 개념으로 이해되어야 한다.

선천지능과 다중지능의 연관성

선천지능은 하워드 가드너(Howard Gardner) 박사의 이론과 같이 각 지능이 독립적이라는 점과 환경에 의하여 다르게 개발된다는 이론과 일치한다. 다음은 선천적성검사에서의 선천지능과 가드너 박사의 다중지능을 서로 비교한 내용이다.

선천지능	가드너 박사의 다중지능
비견-자존지능 (Self-existence intelligence)	자기이해지능 (Intrapersonal Intelligence)
겁재-경쟁지능 (Competition intelligence)	신체운동지능 (Bodily-Kinesthetic Intelligence)

식신-연구지능 (Research intelligence)	대인관계지능 (Interpersonal Intelligence)
상관-표현지능 (Expression intelligence)	언어지능 - 표현 (Linguistic Intelligence)
편재-평가지능 (Estimation intelligence)	공간지능 (Spatial Intelligence)
정재-설계지능 (Design intelligence)	수학지능 (Mathematical Intelligence)
편관-행동지능 (Action intelligence)	자연탐구지능 (Naturalist Intelligence)
정관-도덕지능 (Moral Intelligence)	논리지능 (Logical Intelligence)
편인-인식지능 (Cognition intelligence)	실존지능 (Existentialist)
정인-사고지능 (Thinking intelligence)	언어지능 - 쓰기 (Linguistic Intelligence)

각 지능들은 이를 설명하는 방법상의 차이를 보이고 있지만 관련성을 발견하기에 충분하다. 10개의 십성이 고유한 지능을 소유한다는 선천지능의 이론은 각기 독립된 지능을 말하는 다중지능의 이론과 일치한다.

다중지능은 십성에 의한 선천지능과 매우 유사한 관련성을 가지고 있지만 선천지능이론과 완벽하게 일치되는 합일점을 찾는다는 것은 어려운 일이다. 각 선천지능의 고유한 기질과 성격, 심리, 지능은 현대과학과의 융합을 통하여 그 이론을 보다 더 과학적으로 정립해 나갈 수 있을 것이다.

5장

명리와 성격심리

성격은 타고난다. '세살 버릇이 여든까지 갈수 있다'는 속담은 이를 뒷받침하고 있다. 분석심리학의 창시자라 불리는 융(Carl Gustav Jung, 1875~1961)은 그의 성격이론은 주역의 음양이론에서 영감을 얻었다고 한다. 과학명리이론은 성격이론을 핵심으로 심리이론과 밀접한 앵글을 이루었다.

그렇다면 성격은 인간에게만 있을까? 동물에게도 각자의 타고난 성격 내지 기질이 있다. 생명을 가진 동물이나 식물까지도 모든 것들은 성격이 있다고 본다. 말은 성격이 급하여 뛰다가 죽고, 거북이는 성격이 느긋하여 경기 도중에도 잠을 자고, 해바라기는 햇살에 하루의 인생을 산다.

이 모든 것들은 천체의 영향을 받아 선천적인 성격이 나타나므로 인간의 성격도 출생에서 영향을 받음은 자명한 사실인 것이다. 그 성격에 영향을 준 것이 음양과 오행이므로 또한 그 성격을 분석해 낼 수 있는 것도 바로 음양과 오행인 것이다. 성격에 관한 학자들의 많은 견해와 정의가 있지만 다음의 글은 성격에 대하여 중요한 한 가지를 시사해 주는 말이다.

성격의 씨앗을 뿌리면, 운명의 열매가 열린다.

-나폴레옹(Napoleon Bonaparte)-

성격이란 단지 그 사람의 특성만을 구성하는 것이 아니고 삶 전체를 좌우할 수 있는 커다란 힘을 가지고 있다. 성격에서 시작된 일들은 모두 운명이라는 열매로서 실체를 가지게 된다. 본 장에서는 한 사람의 적성과 직업유형에까지 연결되는 개념으로서의 성격을 파악하고자 한다.

1. 성격이론

1) 성격의 정의

성격(personality)이란 말은 어원적으로 탈 혹은 가면의 뜻을 함축한 라틴어 페르조나(persona)를 내포한 말로 겉으로 사람들에게 보여지는 개인의 모습 및 특성을 나타낸다. 즉, 겉으로 드러난 탈의 모습을 통해 그 사람의 성격을 미루어 알 수 있다는 말이다.

성격심리학이란, 성격과 심리학이라는 학문과의 융합에서 나온 학문으로 적성이 성격·흥미·가치관의 3가지를 포함하는 분야라면 성격심리학은 인간의 행동양식을 규명하는 학문이다. 현대의 초복잡성을 이루는 사회구조에서는 개인의 능력과 함께 민감한 성격심리가 자신의 정서적 안녕문제와 교차되어 인생의 행복지수와 스트레스, 불행지수를 관여하므로 성격심리를 다루는 문제는 매우 중요하다. 그러므로 학계나 상담업계에서는 성격심리분야가 다양하게 연구되어 왔고, 급속한 사회적 변화에 적응하는 인간의 성격심리분야를 지속적으로 연구하고 있는 것이다.

성격이 한사람의 행동양식과 인생 여정에 지대한 영향을 미치고 있다는 것을 감안할 때 개인의 성격심리를 객관적으로 판단할 수 있는 사주명리의 가치에 대한 경의를 표하지 않을 수 없다.

성격에 대한 견해는 성격심리학자가 성격을 연구하는 데 설정하는 가정에 따라 달라진다. 즉, 성격이론가들은 그들이 보는 인간에 대한 입장을 바탕으로 성격을 다양하게 정의했다. 성격의 정의는 성격을 연구하는 이론가만큼 무수히 많다. 이런 점에서 성격이 무엇인지 분명하게 정의를 내린다는 것은 불가능하지만 성격심리학자들이 정의한 몇 가지 성격의 정의를 제시하면 다음과 같다.

- 성격은 개인의 특유한 행동과 사고를 결정하는 심리·신체적 체계인 개인 내의 역동적 조직이다.(Allport, 1961)
- 성격은 보통 개인이 접하는 생활 상황에 대해 적응의 특성을 기술하는 사고와 감정을 포함하는 구별된 행동패턴을 의미한다.(Mischel, 1976)
- 성격은 개인이 소유한 일련의 역동적이고 조직화된 특성으로서 이러한 특성은 다양한 상황에서 개인의 인지, 동기, 행동에 독특하게 영향을 준다.(Ryckman, 2000)
- 성격은 인간의 행동, 사고, 감정의 특유한 패턴을 창조하는 심리·신체적 체계인 인간 내부의 역동적 조직이다.(Carver & Scheier, 2000)
- 성격은 일관된 행동패턴 및 개인 내부에서 일어나는 정신 내적 과정이다.(Burger, 2000)

2) 성격에 대한 다양한 관점

학자들의 다양한 정의를 바탕으로 성격이란 말이 의미하는 바를 '성격심리학'의 관점으로 정리해 보면 다음과 같다.

- 외부와의 교류로 발달되고 형성됨
- 보편적인 성향이 존재하여 성격유형 분류가 가능
- 일관되고 안정적인 행동패턴을 가짐

명리와 직업선택에서 성격은 사주구조의 분석과 사주를 이루는 음양오행에 대한 분석으로 설명할 수 있다. 성격은 지속적으로 그 사람의 천성(天性)을 이루며 일관된 성격적인 특징을 확립한다. 성격은 한 개인의 행동양식을 결정짓는 요소이기도 하지만 사람 자체를 상징할 수 있는 상징성을 지니기도 한다.

2. 음양오행의 성격심리

음과 양은 서로가 존재함으로서 더욱 명확해지는 상대적인 개념이며 또한 음과 양은 동시에 공존한다. 우주에서 모든 것을 빨아들이고 모든 것이 사라진다는 블랙홀의 반대개념으로 우주의 천체가 생성되는 곳이 있을 것이라는 생각으로 나온 가설이 화이트홀 이론이다. 음양이론의 상대성과 오행이론의 다양성은 명리직업상담 성격이론의 기본을 이룬다.

1) 음양의 성격심리

음양의 원리를 성격이론으로 분석하면 다음과 같이 3단계로 분석이 가능하다.

<음양의 3단계 분석>

음양의 단계		분석
1단계	간지의 음양	• 양간지: 정신적인 면 추구, 일차적인 양성 표출 • 음간지: 물질적인 면 추구, 일차적인 음성 표출
2단계	기후조건의 음양	• 한습구조: 사색적, 인내, 내밀성, 분석적 • 난조구조: 외향적, 조급, 단순성, 율동적
3단계	신강과 신약의 음양	• 신강구조: 적극적, 자신감, 능동적, 통제력, 자만심 • 신약구조: 소극적, 수축감, 피동적, 의지력, 방어심

■ **1단계 간지의 음양**: 천간의 甲, 丙, 戊, 庚, 壬과 지지의 寅, 辰, 巳, 申, 戌, 亥는 양에 속하며 천간의 乙, 丁, 己, 辛, 癸와 지지의 子, 丑, 卯, 午, 未, 酉는 음에 속한다. 이는 기본적인 음양의 구별이며 양간지는 정신적인 면을 추구하고 일차적인 양성을 표출하게 된다. 음간지는 물질적인 면을 추구하고 일차적인 음성을 표출한다.

양간지로 치우친 구조는 외적인 표출이 강하고 음간지로 치우친 구조는 표현력이 약하며 내성적이다.

■ **2단계 기후 조건의 음양**: 金水로 구성되어 한습한 구조를 가지게 되면 사

색적이고 인내심이 많으며 내밀성이 높고 분석적이다. 木火로 구성되어 난조한 구조를 가지게 되면 외향적이고 조급하며 단순성이 높고 율동적이다.

북유럽이나 한습한 지역사람들에게서는 철학가가 많이 배출되었으며 난조한 지역사람들은 율동적인 무용이나 축제문화가 발달하였다.

■ **3단계 신강과 신약의 음양**: 사주 구조에서 신강은 양이요 신약은 음으로 구별될 수 있다. 신강구조는 적극적이고 자신감이 넘치고 능동적이며 통제력이 높고 자만심이 강하다. 신약구조는 소극적이고 수축감으로 인하여 피동적이며 의지력이 강하고 방어심이 강하다.

음양에 의한 3단계 성격분석은 가장 기본적인 명리와 직업선택의 이론이다. 또한 음양에 의한 성격분석은 다음과 같이 음양의 다중성에 의한 공조심리로도 분석이 가능하다. 10개의 천간은 각기 양간 5개와 음간 5개로 구성되어 있고, 각 천간은 서로 음양으로 합을 하고 있다.

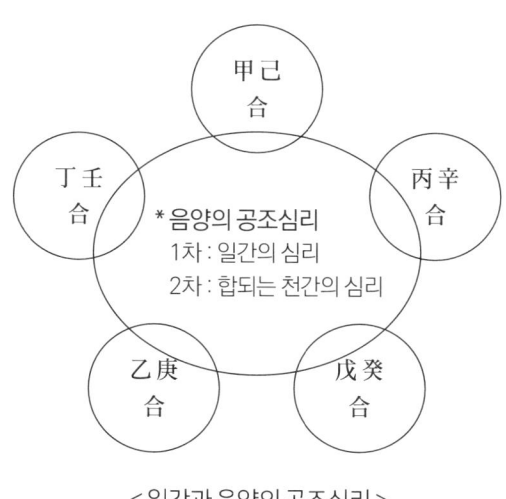

< 일간과 음양의 공조심리 >

각 천간은 사주명식에서 한 사람의 일간으로서 1차 성격을 표출하고 있지만, 2차적으로 합이 되는 천간의 성격이 반드시 발현된다. 甲木 일간은 甲木의 성격이 1차적으로 표출되지만 동시에 己土의 성격도 가지고 있다. 乙木 일간은 乙木의 성격이 1차적으로 표출되지만 동시에 庚金의 성격도 가지고 있다. 이는 천간이 음양으로 합을 이루고 있는 것에서 연유되며 음과 양은 이렇게 상대적이기도 하지만 공존하고 있는 개념인 것이다.

<천간의 합과 음양의 성격심리>

일간	1차 성격발현	2차 성격발현
甲木 일간	甲木 일간의 성격	합이 되는 己土의 성격이 발현
乙木 일간	乙木 일간의 성격	합이 되는 庚金의 성격이 발현
丙火 일간	丙火 일간의 성격	합이 되는 辛金의 성격이 발현
丁火 일간	丁火 일간의 성격	합이 되는 壬水의 성격이 발현
戊土 일간	戊土 일간의 성격	합이 되는 癸水의 성격이 발현
己土 일간	己土 일간의 성격	합이 되는 甲木의 성격이 발현
庚金 일간	庚金 일간의 성격	합이 되는 乙木의 성격이 발현
辛金 일간	辛金 일간의 성격	합이 되는 丙火의 성격이 발현
壬水 일간	壬水 일간의 성격	합이 되는 丁火의 성격이 발현
癸水 일간	癸水 일간의 성격	합이 되는 戊土의 성격이 발현

(甲+己) 甲木과 己土의 내면에는 서로 상대의 성격이 있다.

| 88년생 피아노 전공 _ 여성 | 91년생 영어학원장 _ 여성 |

時 日 月 年　　　　時 日 月 年
癸 甲 癸 戊　　　　壬 己 戊 辛
酉 申 亥 辰　　　　申 未 戌 未

- 甲木 일간의 여성은 곧고 바르고 우직한 성격이다. 그러나 때로는 己土처럼 사교적이고 변화와 융통성이 있는 면이 나타난다.
- 己土 일간의 여성은 친절하고 사교적이며 애교가 있는 성격이다. 그러나 때로는 甲木처럼 바르고 다소 경직된 올곧은 모습이 나타난다.

 (乙+庚) 乙木과 庚金의 내면에는 서로 상대의 성격이 있다.

| 정치인 국회의원 | 전 민정수석 조국 |

時 日 月 年　　　　時 日 月 年
丙 乙 壬 壬　　　　壬 庚 庚 乙
戌 未 寅 寅　　　　午 寅 辰 巳

- 乙木 일간의 남성은 부드럽고 사교적이고 융합을 잘 하는 성격이다. 그러나 뭔가 결정을 내릴 땐 庚金처럼 차갑고 확실하고 분명하게 판단하고 결정하는 면이 나타난다.
- 庚金 일간의 남성은 강단 있고 분명한 판단과 결단력이 있다. 그러나 때로는 乙木처럼 주변의 상황에 잘 맞춰주고 우유부단한 모습이 나타난다.

(丙+辛) 丙火과 辛金의 내면에는 서로 상대의 성격이 있다.

94년생 회계사준비 _ 여성

時	日	月	年
丙	丙	辛	甲
申	午	未	戌

86년생 제빵사 _ 여성

時	日	月	年
乙	辛	丁	丙
未	巳	酉	寅

- 丙火 일간의 여성은 밝고 화통하며 쾌활한 성격이다. 그러나 때로는 辛金처럼 예민하고 까칠하며 소극적인 면이 나타난다.
- 辛金 일간의 여성은 섬세하고 샤프하며 예리한 면이 있다. 그러나 때로는 丙火처럼 적극적이고 열정적인 면이 나타난다.

 (丁+壬) 丁火와 壬水의 내면에는 서로 상대의 성격이 있다.

76년생 판사 _ 남성

時	日	月	年
丙	丁	丙	丙
午	酉	申	辰

84년생 육군중령 _ 남성

時	日	月	年
庚	壬	丁	甲
子	子	丑	子

- 丁火 일간의 남성은 고요하고 정적이며 섬세한 성격이다. 그러나 壬水처럼 우직하고 깊이있는 강인함이 나타난다.
- 壬水 일간의 남성은 중후하고 넓고 깊은 도량이 있다. 그러나 때로는 丁火처럼 소극적이고 여성스런 따뜻한 면이 나타난다.

(戊+癸) 戊土와 癸水의 내면에는 서로 상대의 성격이 있다.

축구감독 홍명보	축구선수 이강인
時 日 月 年 癸 戊 丙 己 亥 午 寅 酉	時 日 月 年 丙 癸 庚 辛 辰 丑 寅 巳

- 戊土 일간의 남성은 성격이 침착하고 신의 있고 중후하다. 하지만 때로는 癸水처럼 다정다감하고 예민함이 나타난다.
- 癸水 일간의 남성은 총명하고 매우 감성적이다. 그러나 중요한 일 앞에서는 戊土처럼 신중하고 의연한 모습이 나타난다.

2) 오행의 성격심리

오행은 木火土金水로 상징되어지는 개념이다. 오행 중에서 생명 탄생과 가장 관련이 깊고 음을 대표하는 水와 양을 대표하는 火는 상극과 또는 상조의 공조를 이루며 중요한 역할을 담당하고 있다. 명리학은 음양과 오행의 학문이라고 할 수 있는 것처럼 음양오행을 진실되게 이해할 때만이 명리를 통찰할 능력이 발현되는 이유다. 음양과 오행이 중화를 이루고 있을 때는 안정된 심리의 성격이 발현되나 음양과 오행의 조화가 어그러진 경우에는 불안정하고 편협한 심리의 단점이 드러나게 된다.

오행에 의한 성격은 각 오행이 지니는 기질에서 비롯된다. 또한 없는 오행은 성격적인 발현은 약해도 오행의 부재로 인한 부재심리를 표출한다.

<오행의 특성과 부재심리>

구분	오행의 특성	오행 부재의 심리
木	사고와 정신을 관장	정신적 문제인 불안과 우울동반 및 집중력 저하 유발
火	정열과 표현의지 관장	정신적 생산력의 저하 및 편협한 사고로 인화력 결핍
土	수용력과 생성력의 근원	무기력과 권태 유발 및 주체성과 의지박약의 회의심리
金	판단력과 추진력의 힘	무계획적이고 분별력 약화로 자기중심적 성격발현
水	적응성과 탐구력의 주체	대처능력 및 수용정신과 이해력에 대한 모순적 심리도출

木 '사고와 정신'을 관장하며 오랜 세월이 지나도 끊임없이 자라는 나무와 같이 자기 발전을 위한 노력을 아끼지 않으며 어디서나 우뚝 서고 싶은 리더의 기질을 가진다. 부재 시에는 이에 상응하는 정신적 문제인 불안과 우울동반 및 집중력 저하가 유발되는 단점을 지닌다.

火 '정열과 표현의지'를 관장하며 형체가 없어도 주변에 존재감을 강하게 어필하는 기질을 가진다. 부재 시에는 이에 상응하는 정신적 생산력의 저하 및 편협한 사고로 인화력이 결핍되는 단점을 지닌다.

土 '수용력과 생성력'의 근원이며 모든 것을 받아주고 생명 탄생의 기반이 되어주는 흙처럼 자신을 숙임으로써 자신과 모든 이를 돌보이게 만드는 기질을 가진다. 부재 시에는 이에 상응하는 무기력과 권태 유발 및 주체성과 의지박약의 회의 심리를 지닌다.

金 '판단력과 추진력'의 힘을 상징하며 새로운 시작을 위하여 멈추고 잘라야 할 때를 구별하여 실행하는 강력한 기질을 가진다. 부재 시에는 무계획적이고 분별력 약화로 자기중심적인 성격으로 발현된다.

水 '적응성과 탐구력'의 주체로서 강한 생명력은 어디서나 적응하고 순응할 줄 알며 하염없이 흐르는 물처럼 제자리에 머무는 법이 없이 언제나 지혜와 지식을 갈구하는 기질을 가진다. 부재 시에는 대처능력 및 수용정신과 이해력에 대한 모순적 심리를 도출하는 성격으로 발현된다.

이렇게 음양과 오행에 의한 성격심리는 다중성과 공조성을 지니고 있다. 이와 같은 이해구도를 갖추고 음양과 오행 그리고 십성에 의한 성격심리도 이해할 수 있어야 한다.

3) 음양오행 및 코스별 성격심리

음양의 성격심리와 오행의 성격심리를 나누어 살펴보았다. 그러나 실제 음양과 오행은 상호 배속되어 있으므로 모든 해석은 음양오행이 통합하여 해석된다. 결과적으로 음양과 오행은 사주 내에서 상생상극이라는 상호작용이 이루어지는 동안 많은 정보를 제공하기 때문이다. 아래 이러한 분석의 기준을 표로 정리하였다.

성격분석 기준	성격 분석의 실제
음양	陰의 기질은 내향적, 수축적, 현실적 陽의 기질은 외향적, 발산적, 이상적
오행	木의 기질은 성장지향 火의 기질은 표현지향 土의 기질은 안정지향 金의 기질은 질서지향 水의 기질은 변화지향
코스별 - 1	인코스(in course)의 관인상생은 수동적 아웃코스(out course)의 식상생재는 능동적
코스별 - 2	印-比-食의 course는 과정 중시 財-官의 course는 결과 중시

3. 십성의 성격심리

음양오행이 서로 생하고 극하는 생극관계에서 파생된 개념이 십성이다. 음양오행의 추상적이고 상징적인 개념들을 인간관계, 직업적성, 성격심리 등으로 분석하는 것이 십성의 성격심리 연구의 시작이다.

1) 천간과 지지

십성을 논하고자 할 때는 반드시 천간지지에 대한 설명이 선행되어야 한다. 먼저 천간은 외면적 심리를 대표하며 지지는 내면적 심리를 대표한다.
천간은 객관적이고 외면으로 드러나는 모습이며 사회적 용도로 사용되고 직업적성에 직접적인 영향을 준다. 지지는 주관적이고 내면의 모습이며 개인적인 용도로 사용되고 개인의 취미생활을 관장한다.

<천간과 지지의 성격심리>

구분	간지	심리성향
천간	甲乙丙丁戊己庚辛壬癸	객관성, 사회적, 흥미 → 외면적 심리를 대표
지지	子丑寅卯辰巳午未申酉戌亥	주관성, 개인적, 취미 → 내면적 심리를 대표

2) 십성의 정·편의 심리

10개의 십성을 정과 편으로 나누어 구분하면 다음과 같다.

정(正)	비견, 식신, 정재, 정관, 정인
편(偏)	겁재, 상관, 편재, 편관, 편인

정(正)은 내면의 가치화 심리를 추구하며 편(偏)은 외면의 가치화 심리를 추구한다. 음양오행도 조화를 이루어야 하고 십성의 정·편도 조화를 이루어야 가장 무난하고 조화로운 성격심리를 지니게 된다. 그러므로 십성의 성격심리는 '뭉치면 죽고 흩어지면 산다.'고 표현할 수도 있다. 상식을 뒤집는 정리겠지만 하나의 십성으로 태과한 구조야말로 가장 부조화된 성격심리를 이루며 각 십성이 고르게 조화된 구조는 음양오행도 고르게 분포된 성격심리를 이루게 된다.

<십성의 정·편에 의한 심리>

십성	공통적인 심리	내외면 심리	공통적인 행동심리
비견 식신 정재 정관 정인	순수성, 순박성, 정직성 보수적, 자연적, 이타적 고정적, 정확성, 합리적 객관성, 논리적, 분석적	내면의 가치화 심리	• 순서를 잘 지킨다. • 원칙적이다. • 변화에 둔감하다.
겁재 상관 편재 편관 편인	변화적, 인위적, 자율적 이기적, 활동적, 직관적 창의적, 감성적, 주관성 이중성, 유동성, 다변적	외면의 가치화 심리	• 상황에 대처를 잘한다. • 응용적이다. • 변화에 민감하다.

월령이 '정(正)'의 심리 특성

```
時 日 月 年
戊 辛 丙 乙
戌 卯 戌 丑
```

辛金 일간이 戌월에 태어나 시간으로 戊土가 투간한 정인격이다. 관인상생격이 성립되고 천간으로 정인과 정관이 뿌리를 두고 있어 '정(正)'의 성향을 많이 보이고 재-관-인으로 input 구조이다. 순수하고 보수적이고 수용적이며 이타적인 성향이다. input 구조로만 되어 있어 자신의 생각을 밖으로 표현하는 부분에서 서툴고 어려움이 있으며 이것이 심리적 어려움으로 나타날 수 있다.

 월령이 '편(偏)'의 심리 특성

```
時 日 月 年
庚 甲 戊 丁
午 寅 申 未
```

甲木 일간이 申월에 태어나 시간으로 庚金이 투간한 편관격이다. 월간의 편재와 연간의 상관 등 천간이 모두 '편(偏)'으로 구성되어 있어 사고가 자율적이고 활동적이며 주관적이고 다변적이다. 변화에 대처를 잘 하고 에너지 주체가 일간이 되는 output 구조라 주변을 의식하지 않고 자신이 원하는 방향대로 실천하는 자유의 영혼이다.

3) 십성의 순역(順逆)기능 심리

십성은 상생구조의 순기능과 상극구조의 역기능이 있다. 상생구조의 순기능은 수용성과 질서 준법으로 계획된 일처리의 노력형이며, 상극구조와 역기능은 기다리기보다는 선제공격으로 문제해결의 모색과 방법이 탁월하고 차별화된 생산성과 수단으로 비범한 두뇌활용과 행동을 한다.

■ 순기능: 상생패턴구조 순기능 (순수성)

- 관성과 인성(관인상생): 수용, 질서, 사고(이성적, 객관적)
- 식상과 재성(식상생재): 표현, 자유, 행동(감성적, 주관적)
- 인성과 식상(인비식): 지식, 중화, 표현(균형적인 성정)
- 재성과 관성(재생관): 목적, 명예, 공익(공익적, 주관적)

 관인상생

時	日	月	年
甲	辛	丙	乙
午	丑	戌	巳

辛金 일간이 戌월에 태어나 월간으로 丙火가 투관되어 관인상생격이다. 관인상생이면서 재생관 구조로 에너지가 일간으로 유입되는 input 구조이다. 이성적이고 객관적이며 사고가 다소 경직되어 있다.

 **식상생재**

```
時 日 月 年
癸 己 壬 己
酉 巳 申 未
```

己土 일간이 申월에 태어나 월간으로 壬水가 투간되어 상관생재격이다. 비-식-재 구조로 일간이 중심이 되어 에너지가 외부로 표현되는 output 구조이다. 감성적이고 주관적이며 사고와 행동이 자유롭다.

 인-비-식상

```
時 日 月 年
丙 乙 甲 癸
戌 酉 子 卯
```

乙木 일간이 子水에 태어나 시간으로 癸水가 투간되어 편인격이며 인비식 구조이다. 인비식 구조는 머리가 좋고 총명하다. 결과보다는 과정을 중요하게 생각한다. 정보를 수용하여 가공 후 외부로 표현하는 구조로 균형적인 심리가 나타난다.

 재-생-관

```
時 日 月 年
乙 丙 庚 癸
未 子 申 酉
```

丙火 일간이 申월에 태어나 월간으로 庚金이 투간하여 편재격으로 재생관 구조이다. 재생관 구조는 과정보다는 결과를 중요하게 생각하고 목표 지향적이며 부와 명예를 중요하게 생각하는 심리구조다.

■ **역기능: 상극패턴구조 역기능** (비범성)

-재성과 인성(재성극인성): 사고의 전환이 빠름. 발상이 일반화를 초월
-식상과 관성(식상극관성): 기본의 틀에 얽매이지 않음. 파격적인 행보
-비겁과 재성(비겁극재성): 현실에 집착하는 노력. 보이는 것만 신뢰
-인수와 식상(인수극식상): 자신의 생각에 집중. 변화에 신중한 성향

 재성 극 인성

```
時 日 月 年
丙 庚 己 乙
午 辰 丑 巳
```

庚金 일간이 丑월에 태어나 월간 己土로 투간되어 정인격이다. 인수가 강한 사주로 연간 정재 乙木을 용신으로 재극인 구조이다. 강한 인수를 재성이 '극'을 해줌으로써 사고의 전환이 일어나고 비범성을 보여준다.

 식상 극 관성

```
時 日 月 年
壬 丙 己 辛
辰 午 亥 酉
```

丙火 일간이 亥월에 태어나 시간 壬水로 투간되어 편관격이다. 상관 己土로 제살시켜 상관제살격이다. '편'들은 끊임없이 자기계발을 통해 성장하기 때문에 정해진 기본 틀에 얽매이지 않고 자신만의 행동을 보여준다.

 비겁 극 재성

```
時 日 月 年
己 乙 己 乙
卯 酉 丑 卯
```

乙木 일간이 丑월에 태어나 월간으로 己土가 투간되어 편재격이다. 인수 부재로 비견 木을 용신으로 한다. 지극히 현실적이고 과정 없이 결과만 얻으려고 하는 심리와 보이는 것만 신뢰하는 심리이다.

 인수 극 식상

```
時 日 月 年
癸 丙 己 癸
巳 寅 未 卯
```

丙火 일간이 未월에 태어나 월간으로 己土가 투간되어 상관격이며 인수를 용신으로 하여 상관폐인격이다. 자율성과 변화에 민감한 상관을 인수가 신중하게 결정할 수 있도록 생각에 집중시킨다.

참고

식상 극 관성의 심리 (비범성)

- 관을 자기 마음대로 이끌고 가는 심리
- 상대의 고정관념을 변화시키는 자극 심리
- 목적이 있을 때 과감히 실행하는 수단

4) 십성의 상대적 조화심리

- 십성의 정(正)과 편(偏)의 만남은 전통 보수와 개혁의 갈림길에 서게 된다.
- 융통성과 정법의 문제
- 과거와 현재의 문제
- 소통이 잘되면 긍정적 결론을 이끌어내나, 대치되면 갈등 국면이다.
- 세력이 우세한 편으로 결론이 난다.
- 만족도와 의지는 다른 것이다.

1. 인성과 식상의 조화심리	2. 비겁과 재성의 조화심리
- 생각과 표현의 조화심리 - 기획과 실행의 조화심리 - 인내와 소비의 조화심리 - 체면과 배려의 조화심리	- 욕구와 욕망의 조화심리 - 노동과 실현의 조화심리 - 의욕과 결과의 조화심리 - 활동과 공간의 조화심리
3. 식상과 관성의 조화심리	4. 재성과 인성의 조화심리
- 자율과 규정의 조화심리 - 실행과 목적의 조화심리 - 행동과 통제의 조화심리 - 일탈과 억압의 조화심리	- 행동과 생각의 조화심리 - 실천과 계획의 조화심리 - 결과와 과정의 조화심리 - 도전과 인내의 조화심리
5. 관성과 비겁의 조화심리	6. 음양의 조화 심리
- 통제와 욕구의 조화심리 - 규제와 노동의 조화심리 - 억압과 의욕의 조화심리 - 원칙과 자아의 조화심리	- 응집과 발산의 조화 - 축소와 확장의 조화 - 소멸과 생성의 조화 - 안정과 변화의 조화

5) 십성의 주관성과 객관성

인간의 행동심리 분석은 주관성과 객관성, 이성과 감성의 체계로 들여다 볼 수 있으며, 사주 내의 십성은 모두 이와 같은 이원적인 작용을 소유하고 있다. 주관적이면서도 이성적이고, 객관적이면서도 감성적인 성품을 소유하는 과정들에서 사회성의 장·단점을 파악할 수 있고 직업적성도 예리하게 파악하게 된다. 이 모든 과정이 행동심리분석과 일치하고 있음에 놀라지 않을 수 없다. 십성의 주관성과 객관성, 감성과 이성 그리고 십성의 정·편에 대한 심리 특성을 분류하면 다음 표와 같다.

십성	주관·객관	이성·감성	심리구조
비견	객관	감성	객관적이면서 감성적이다.
겁재	주관	감성	주관적이면서 감성적이다.
식신	객관	감성	객관적이면서 감성적이다.
상관	주관	감성	주관적이면서 감성적이다.
편재	주관	공유	주관적이면서 이성·감성을 모두 소유했다.
정재	객관	공유	객관적이면서 이성·감성을 모두 소유했다.
편관	주관	이성	주관적이면서 이성적이다.
정관	객관	이성	객관적이면서 이성적이다.
편인	주관	이성	주관적이면서 이성적이다.
정인	객관	이성	객관적이면서 이성적이다.

십성	공통심리	내·외면	행동심리
정(正) 정관·정인 정재·식신·비견	이성적, 정직성, 정확성 객관적, 보수적, 합리적 논리적, 분석적, 이타적	내재적 가치화 심리	전통과 순서에 입각 변별과 노력으로 정리정돈 생활화
편(偏) 편관·편인 편재·상관·겁재	감성적, 다변적, 창의적 주관적, 이기적, 자율적 직관적, 이중성, 유동성	외재적 가치화 심리	상황에 따라 변화 임기응변과 요령 이중적이자 입체적

(1) 주관성과 객관성

사주구조를 분석하여 대상자의 주관성과 객관성의 정도를 판단할 수 있다. 그리고 대운 및 세운이 사주 원국에 영향을 미치므로 주관성과 객관성도 영향을 받게 되어 행동과 가치관에 변화가 나타난다. 그러므로 사주원국의 주관성과 객관성을 체계적으로 분석하고, 행운의 변화에 따라 주관성과 객관성에 어떠한 변화가 나타날 것인가를 해석하여 한층 명쾌한 심리분석을 할 수 있다. 나아가 이러한 주관과 객관의 사주심리분석의 자료는 내담자에게 보다 만족한 상담을 제공하게 된다.

사람은 누구나 주관과 객관을 소유하고 있다. 주관적(主觀的)이란 정신(情神)을 말하며 자기정신은 곧 자기생각을 주관하며 그 상태는 타인과 교류할 수 없다. 그러므로 주관적인 상태를 움직이기 위해서는 자신이 왜 해야 하는지의 설득력이 요구되며, 이는 대가를 원하는 스타일로 해석할 수 있다.

주관성과 객관성은 자신의 행동방식과 가치관에 많은 영향을 준다.

객관적(客觀的)이란 물리(物理)를 말하는 것으로 사물의 확연한 이치를 통하여 개인의 주관을 떠나 제삼자의 입장에서 사건이나 사물을 보거나 생각하는 것이다. 그러므로 객관적인 사람은 자신보다 무엇을 위해서 해야 하는지의 설득력이 요구된다. 이는 대가성보다는 명분이 중요한 스타일로 해석할 수 있다.

(2) 주관과 객관의 분석방법

- 주관(主觀): 정신(情神) - 자기 뇌 속에 있는 자기만의 생각
  십성의 편(偏): 편인, 편관, 편재, 상관, 겁재
  실리성과 환경, 감성
  편인(偏印)-비겁(比劫)-식상(食傷)
  내가 왜 해야 하는지가 설득되어야 행동함
  주관적으로 성공할 수 있거나 폐쇄적일 수도 있음

- 객관(客觀): 물리(物理) - 누구나 판단할 수 있는 사물의 확연한 이치
  십성의 정(正): 정인, 정관, 정재, 식신, 비견
  명분과 가치, 이성
  재성(財星)-관성(官星)-정인(正印)
  무엇을 위해 하는지가 설득되어야 행동함
  객관적으로 훌륭하거나 인색·무정할 수도 있음

주관적인 성격의 사주

```
時 日 月 年
丙 庚 甲 甲
戌 子 戌 子
```

월지 戌土에서 시간으로 丙火투간으로 살인상생격이면서 재생관 구조다. 천간과 지지지 모두 '편(偏)'으로 구성되어 있다. 수직구조로 서열본능이지만, '편(偏)'으로만 구성된 사주라 자기만의 생각으로 주관적이다.

 객관적인 성격의 사주

```
時 日 月 年
丁 乙 庚 庚
亥 亥 辰 戌
```

월주가 庚辰으로 재생관 구조이면서 재관인이 모두 강한 관인상생 구조이다. 서열본능이 강하고 천간과 지지가 모두 '정(正)'으로 구성되어 실행에 있어 명분이 중요하고 객관적이며 이성적이다.

6) 십성의 이성과 감성

사주심리분석의 꽃이라 할 수 있는 분야가 바로 이성과 감성체계를 분석하는 것이다. 이성과 감성의 체계는 직업적성과 직무능력, 행동심리를 정확하게 예측할 수 있으며, 내담자의 마음을 섬세하게 읽어내는 사주심리상담 분야에 센세이션(sensation)을 일으키고 있다.

사주의 격과 십성의 분포를 통한 구조분석으로 개인의 이성과 감성적 성향의 정도를 판단할 수 있다. 그리고 대운 및 세운의 변화에 따라 사주 원국의 이성과 감성체계에 영향을 주게 되어 성격 및 태도에 변화가 나타난다. 그러므로 사주원국의 이성과 감성체계를 분석하고, 행운의 변화에 따라 감성과 이성에 어떠한 변화가 나타날 것인가를 해석하여 통쾌한 심리파악을 할 수 있다. 나아가 이러한 사주 심리분석의 자료는 다양한 내담자의 상담 목적에 만족한 해답을 제공하게 된다.

(1) 이성 및 감성의 이해

사람은 누구나 이성(理性)과 감성(感性)을 동시에 소유하고 있다. 선천적으로 매우 이성적인 사람이 있거나 또는 매우 감성적인 사람이 있기도 하며, 어느 한쪽으로 치우치지 않은 평화로운 사람도 있게 된다. 그러나 평소와 다른 환경 및 상황을 접하게 될 때 사람은 자신의 이성과 감성에 변화가 발생한다.

즉 이성적인 사람이 감성적으로 변하거나 또 감성적인 사람이 이성적으로 변하기도 하며, 아니면 더욱 이성적이 되거나 아니면 더욱 감성에 치우치게 될 수 있다. 즉, 감성을 잃고 냉정하거나 이성을 잃고 분노하기도 한다.

결국 이성과 감성이 중화를 이루고 변화에 민감하지 않는 사주일수록 안정된 성품을 소유했다고 볼 수 있다.

(2) 이성과 감성의 분석방법

■ 이성(理性): 십성의 정(正) - 정인, 정관, 정재, 식신, 비견

　　　　　객관적이며 현실적

　　　　　천간은 사회적 이성, 지지는 내면의 이성

　　　　　정관-정인 & 재-관-인 코스

　　　　　상생(相生)과 제화(制化)는 이성적

　　　　　이성적으로 성공·존경 받거나 건조하고 편협할 수도 있음

■ 감성(感性): 십성의 편(偏) - 편인, 편관, 편재, 상관, 겁재

　　　　　주관적이며 비현실적

　　　　　천간은 사회적 감성, 지지는 내면의 감성

　　　　　비겁-식상 & 비-식-재 코스 / 비겁+인성=신강사주

　　　　　상충(相沖)과 합화(合化)는 감성적

　　　　　감성을 활용하여 성공하거나 비애스러울 수도 있음

참고

정인, 정관은 이성적이다. 비겁, 상관은 감성적이다. 재성은 이성과 감성을 중재하는 성분이다. 그리고 환경에 따라 이성적이기도하고 감성적이기도 한다.
▶ 식상 극 관성: 이성과 감성의 문제, 강한 쪽으로 선택
▶ 재성 극 인성: 전통과 현실의 문제, 강한 쪽으로 선택

이성적인 성격의 사주

時 日 月 年
戊 辛 丙 乙
戌 卯 戌 丑

월지 戌土에서 시간으로 戊土가 투간되어 정인격이며 관인상생격이다. 천관으로 관인상생과 재생관 구조로 서열본능과 수직적 사고로 객관적이며 이성적이다. 에너지가 일간으로 유입되는 구조라 주체가 외부에 있다.

 감성적인 성격의 사주

時 日 月 年
戊 甲 丁 己
辰 寅 卯 亥

월지 양인격으로 신강사주다. 비-식-재 구조로 에너지 주체가 일간이고 일간으로부터 에너지가 발산된다. 주관적이고 감성적이다. 주변을 의식하지 않고 자신의 생각이 주가 되어 행동한다.

7) 십성의 민감성과 교감능력

성격은 누구나 외향성과 내향성을 동시에 가지고 있다. 누구든 온전히 내향적이거나 외향적인 성격을 소유할 수는 없다는 말이다. 균형을 이루지 않았다면 다만 외향과 내향 중 어느 쪽으로 더 치우쳤을 뿐이다. 성격은 모두 복합성을 가지고 있으며 외부 환경에 의해 반응한다. 또 경우에 따라서는 본성(本性)이 아닌 가성(假性)이 나타나기도 한다. 전술하였듯이 주관성과 객관성, 이성과 감성의 체계와 판단도 이와 같다. 그리고 외향적이거나 내향적인 성격의 판단은 이성과 감성적 구조체계와 연관성이 많다.

(1) 외향, 내향

외향과 내향에 대하여 가장 먼저 판단할 수 있는 근거는 천간과 지지이다. 드러난 천간은 외향적이고 지지는 천간의 아래에 있는 동시에 지장간에 감춰져 있으니 내향적이다. 그러나 외향적이고 명랑한 성격은 기본적으로 식상과 재성이 투출된 사주로 볼 수 있다. 또 내향적이고 차분한 성격은 기본적으로 관성과 인성이 투출된 사주로 볼 수 있다. 특히 격을 이루었거나 지지에 합국을 이루며 이루어진 구조는 더욱 그러하다.

한편 사주에서 천간에 투출된 십성이 충(沖)이나 합거(合去)되지 않고 지지의 도움을 잘 받고 있는 사주구조는 정신적 에너지가 강한 성격의 소유자이다. 즉, 사주 내 천간의 십성이 통근하거나 득지하고 건강하다면 성격이 긍정적이고 명랑하다.

- **외향**(명랑): **비→식→재**(비→식) **코스** (기분 내기)
  [천간] 비겁→식상→재성

- **내향**(침착): **재-관-인**(관→인) **코스** (기분 다스리기)
  [지지] 재성→관성→인성

(2) 민감성(敏感性)과 교감능력

　민감성(敏感性)이란 사물에 대하여 재빠르고 날카롭게 느끼는 성질을 말한다. 그리고 민첩성(敏捷性)이란 동작이 아주 날쌔고 눈치가 빠른 성질을 말한다. 교감능력(交感能力)이란 민감성을 상대방이나 사회의 현상들에 대하여 직감하고 대응하는 능력을 말한다. 사주에서 빠른 교감과 행동을 보이는 민첩성의 판단은 쉽지 않으나 정신(情神) 영역의 민감성은 매우 정확하게 분석할 수 있다.

　민감성은 개인의 민감한 성격적 행동심리로 드러나므로 대인관계와 사회생활에 중요한 영향을 미치고 나아가 직업적성과 직무수행 등 모든 행동양식에도 섬세하게 영향을 끼친다. 단, 민감성이 높거나 낮은 것으로 길흉을 판단하는 것은 아니다. 민감성이 높아서 나쁠 수도 있지만 민감성이 높아서 좋은 것도 많다는 것을 간과해서는 안 된다.

　예컨대 피아니스트가 건반에 대하여 민감해야 하고, 수사관이 범인을 찾는 데 민감할수록 좋다. 그러나 사소한 일에도 과민반응을 하여 스트레스 받는 것 등은 좋지 않을 수 있다는 말이다. 여기서 사주의 민감성을 판단하는 목적은 그런 것보다는 인간이 살아가는 모든 대상과 일에 대한 교감을 통하여 정서적 안녕감과 진로직업적성상담에 적용하기 위한 목적이 더 크다.

십성을 정·편으로 나누어 다시 살펴보면 편(偏)들은 즉흥적이고 민감하며, 정(正)들은 보다 계획적이나 민감성이 낮다는 것을 이해할 수 있다.

■ **민감하게 반응**(즉흥적) **- 교감능력 우수**
- 십성의 편(偏): 편인, 편관, 편재, 상관, 겁재
- 비겁-식상-재성은 외부와의 교감·반사가 빠름
- 비겁, 식상, 편재가 격이거나 투출은 비교적 민감하다.

    (강의, 토크쇼, 홍보, 영업, 중개 등 순발력 직무 우수)

가. 민감하게 반응하여 교감이 잘되는 경우 친화력 극대화

나. 민감하게 반응하여 상대의 진심을 왜곡하거나 불쾌감을 줄 수 있다

■ **차분하게 반응**(계획적) **-교감능력 낮음**
- 십성의 정(正): 정인, 정관, 정재, 식신, 비견
- 정인-정관-정재는 외부와의 교감·반사가 느림
- 인성, 관성이 격이거나 투출 및 강하면 비교적 차분하다.

    (사무행정, 비서, 번역가, 컴퓨터, 회계 등 계획성 직무 우수)

가. 차분하게 반응하여 안정적이고 신뢰감 극대화

나. 차분하게 반응하는 것이 답답하거나 교감의 문제로 오인

교감능력이 높은 사주

時 日 月 年
丙 乙 乙 戊
戌 酉 卯 申

비견격에 천간으로 상관과 정재가 투간되어서 상관생재 구조다. 일간이 신강해서 자신이 주관이 되어 에너지가 외부로 유출되는 구조이다. 교감능력이 뛰어난 직업상담사로 개인상담뿐 아니라 집단상담 및 강의능력도 우수하다.

 교감능력이 낮은 사주

時 日 月 年
戊 辛 丙 乙
戌 卯 戌 丑

월지 戌土에서 시간으로 戊土가 투간되어 정인격이며 관인상생격이다. 인수가 강한 사주이고 재-관-인 구조이다. 차분한 성격으로 생각이 많고 자신의 생각을 표현하는 데 서툴다. 비식재가 강한 자녀들과의 갈등으로 상담을 의뢰한 학부모다.

- 천간의 식신, 상관은 보이는 게 많다. 그러므로 말이 많고 명랑하다.
- 상관은 남의 장단점이 잘 보여서 단점을 꼬집는 흥미가 있다.
- 비겁은 몸소 느끼고 싶은 충동이자 열정이다.
- 비겁은 오래 기다리는 것을 싫어하며 즉흥적이다.
- 편인은 듣고 보고 받는 느낌이 많으며 깨달음도 많다.
- 재성은 현실적인 사고로 현재에 민감하다.
- 비겁은 경쟁 심리로 상대방을 늘 의식한다.
- 상관과 편인은 상대방의 자극에 민감하게 반응한다.
- 정인은 순서를 지키고 순리적으로 언행하는 성향이다.
- 정인과 정관, 정재는 시간이 걸려도 가지런히 정리하는 심성이다.
- 정관은 도덕적으로 분명한 원칙을 적용하여 반응한다.
- 정관은 시간이 걸려도 원칙과 규정에 입각해서 실행한다.
- 편재는 변화에 주도적으로 반응하고 행동한다.
- 정재는 현실적이고 침착하나 명랑하게 반응한다.
- 편관은 스피드하고 행동적으로 불의에 민감하다.
- 편관은 분별력이 확실하여 공익적 가치에 행동한다.

이와 같이 감성적이고 주관적이며 즉흥적인 편(偏)십성들과, 이성적이고 객관적이며 계획적인 정(正)십성들로 구별해 볼 수 있다. 그리고 천간과 지지의 십성 위치에 따라 십성의 각자 소유한 지성과 감각이 지극히 발현되거나, 외부와의 교감이 빠르거나, 반응에 민감하여 즉각적인 소통을 유발하여 친화력을 이끌어 내거나 한다. 또 너무 민감하여 상대를 잘못 판단하여 오해하거나 불쾌감을 줄 수도 있고, 너무 차분한 것이 오히려 답답함을 주거나 반응이 늦는 소통부재로 느끼게 할 수도 있다.

8) 스트레스와 분노조절

감정의 동물인 인간은 오늘날과 같은 초복잡성의 시대에서 누구나 스트레스(stress)를 받지 않을 수 없다. 그러나 같은 상황에서도 스트레스를 많이 받거나 덜 받는 등 개인적 차이가 있다. 이러한 체질적 성격과 선천적인 직무적응성은 살아가야 하는 환경적응 행복지수 예측에 매우 적절하게 활용할 수 있다. 체질적 성격과 선천적인 직무적응성은 출생사주로 검사가 가능하다. 왜냐하면 사주는 선천적인 체질을 판단할 수 있는 유일한 도구이기 때문이다.

그러한 스트레스와 함께 개인주의가 강하다 보니 나 아닌 다른 사람을 이해하지 않으려 하므로 인내하는 법을 몰라서 참을성이 없는 사회가 되었다. 하여 분노를 조절하지 못하는 분노조절장애라는 정신질환이 확산되고 있다. 인내와 자기성찰로 마음을 잘 다스리지 못하는 성격들의 사주는 대부분 이성과 객관성이 취약하며, 주관적이고 감성적으로 치우쳐 있다.

특히 이러한 사주는 스트레스가 심한 중 해소를 잘 못하여 평소에 우울증이나 조울증으로 발전하는 경우가 많다고 한다.

- 오행이 양극화로 대치된 구조: 조급, 민감, 예민, 스트레스
- 오행 불통의 사주: 스트레스, 조급, 예민
- 비겁태강, 편인태강: 스트레스와 분노조절에 취약
- 충·극이 많은 사주: 정서불안, 변화에 취약
- 수(水)화(火)가 상극(상전)구조: 예민성, 피해의식, 극단적
- 조후문제(한난조습): 조울증, 우울증, 가면 우울증

- 인성이 없는 사주가 관살이 강하면 흥분을 잘한다.
  (피해심리, 억압당한다는 감정, 노동근성)

- 오행이 대립된 상태에서 소통시킬 오행이 없는 경우 흥분을 잘한다.
  (감정변화 민감, 조급함, 조울증)

- 강하게 편중된 오행을 제어할 힘이 없는 오행이 극하면 흥분한다.
  (역부족에 의한 반발 심리 발동) - 왕자충발(旺者沖發)

- 강한 겁재, 편관을 어설프게 극하면 관살이 흥분하여 폭력적으로 변한다.
  (역부족에 의한 반발 심리 발동) - 왕자충발(旺者沖發)

- 사주 내에서 水火가 상극되면 똑똑하지만 조급하고 참을성이 없다.
  (민감, 조증현상, 과민반응, 적대감)

- 겨울 출생이 木·火가 약하거나, 여름 출생이 金·水가 약하면 정서문제 조울증 등

- 가을과 겨울에 나타나는 계절성 우울증에 민감한 사람은 겨울 출생으로 金水가 왕한 사람들이다.

- 사주를 떠나 몸에 水가 많으면 계절성 우울증에 민감하다.
- 편(偏)이 강해서 제어할 때는 확실하게 하는 게 좋다.
- 제어가 안 되면 편(偏)의 기질을 나쁘게 활용한다.
- 편(偏)들은 제어가 잘되면 정(正)으로 활용한다.
- 정(正)이 강해서 문제가 되면 편(偏)의 기질이 나타난다.
- 정(正)을 충·극하여 변질시키면 편(偏)의 단점이 드러난다.

 분노조절 장애_남성

時	日	月	年
辛	庚	戊	甲
巳	申	辰	申

위 사주는 庚金 일간이 편인격이며 천간지지로 비겁이 태과하다. 에너지가 온통 일간 중심으로 몰려 있어서 힘의 분산이 필요한 구조이다. 마침 연간의 편재 甲木이 편인을 제화시키나 비겁이 강하여 극재(剋財) 당하는 형국이라 그의 성정이 온전히 다스려지지 못하는 구조이다. 시상으로 겁재가 투출하여 감성적이고 천간이 겁재, 편재, 편인의 투출로 외부자극에 민감하게 반응하며 편인 월령이니 사고가 매우 주관적이므로 이성적이거나 객관적이지 못하고 툭하면 화를 버럭버럭 내는 사람이다. 특히 한번 분노가 치밀어 오르면 조절이 안 되어 폭행과 행패를 부리는 등 가족과 주변 사람들이 고통을 겪는다고 한다.

반응이 빠른 조급증 _ 여성

```
時 日 月 年
戊 戊 辛 壬
午 午 亥 子

甲乙丙丁戊己庚
辰巳午未申酉戌
```

戊土 일간이 亥월에 壬水가 투출하여 편재격이다. 사주는 재왕하고 신왕하다. 비·식·재가 투출되어 타인과의 교감이 빠르고 감성적이다. 특징은 水와 火가 대립하는 상극의 구조다. 이와 같이 오행이 대립하는 상극구조는 이성과 감성의 충돌로 인하여 매사에 민감하고 조급한 성격을 나타낸다. 그리고 행동 결정과 판단에는 의외로 미온적인 면이 내재되어 있다. 반면에 비범성으로 탁월한 면의 장점을 소유하게 된다.

 천재 전자바이올리니스트 유진 박(조울증)

```
時 日 月 年
壬 癸 乙 乙
戌 亥 酉 卯
```

한국이 낳은 천재 바이올리니스트 유진박이 조울증으로 고생한다는 소식에 가슴이 아팠다. 癸水가 酉月 편인이며 壬水 겁재가 투출하여 신강하다. 乙木 식신으로 에너지를 설기하는 용신이다. 그러나 조후가 되지 않아 한습하고 卯酉충(沖)으로 식신이 깨지는 도식(倒食)의 구조다. 겁재의 주관성과 민감성은 오직 乙木 식신(감성)으로 몰입하여 한 가지 전문성을 발휘하였다. 그러나 편인의 주관적 이성이 식신 감성을 충(沖)하여 그는 정서적 문제와 함께 한습이 더하여 조울증에 시달리는 것 같다.

 감정의 급변, 과잉행동장애 _ 여성

時 日 月 年
庚 壬 丙 壬
戌 午 午 子

壬水 일간이 午월에 丙火가 투출하여 편재격다. 火가 치열(熾烈)한 신약 사주로 연주 壬子 水비겁과 壬水를 생하는 庚金이 희신이다. 그러나 이 여성은 水火가 상전(相戰)되어 스트레스가 극심하고 감정 컨트롤이 잘 안 된다고 한다. 때로는 감정이 분노로 급변하여 과잉행동장애가 나타난다고 한다.

웃다가 울다가_ 조울증 여성

```
時 日 月 年
丙 壬 丙 壬
午 申 午 子
```

壬水 일간이 丙午월에 편재격이다. 사주가 水火의 대립구조로 정서교류에 문제가 심각하게 나타나고 있다. 남편의 외도를 끊임없이 의심, 모든 원망을 남편에게 쏟아 부으며 수없이 사주, 점, 무속 등 운명상담소를 찾아다닌다. 상담 중에는 수시로 울었다가 웃었다가 하며 조울증으로 힘들어 하는 동안 스트레스 속에서 지치고 괴로워하였다. 이런 사주는 늘 타인에 대한 원망이 큰 것을 보게 된다.

오락에 빠져 고교중퇴_ 남성

```
時 日 月 年
辛 己 戊 庚
未 酉 子 午
```

己土 일간이 子월생으로 편재격이다. 사주에 金 식상이 많아 식상생재가 잘되는 것처럼 보이나 戊土 겁재가 子水 머리 위인 월간으로 투출하여 극하는 중 연지의 午火와 子午 沖을 한다. 천간으로 겁재와 식신, 상관이 모두 투출하여 외부자극에 매우 민감한 성격으로 오락에 깊게 빠져들었고,

> 편재가 상하니 거주할 공간과 금전 관리에 파행적인 행보가 나타났다. 감성이 유력하여 빠져들면 창작물을 내지만 상극구조는 극단적인 행동이 나타남을 유념해야 한다.
> 이런 구조의 직업은 직업이 없는 것이 아닌, 분양, 경매, 운송, 관광 가이드 등 파트타임에 적합하고, 차라리 오락실에서 일하는 것이 더 좋다.

6장

주요 성격심리검사 도구

상담을 진행하는 현장에서는 상담 전 일차적으로 검사 도구를 사용하여 나타난 결과 값을 기본으로 내담자의 기본상황을 점검한다. 검사 도구에는 다양한 항목의 질문에 답하는 양적 검사와 특정도구를 사용하여 내담자의 내면을 살펴보는 질적 검사가 있다. 검사 결과로 나온 값은 상담하는 데 있어 내담자를 알 수 있는 기초자료가 된다.

이 장에서는 내담자의 성격과 심리를 알 수 있는 검사로 홀랜드검사, 에니어그램검사, MBTI검사, 직업카드분류검사의 내용을 살펴본다. 그리고 사주명리로 개발된 선천적성검사(AAT)의 내용을 요약 정리하였다.

1. 홀랜드 직업선호도 검사

홀랜드(Holland) 이론은 성격을 6가지 유형 중 하나로 사람들을 분류한다. 사람의 성격을 6가지 유형으로 분류하였듯, 직업유형도 6가지 유형으로 분류하여 자신의 성격유형과 맞는 직업유형을 선택했을 때 직업만족도와 성과가 높다고 정의한다. 여기서 6가지 유형은 '현실형(realistic: R)', '탐구형(investigative: I)', '예술형(artistic: A)', '사회형(social: S)', '진취형(enterprising: E)', '관습형(conventional: C)' 등이다.

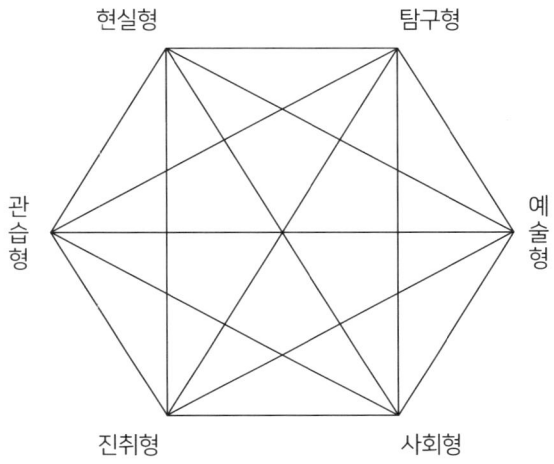

< Holland의 성격유형 >

1) 직업선호도 검사

홀랜드 검사는 직업상담현장에서 가장 많이 쓰는 도구이며 고용노동부 사이트인 워크넷(www.work.go.kr)에서 제공하는 직업선호도 검사로 성인용과 청소년용 두 가지가 있다.

<6개 유형별 특성>

구분	현실형(R)	탐구형(I)	예술형(A)
흥미특성	분명하고 질서정연하고 체계적인 것을 좋아하고 연장이나 기계를 조작하는 활동 내지 기술에 흥미가 있습니다.	관찰적, 상징적, 체계적이며 물리적, 생물학적, 문화적 현상의 창조적인 탐구를 수반하는 활동에 흥미가 있습니다.	예술적 창조와 표현, 변화와 다양성을 선호하고 틀에 박힌 것을 싫어하며 모호하고, 자유롭고, 상징적인 활동에 흥미가 있습니다.
자기평가	사교적 재능보다는 손재능 및 기계적 소질이 있다고 평가	대인관계 능력보다는 학술적 재능이 있다고 평가	사무적 재능보다는 혁신적이고 지적인 재능이 있다고 평가
타인평가	겸손하고 솔직하지만 독단적이고 고집이 센 사람	지적이고 현학적이며 독립적이지만 내성적인 사람	유별나고 혼란스러워 보이며 예민하지만 창조적인 사람
선호활동	기계나 도구 등의 조작	자연 및 사회현상의 탐구, 이해, 예측 및 통제	문학, 음악, 미술활동
적성	기계적 능력	학구적 능력	예술적 능력
성격	현실적이고 신중한 성격	분석적이고 지적인 성격	경험에 대해 개방적인 성격
가치	눈에 보이는 성취에 대한 물질적 보상	지식의 개발과 습득	아이디어, 정서, 감정의 창조적 표현
회피활동	타인과의 상호작용	설득 및 영업활동	틀에 박힌 일이나 규칙

대표직업	기술자, 가동기계 및 항공기 조종사, 정비사, 농부, 엔지니어, 전기·기계기사, 군인, 경찰, 소방관, 운동선수 등	언어학자, 심리학자, 시장조사분석가, 과학자, 생물학자, 화학자, 물리학자, 인류학자, 지질학자, 경영분석가 등	예술가, 작곡가, 음악가, 무대감독, 작가, 배우, 소설가, 미술가, 무용가, 디자이너, 광고, 기획자 등

구분	사회형(S)	진취형(E)	관습형(C)
흥미 특성	타인의 문제를 듣고, 이해하고, 도와주고, 치료해주고, 봉사하는 활동에 흥미가 있습니다.	조직의 목적과 경제적인 이익을 얻기 위해 타인을 지도, 계획, 통제, 관리하는 일과 그 결과로 얻어지는 명예, 인정, 권위에 흥미가 있습니다.	정해진 원칙과 계획에 따라 자료를 기록, 정리, 조직하는 일을 좋아하고 체계적인 작업환경에서 사무적, 계산적 능력을 발휘하는 활동에 흥미가 있습니다.
자기 평가	기계적 능력보다는 대인관계에 소질이 있다고 평가	과학적 능력보다는 설득력 및 영업능력이 있다고 평가	예술적 재능보다는 비즈니스 실무능력이 있다고 평가
타인 평가	이해심 많고 사교적이고 동정적이며 이타적인 사람	열정적이고 외향적이며 모험적이지만 야심이 있는 사람	안정을 추구하고 규율적이지만 유능한 사람
선호 활동	상담, 교육, 봉사활동	설득, 지시, 지도활동	규칙을 만들거나 따르는 활동
적성	대인지향적 능력	경영 및 영업능력	사무적 능력
성격	동정심과 참을성이 있는 성격	대담하고 사교적인 성격	현실적이고 성실한 성격
가치	타인의 복지와 사회적 서비스의 제공	경제적 성취와 사회적 지위	금전적 성취와 사회, 사업, 정치영역에서의 권력 획득
회피 활동	기계·기술적 활동	과학적, 지적, 추상적 주제	명확하지 않은 모호한 과제
대표 직업	사회복지사, 교육자, 간호사, 유치원 교사, 종교지도자, 상담가, 임상치료사, 언어치료사 등	기업경영인, 정치가, 판사, 영업사원, 상품구매인, 보험회사원, 판매원, 연출가, 변호사 등	공인회계사, 경제분석가, 세무사, 경리사원, 감사원, 안전관리사, 사서, 법무사, 의무기록사, 은행사무원 등

2) 직업선호도 검사의 특징 및 장점

첫째, 직업선호도검사는 흥미검사, 성격검사, 생활사검사의 3가지 하위검사로 이루어져 있다. 흥미검사는 선호하는 활동, 관심 있는 분야 등을 평가하여 흥미특성에 적합한 직업을 제공하며, 성격검사는 외향성, 성실성 등과 같은 일반적인 경향성을 파악하여 직업선택 시 성격적 특성에 대한 정보를 제공한다. 마지막으로 생활사검사는 양육환경, 대인관계, 학업성취 등과 같은 과거 또는 현재의 생활특성을 파악하여 직업선택 시 고려될 수 있는 정보를 제공한다.

둘째, 개인의 흥미, 성격, 생활경험과 같은 심리적 특성에 대한 종합적인 이해에 도움을 줄 수 있다. 개인의 특성을 한가지에만 국한하지 않고 다양하게 측정하여 이를 통한 종합적인 정보를 제공해줌으로써 자신에 대한 심층적인 이해에 도움을 줄 수 있다.

셋째, 직업탐색 및 직업선택 등의 직업의사결정에 도움을 줄 수 있다. 개인의 직업선택에 영향을 미칠 수 있는 여러 변인들을 측정하여, 궁극적으로 개인에게 가장 적합한 직업을 안내한다.

넷째, 적합 직업에 대한 상세한 직업정보를 탐색할 수 있다. 흥미유형코드를 토대로 적합한 직업이 제시된다. 또한 결과상에서 제시되는 직업정보는 한국고용정보원에서 제공되는 각종 직업정보와 연계되어 있어 자신에게 적합한 직업에 대한 상세한 직업정보를 탐색할 수 있다.

다섯째, 직업선호도검사는 S(Short)형과 L(Long)형의 2가지 종류가 있어 내담자의 사용의도에 따라 선택할 수 있다. L형은 내담자가 시간적 여유도 있고, 스스로 보다 상세한 정보를 얻고자 할 때, S형은 내담자가 시간이 부족하거나 꼭 필요한 정보만을 원할 때 선택적으로 실시할 수 있다.

2. 에니어그램 심리유형 검사

　에니어그램(Enneagram)이란 '에니어(ennear, 9, 아홉)'라는 단어와 '그라모스(grammos, 도형·선·점)'라는 단어의 합성어로 그리스어로 '아홉 개의 점이 있는 그림'이라는 뜻을 가진 인간의 기본적인 9가지 성격 유형에 대한 이론이다.
　인간은 누구나 9가지 성격유형으로 분류되며 어떤 사람이라도 그 중 하나를 가지고 태어난다는 것이 에니어그램의 기본 원리다. 원과 아홉 개의 점, 그리고 그 점들을 잇는 선으로 구성된 단순한 도형이지만 그 안에는 우주의 법칙과 인간 내면의 모든 것이 상징적으로 표현되어 있다.
　에니어그램은 9가지 성격 분류 자체가 목적이 아니라 각 유형별로 형성되어 있는 집착을 찾아내어 그것을 극복하게 하는 것이다. 에니어그램은 성격의 이해와 개선, 재능과 소질 개발, 인간관계 개선, 내면의 평화, 공동체의 성장, 영적 성숙을 목적으로 한다. 또한 심리상담 분야, 학습교육 분야, 기업조직 분야, 종교영성 분야 등에 활용되고 있다. 9개의 성격유형에 대한 명칭에는 다소 차이가 있지만 다음과 같은 공통적인 성격유형을 설명하고 있다.

<에니어그램 9가지 유형>[5)]

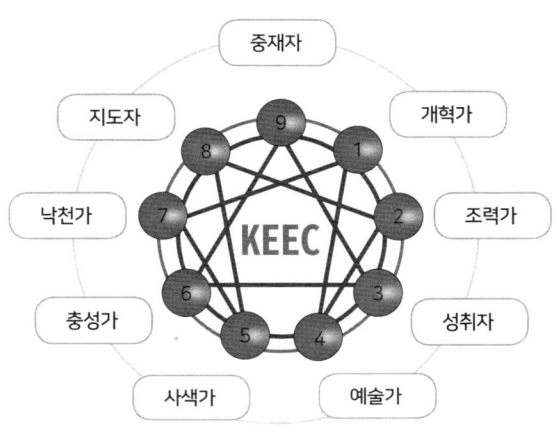

감정(가슴)			
구분	2유형 (조력가)	3유형 (성취자)	4유형 (예술가)
특징	보호적, 모성애적 유형 배려하는, 도움이 되는, 소유욕이 강한, 조종하는 성격	성공지향적, 실용주의적 유형 자기확신, 자기도취, 적 대적 성격	명상적이고 수줍은 유형 창조적, 개인주의적, 수 줍음, 우울한 성격
장점(통합)	겸손	정직	마음의 평안
약점(분열)	교만	기만	선망
심리적 기능	감정이입, 이타주의	자기존중, 자기계발	자의식, 예술적, 창의성
직무	인간관계, 정서	성공, 실적	창의성, 주관적 감정
추천 직업	상담사, 교사, 사회복지 사, 서비스직, 비서, 배 우, 승무원, 요리사 등	관리인, 법조계, 금융계, 컴퓨터분야, 방송인, 연 기자, 지도자 등	시인, 소설가, 음악(무용) 가, 직업상담사, 출판업, 미술재료상 등

---

5) 한국에니어그램교육연구소(https://www.kenneagram.com)의 자료인용

사고(머리)			
구분	5유형 (사색가)	6유형 (충성가)	7유형 (낙천가)
특징	지적이고 분석적인 유형 총찰적, 독창적, 괴짜, 병적 공포심이 많은 성격	의무적이고 전통적인 유형 호감형, 책임감, 의존적, 매조키즘적인 성격	활동적이고 개방적인 유형 열정, 완벽한, 과도한, 광적인 성격
장점(통합)	애착하지 않음	용기	절제
약점(분열)	탐욕	겁	탐닉
심리적 기능	열린 마음, 독창적 사고	동일시, 사회협력	열정, 실용적 행동
직무	정보, 지식	안전, 걱정, 대비	아이디어, 가능성
추천 직업	과학기술 분야, 상담사, 음악(예술)가, 프리랜서 등	법조, 공무원, 군인, 협동 연구, 의료서비스, 경호 등	비행기조종사, 사진가, 사회복지사, 직업상담사, 간호사, 영업, 분쟁조정자, 기획자 등

본능(장)			
구분	8유형 (지도자)	9유형 (중재자)	1유형 (개혁가)
특징	강력하고 지배하는 유형 자기신념, 단호함, 독재적, 파괴적인 성격	태평하고 양보하는 유형 수용적, 믿음직함, 수동적, 억압적인 성격	합리적이고 이상적인 유형 이상적, 원칙적, 규범적, 완벽주의적 편협한 성격
장점(통합)	적절한 힘	행동으로 옮김	침착
약점(분열)	과도한 욕망	자기망각	분노
심리적 기능	자기주장, 지도성	수락성, 수용성	합리성, 사회적 책임감
직무	권력, 통제	평화, 조화	규칙, 공평무사
추천 직업	자영업, 사업가, 스포츠 스타, 지역사회의원, 지도자, 상담사 등	중재자, 외교관, 상담사, 보육교사, 기타 공익단체 등	교사, 의사, 간호사, 성직자, 변호사, 경영자, 과학자, 외과의사, 은행가, 주식 중개업자 등

3. MBTI 성격유형검사와 사주의 연결점

MBTI는 마이어브릭스 유형지표(The Myers-Briggs Type Indicator)의 약어로 1921~1975년에 브릭스(Katharine Cook Briggs)와 마이어(Isabel Briggs Myers) 모녀에 의해 개발된 자기보고식(Self Report) 성격유형지표이다.

MBTI 성격유형검사의 이론적 근거는 융(C.G. Jung)의 심리유형론이다. 이는 인간행동이 다양해 보여도 질서정연하고 일관된 경향이 있다는 믿음에서 출발하였다. 그리고 인간행동의 다양성은 개인이 인식(Perception)하고 판단(Judgement)하는 특징이 다르기 때문이라고 보았다.

이러한 인식과 판단에 대한 융의 심리적 기능이론 그리고 인식과 판단의 향방을 결정짓는 융의 태도 이론을 바탕으로 하여 각 개인이 인식하고 판단할 때 각자 선호하는 경향을 찾고 이러한 선호경향들이 인간의 행동에 어떠한 영향을 미치는가를 파악하는 성격검사이다.

1) MBTI의 심리 유형론[6]

각 개인이 외부로부터 정보를 수집하고(인식기능), 자신이 수집한 정보에 근거해서 행동을 위한 결정을 내리는데(판단기능) 있어서 각 개인이 선호하는 방법이 근본적으로 다르다는 것이다.

융(C.G. Jung)의 심리유형론을 경험적으로 검증하여, 실생활에 적용하기 위해 만들어진 MBTI에서는 인식과정을 감각(S: Sensing)과 직관(N: iNtuition)으로 구분하여 사물, 사람, 사건, 생각들을 인식하게 될 때 나타나는 차이점을 이해할 수 있도록 해주며, 판단과정은 사고(T: Thinking)와 감정(F: Feeling)으로 구분하여 우리가 인식한 바에 의거해서 결론을 이끌어 내는 방법들 간의 차이점을 알 수 있도록 해준다. 그리고 이러한 기능을 사용할 때 어떤 태도를 취하는가에 따라 외향(E: Extraversion)과 내향(I: Entroversion) 및 판단(J: Judging)과 인식(P: Perceiving)으로 구분하여 심리적으로 흐르는 에너지의 방향 및 생활양식들을 이해할 수 있도록 해준다.

2) 4가지 선호경향

MBTI는 4가지의 양극적 선호경향으로 구성되어 있다.
선호경향이란 융(C.G. Jung)의 심리유형론에 따르면, 교육이나 환경의 영

---

[6] 한국MBTI연구소(https://www.mbti.co.kr)의 자료인용

향을 받기 이전에 인간에게 잠재되어 있는 선천적 심리경향을 말하며, 각 개인은 자신의 기질과 성향에 따라 아래의 4가지 양극지표에 따라 둘 중 하나의 범주에 속하게 된다.

< MBTI 4가지 선호경향 >

외향(E) Extraversion	← 에너지방향, 주의초점 →	내향(I) Introversion
감각(S) Sensing	← 인식기능(정보수집) →	직관(N) iNtuition
사고(T) Thinking	← 판단기능(판단, 결정) →	감정(F) Feeling
판단(J) Judging	← 이행양식/생활양식 →	인식(P) Perceiving

구분	특징	대표적 표현
외향형 (E)	폭넓은 대인관계를 유지하며 사교적이고 정열적이며 활동적이다.	• 자기외부에 주의집중 • 외부활동과 적극성 • 정열적, 활동적 • 말로 표현 • 경험한 다음에 이해 • 쉽게 알려짐
내향형 (I)	깊이 있는 대인관계를 유지하며 조용하고 신중하며 이해한 다음에 경험한다.	• 자기내부에 주의집중 • 내부활동과 집중력 • 조용하고 신중 • 글로 표현 • 이해한 다음에 경험 • 서서히 알려짐

구분	특징	대표적 표현
감각형 (S)	오감에 의존하여 실제의 경험을 중시하며 지금, 현재에 초점을 맞추고 정확하고 철저하게 일처리를 한다.	• 지금, 현재에 초점 • 실제의 경험 • 정확, 철저한 일처리 • 사실적 사건묘사 • 나무를 보려는 경향 • 가꾸고 추수함
직관형 (N)	육감 내지 영감에 의존하며 미래지향적이고 가능성과 의미를 추구하며 신속하고 비약적으로 일처리를 한다.	• 미래 가능성에 초점 • 아이디어 • 신속 비약적인 일처리 • 비유적, 암시적 묘사 • 숲을 보려는 경향 • 씨뿌림

구분	특징	대표적 표현
사고형 (T)	진실과 사실에 주 관심을 갖고 논리적이고 분석적이며 객관적으로 판단한다.	• 진실, 사실에 주 관심 • 원리와 원칙 • 논거, 분석적 • 맞다, 틀리다 • 규범과 기준 중시 • 지적 논평
감정형 (F)	사람과 관계에 주 관심을 갖고 상황적이며 정상을 참작한 설명을 한다.	• 사람, 관계에 주 관심 • 의미와 영향 • 상황적, 포괄적 • 좋다, 나쁘다 • 나에게 주는 의미중시 • 우호적 협조

구분	특징	대표적 표현
판단형 (J)	분명한 목적과 방향이 있으며 기한을 엄수하고 철저히 사전계획하고 체계적이다.	• 정리정돈과 계획 • 의지적 추진 • 신속한 결론 • 통제와 조정 • 분명한 목적의식과 방향감각 • 뚜렷한 기준, 자기의사
인식형 (P)	목적과 방향은 변화 가능하고 상황에 따라 일정이 달라지며 자율적이고 융통성이 있다.	• 상황에 맞추는 개방성 • 이해로 수용 • 유유자적한 과정 • 목적과 방향은 변화할 수 있다는 개방성 • 재량에 따라 처리될 수 있는 포용성

3) 16가지 성격유형

ISTJ	교과서 같은 유형. 원칙주의자	ESTP	몸으로 움직이는 유형. 프로모터
ISFJ	참모가 어울리는 유형. 의무수행자	ESFP	인간관계에 탁월한 유형. 엔터테이너
INFJ	예언가적인 기질의 유형. 영감을 주는 작가	ENFP	활력적이고 창의적인 유형. 열정가
INTJ	확고한 신념을 가진 유형. 과학자	ENTP	모험적이고 진취적인 유형. 발명가
ISTP	관찰력이 뛰어난 유형. 극기훈련의 대가	ESTJ	불도저 같은 유형. 행정가

ISFP	성인군자 같은 유형. 순수예술가	ESFJ	사교계의 여왕같은 유형. 사교가
INFP	인간의 향기를 느끼게 하는 유형. 탐구가	ENFJ	화합의 지도자인 유형. 교육가
INTP	수재형인 유형. 건축가	ENTJ	지도자 기질을 타고난 유형. 사령관

4) MBTI와 사주의 연결점[7]

동양의 사주를 연구하던 분 중 융의 심리유형에 처음 관심을 가졌던 인물은 반자단(수요화제관주)이었다. 그는 본인의 책『명학신의』에서 융의 심리유형 8가지가 명리의 십성과 많은 유사점을 가지고 있다고 언급하면서, 내향형은 편(偏)의 성질이요, 외향형은 정(正)의 성질이라 하였으며, 감각(S, 知覺)은 재성이고, 직관(N, 直覺)은 인성이고, 사고(T, 思想)는 관성이고, 감정(F, 感覺)은 식상이라 하였다.

필자는 반자단이 사주에 대응한 배열에 일부는 동의하지만, 일부는 수정이 필요하다고 생각한다. 첫째, 편(偏)에는 겉보기와 달리 내향성이 분명 내재되어 있고, 정(正)에는 원리원칙주의로 인해 외향성을 드러내는 것은 맞다. 하지만 사주의 수집과 통계를 거쳐보면 편·정으로 내향(I), 외향(E)이 구분되지 않는다. MBTI 결과로서의 내향(I)은 사주 내에 金, 水가 많은 사주가 경향성이 분명하고, 외향(E)은 사주 내에 木, 火가 많은 사주에서 경향

---

7) 이 글(MBTI와 사주의 연결점)의 내용은 김기승·나혁진 저 〈현대사주심리학〉 '14장 MBTI와 사주분석'에 수록된 내용을 옮겨왔음을 밝힌다.

성이 도드라졌다. 둘째, 감각(S)으로 세상을 바라보는 사람은 재성이 유력한 사람이 많고, 사고(T)로 행동을 결정하는 사람은 관성이 유력한 사람이 많았다. 하지만, 직관(N)으로 세상을 바라보는 사람은 인성이 많은 사람보다는 식상이 유력한 사람이 더 확실했고, 감정(F)으로 행동을 결정하는 사람은 식상이 많은 사람보다는 인성이 유력한 사람이 더 확실했다. 이를 표로 정리해 보면 다음과 같다.

<심리유형 요소 - 사주와의 연결점>

구분	세상을 바라보는 인식(P) : 식재		행동을 결정하는 판단(J) : 관인	
	감각(S)	직관(N)	사고(T)	감정(F)
내향형(I)	金水多 재성	金水多 식상	金水多 관성	金水多 인성
외향형(E)	木火多 재성	木火多 식상	木火多 관성	木火多 인성

<국내 13,000명 MBTI 조사결과 비율>

ISTJ	ISFJ	INFJ	INTJ
21.40%	8.20%	2.40%	5.50%
ISTP	ISFP	INFP	INTP
7.90%	6.40%	3.70%	3.30%
ESTP	ESFP	ENFP	ENTP
5.40%	5.40%	3.10%	2.20%
ESTJ	ESFJ	ENFJ	ENTJ
14.10%	5.60%	1.90%	3.50%

상기 표는 국내 MBTI 연구기관에서 13,000명 이상의 표본조사를 시행한 결과의 비율이다. 가장 왼쪽 라인은 ST(감각-사고)를 쓰는 사람들로 비율이 뚜렷하게 높은데, 이는 재성과 관성을 중요하게 생각하는 경향성 때문이다. 3번째 열 NF(직관-감정), 4번째 열 NT(직관-사고)를 쓰는 사람들의 비율은 현저히 낮은데, 이는 식상(직관)이 인성(감정)에게 도식되거나, 식상(직관)이 관성(사고)을 극하는 구조에 해당하므로 흉한 구조에 대한 회피 경향성 때문이라고 할 수 있다. 다시 한번 강조하지만, MBTI는 설문지를 통해 결과를 보여주는 것이므로 답을 적는 사람의 중시성과 회피성이 분명히 드러난다는 점에 주의하여야 한다.

(1) MBTI와 사주의 연결점

① **외향(E)와 내향(I)** : 사주 전반에 걸쳐 따뜻한 양의 에너지 木火가 많고 유력하면 밖으로 에너지를 분출하는 외향(E)의 성정을 드러내고, 차가운 음의 에너지 金水가 많고 유력하면 안으로 에너지를 응축하는 내향(I)의 성정을 보인다.

② **감각(S)와 직관(N)** : 재성이 강한 사람은 공간 감각과 선과 색에 예민하고, 소유와 생존에 대한 욕구를 감각(S)적으로 드러낸다. 식상이 강한 사람은 새로운 것을 찾고 자유로운 사고와 표현 그리고 창작을 위해 직관(N)을 사용한다.

③ **사고(T)와 감정(F)** : 관성이 강한 사람은 질서를 유지하고 행동을 결정

하기 위해 지적인 사고(T)를 통해 판단한다. 인성이 강한 사람은 과거를 복기하며 느낌을 중시하고 모성본능과 같은 감정(F)에 따라 의사결정을 한다.

④ **인식(P)와 판단(J)** : 에너지 주체가 일간이며 식상-재성의 아웃풋(Output)이 작동하면 밖으로 세상을 바라보는 인식(P) 작용이 일어나고, 에너지 주체가 관성이며 일간을 향해 관성-인성의 인풋(Input)이 작동하면 관계를 의식하고 행동을 결정하는 판단(J)을 해야 한다.

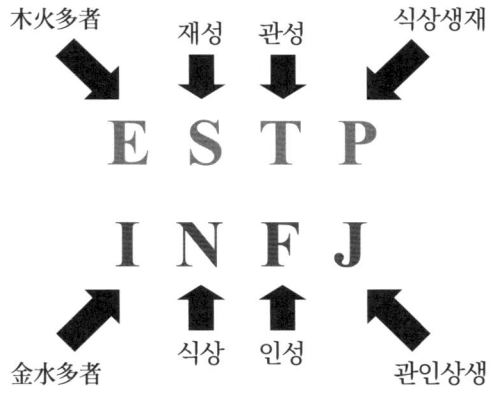

< MBTI와 사주의 연결도식 >

(2) MBTI와 사주의 혼합 해석방법

MBTI는 E와 I, S와 N, T와 F, P와 J로 둘씩 짝을 짓고 있다는 점을 염두에 두고 사주와 연결점을 찾아가야 한다. "木火와 金水가 반반씩 조화를 이루었다." 혹은 "재성과 식상이 모두 유력하다."는 식의 해석은 MBTI에는 존재하지 않는다. 木火와 金水 중에서 1%의 차이라도 발견해서 한쪽을 선택해야 하고, 재성과 식상 중에서 조금이라도 활력이 있는 쪽을 선택해야 한다.

아래에 예시를 들어 혼합 해석방법을 설명해 보도록 한다.

INTJ

甲 壬 庚 乙
辰 子 辰 卯

---

① 외향(E)와 내향(I) : 壬子와 庚辰, 그리고 2개의 子辰 합으로 金水가 木火 보다 유력하므로 내향형(I)이다.

② 감각(S)와 직관(N) : 火가 재성인데 재성은 무력하고, 甲辰과 乙卯로 인하여 식상이 유력하므로 직관형(N)이다.

> ③ 사고(T)와 감정(F) : 2개의 편관 辰을 가졌고 1개는 월령에 위치하였으며, 편인 庚이 乙과 합하여 힘이 일부 손실되므로 사고형(T)이다.
>
> ④ 인식(P)와 판단(J) : 무재 사주이므로 식재의 아웃풋(Output)보다는 관인의 인풋(Input)이 좀 더 유력하므로 판단(J)으로 행동을 결정한다.
>
> ⑤ 상기 사주가 INTJ 심리를 드러낸다는 것은 직관(N)-식상을 사용하여 사고(T)-관성을 컨트롤 하려고 할 것이므로 관성이 절반의 힘밖에 내지 못한다. 하지만 결국은 판단(J)으로 행동을 결정하고 관인의 인풋 작용력이 삶을 이끈다. MBTI로는 '과학자형'에 속하며 사주로는 식상도 쓰면서 관인도 쓰는 '인비식'의 삶을 살게 될 것이다.

MBTI와 사주를 혼합하여 해석하면, 사주를 살필 때 사주의 주인공이 재성, 식상, 관성, 인성 중에서 어떤 육신을 주요하게 활용하며 생활하는지를 좀 더 분명하게 확인할 수 있다. 예를 들어 위 사주의 주인공이 직관(N)과 사고(T)의 심리를 보인다는 것은 식상과 관성을 주로 사용한다는 것이며, 마지막에 판단(J)을 통한 생활방식을 꾸려간다는 것은 사주 상 최종적으로는 관인상생을 작동시키고 관성을 목표로 삼는다는 것을 확인할 수 있다. 당연히 관성을 발현하기 위해 혹은 제어하기 위해 식상을 사용한다는 것도 분명하다.

『현대사주심리학』의 마지막 장에서 'MBTI와 사주'를 다루는 것은 사주를 통해 본인의 MBTI 성격유형을 추론하거나 혹은 맞추기 위함이 아니다. 설문지를 이용한 심리분석은 테스트하는 날의 기분에 따라서 달라지기도

하고, 생활 환경과 후천적 교육으로 남들에게 좋은 인상을 주기 위한 페르조나를 드러내기도 한다. 하지만 사주와 MBTI를 혼합하여 분석하면 사주를 통해 진정한 자기를 구분해 낼 수 있고, 반대로 MBTI를 통해 사주 구조분석의 마지막 방점을 찍을 수 있기 때문이다.

4. 직업카드분류검사

직업카드분류검사는 홀랜드코드를 기반으로 결과물이 생성된다. 기존 홀랜드 검사에선 6가지 유형을 판단하는 질문에 답을 하는 형태의 양적 검사라면, 직업카드분류검사는 카드분류를 통해 내담자의 직업선호도, 직업가치관 등을 알아보는 질적 검사도구이다. 기존 검사가 단순히 적합한 직업만 해석하는 데 그치는 한계를 극복하고 성격, 흥미유형, 의사결정태도, 진로갈등, 진로신화 등을 풍부하게 분석하고 해석하는 질적 사정도구이다.

과학적인 근거에 기반하여 어린이, 청소년, 청년, 장·중년에 이르기까지 생애주기에 걸친 직업흥미를 탐색하고 직업문제를 진단할 수 있는 상담도구다.

1) 직업카드분류검사의 장점

- **능동적 참여유도**

내담자가 직접 카드를 분류하는 신체활동을 통해 자신의 언어로 표현하도록 함으로써 내담자가 진로탐색활동의 주체로서 참여한다.

- **즉각적인 피드백**

전체 평가 중 2/3 정도의 시간을 검사에 사용하므로 집중도가 높으며, 나머지 시간 동안 즉각적인 해석과 피드백을 제공한다.

■ 다양한 정보수집

내담자의 자아개념, 직업세계관, 진로성숙도, 의사결정유형, 직업세계이해, 인지과정 등에 대해 파악이 가능하다.

■ 적용의 유연성

문화·인종·민족적 배경에 관계없이 적용가능하며, 상담 및 연구 목적에 적합하도록 변형이 가능하다. 내담자의 선택과 표현이 용이하다.

2) 직업카드분류검사 구성

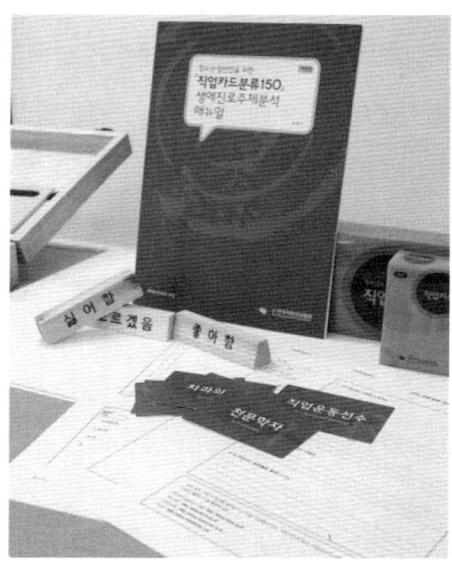

3) 직업카드분류검사 시트

5. 명리로 개발된 선천적성검사

　개인의 출생사주는 음양오행의 분포로서 우주가 한 인간에게 내린 위대한 우주유전자(Soul-DNA)라고 할 수 있다. 이 우주유전자는 사주 내에서 음양오행의 상생상극으로 이루어지는 열 개의 십성으로 분석되며 이는 놀라운 선천적 다중지능이 된다.
　이러한 개인의 사주를 통하여 다중지능의 분포를 분석해내고 그에 따른 성격 및 재능, 직업체질 등의 정보를 검사해 결과로 나타내 주는 것이 선천적성검사이다.

1) 검사의 특징 및 장점

선천적성검사는 개인의 출생 연·월·일·시 정보만으로 검사가 가능하다.

- 뇌지능이 발달되기 이전의 조기적성검사의 실현
- 개인의 인지능력에 영향을 받지 않는 객관적 적성검사 실현
- 자신의 몸에 지니고 있으면서도 모르는 타고난 적성 찾기 실현
- 타고난 선천다중지능 분석 및 해석으로 진로적성 제시

- 양육방법, 교육방법, 학습스타일 검사와 학습코칭 제공
- 타고난 학과적성, 직업적성, 직업체질, 개인직무적합도 검사
- 5년 단위 미래 진로변화 예측
- 심리와 건강, 정서를 위한 색깔, 숫자 등을 제공

2) 검사의 구성

검사 대상자의 생년월일시를 입력하면 10가지의 타고난 선천지능과 직업체질의 결과가 나타난다.

(1) 10가지 선천지능

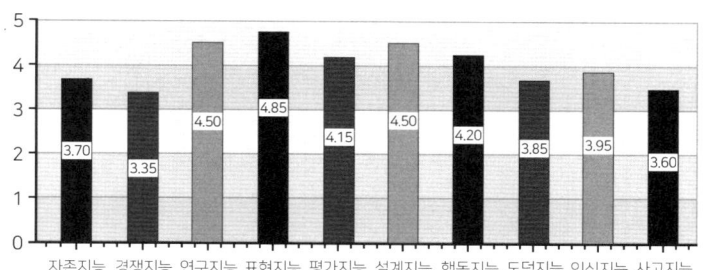

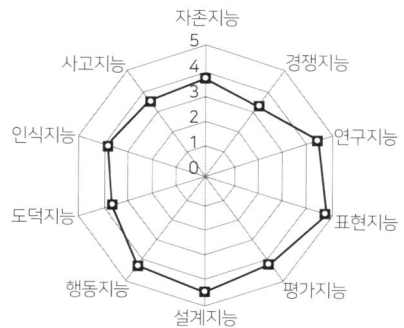

지능	직업체질	지능설명
자존지능	운동가 스타일	공익적 협동과 신체적 기술을 촉발하는 지능 - 독창적, 협동적, 주관적, 열정적, 직선적, 실험적, 집중력, 자기결정 중시, 현실성, 결과지향
경쟁지능	모험가 스타일	경쟁과 모험의 독창적 자기 기술력 실험 지능 - 주관적, 직선적, 의지적, 자기결정 중시, 몰입능력, 경쟁능력, 실험적, 체험과 경험, 결론지향
연구지능	연구가 스타일	대인관계와 연구의 전문기술을 활용하는 지능 - 이타적, 감성적, 이해력, 협조적, 기술력, 노하우, 이해능력, 진실에 관점, 미래지향
표현지능	발명가 스타일	창의성과 모방 및 설득과 비판의 언어표현 지능 - 표현능력, 감각적, 묘사에 능함, 예술성, 직설적, 독창적, 응용력 우수, 변화에 관점, 미적 중시
평가지능	사업가 스타일	사물의 가치를 평가하고 결과를 내는 지능 - 수리능력, 가치판단력, 유동적, 활동적, 공간지각, 선과 색채 구분, 순간포착, 자율성, 결과 중시
설계지능	설계가 스타일	치밀하게 계산된 업무를 설계하고 수행하는 지능 - 논리적, 현실적, 치밀함, 설계능력, 심리적, 가치판단, 구성력, 에너지 축적, 장기적 결과 중시
행동지능	정치가 스타일	과감하게 판단하고 결정하여 실행하는 지능 - 신속한 결정, 기억력, 판단력, 결과 중시, 관리능력, 이상에 관점, 조직구성, 에너지의 현실적 활용
도덕지능	공직자 스타일	원칙과 기준을 세우고 모범적인 사회성 지능 - 공정성, 판단능력, 기억력, 규범적, 도덕적, 보수적, 정교성, 설계능력, 명분, 내면적, 가능성 중시
인식지능	문학가 스타일	추리와 직관력으로 여러 정보를 인식하는 지능 - 이해력, 암기력, 직관능력, 순발력, 창조적, 주관적, 추리력, 영성적, 초현실적 예술성, 현실성 중시
사고지능	교육자 스타일	학습의 수용과 생각을 기록하고 정리하는 지능 - 기록능력, 암기력, 수용적, 학습적, 보수적, 내면성, 안정성 추구, 정리정돈, 항상성, 전통성 중시

(2) 지능의 대표적 기질

■ 자존지능과 경쟁지능: 체력을 소모하는 역할
- 자기효능감이 높은 삶을 추구하며 주체성이 강한 사고방식
- 신체에너지를 활용하는 직업, 운동, 기자, 프리랜서, 기술 분야

■ 표현지능과 연구지능: 공개적으로 활동하는 역할
- 나 자신을 표현하고 활동을 전개하고 남에게 베푸는 사고방식
- 연구, 제조, 생산, 서비스, 교육, 발명, 상담, 복지, 예술적 직업

■ 평가지능과 설계지능: 수리와 공간, 물적 자원을 활용하는 역할
- 능력을 보여주고 현실적인 삶을 추구하는 사고방식
- 수리계산, 회계, 사업, 이공계, 측정, 공간을 활용하는 직업

■ 행동지능과 도덕지능: 체제를 활용하는 역할
- 나 자신과 주변을 관리하고 시스템을 중시하는 사고방식
- 공무원, 직장, 법·정치, 브랜드, 경영자, 안전관리 등

■ 인식지능과 사고지능: 지식을 활용하는 역할
- 수용하고 배우고 가르치고자 하는 사고방식
- 교육, 행정, 기록, 자격증 지식을 활용하는 직업

(3) 타고난 직업체질

출생정보인 사주에는 자신의 성공유전자 직업체질이 있다.

자신과 잘 맞는 선천적인 직업체질을 찾아야 성공한다. 직업체질에 맞지 않으면 재미가 없고 결국 업무능력이 저하된다. 남들이 부러워하는 직업을 선택한 사람들도 직업체질이 맞지 않으면 직업만족도가 저하된다는 연구결과는 다양한 검사통계에서 확인할 수 있다.

만약, 선천직업적성이 과학자라고 한다면 직장에 소속되어 연구하는 직업체질인지, 자신이 스스로 발명품을 개발하여 제조 및 사업을 하는 직업체질인지, 프리랜서로 활동하는 것이 적합한 직업체질인지 구분하여 선택한다면 직업 만족도는 더 높아지게 된다.

직업체질은 사회생활의 적응력에 매우 민감하게 작용하므로 상당히 중요한 요인이다.

▶ 직업체질 2가지 분류

● 직업유형 검사결과

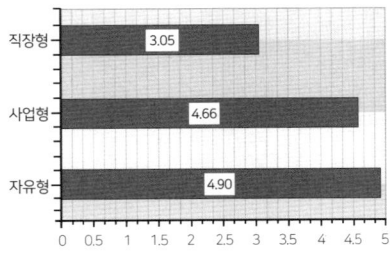

● 업무수행기능 검사결과

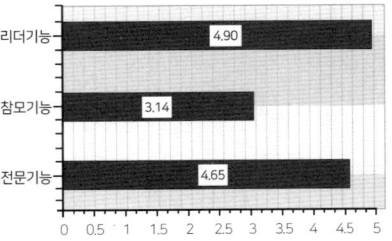

■ 직업유형

외적으로 보이는 기준에 의하여 직장생활이나 조직활동에 잘 적응하는지 아니면 개인적인 활동과 자립적인 사업을 선호하는지에 대한 구분이다. 그러므로 직업체질 중에서 객관적 직업 환경을 분석하는 것이 직업유형이다.

자유형은 직장형과 사업형의 직업유형이 혼합되어 있는 유형으로 본인의 선택이나 대운에 따라 달라질 수 있는 유형이다.

직업 유형	직장형	관공서, 기업체 등 조직단체에 소속되어 직무를 수행하는 직업유형
	사업형	제조, 생산, 가공, 유통업 등의 자립적인 사업을 경영하는 직업유형
	자유형	전문직, 프리랜서, 강사, 중개 등 개인전문성을 활용하는 직업유형

■ 업무수행기능

업무수행기능은 직업유형이 직장형, 사업형, 자유형 등 어떠한 유형이든 상관없이 업무를 수행함에 있어 개인적인 활동력의 기준으로 구분된다.

리더로서 결정하고 관리하는 업무를 선호하는 리더기능과 리더를 보좌하고 책임완수에 바탕을 둔 기획력이 뛰어난 참모기능과 전문지식을 바탕으로 개인의 기술력과 서비스를 활용하는 전문기능이 있다. 이는 조직활동이나 개인적 활동이라는 객관적으로 구별이 가능한 직업유형과는 달리 개인적으로 선호하는 활동영역이나 주관적 직업 환경이라고 볼 수 있다.

업무 수행 기능	리더기능	통솔력을 바탕으로 조직과 단체를 이끌며 관리하는 업무수행력
	참모기능	지략과 사명감을 겸비하고 단체나 리더를 보좌하는 업무수행력
	전문기능	전문지식능력을 갖추고 기술 및 서비스를 활용하는 업무수행력

<직업유형과 업무수행기능>

직장형	리더기능	조직력을 갖춘 수직관계의 직장에 적합한 직업유형이며, 주도적이고 분별력 있는 리더십을 바탕으로 조직을 관리하는 업무수행력이 우수하다.
	참모기능	조직력을 갖춘 수직관계의 직장에 적합한 직업유형이며, 사명감을 가지고 조직과 리더를 보좌하여 전체의 이득을 창출하는 업무수행 능력이 우수하다.
	전문기능	수직관계의 직장에 잘 적응하는 직업유형이며, 조직력과 전문지식능력을 바탕으로 우수한 기술력과 서비스를 활용하는 업무수행력이 우수하다.
사업형	리더기능	자립적 사업을 직접 경영하는 직업유형에 적합하며, 사업가들의 의견을 규합하고 주도적인 리더십을 발휘하여 다수의 이익을 창출하는 업무수행력이 우수하다.
	참모기능	자립적 사업을 직접 경영하는 직업유형에 적합하며, 주도적인 경영자의 리더십을 벤치마킹하여 안정된 이익을 창출하는 업무수행력이 우수하다.
	전문기능	자립적 사업을 직접 경영하는 직업유형에 적합하며, 독자적인 지식과 기술력을 갖춘 전문 서비스를 사업적 체계를 통해 제공하는 업무수행력이 우수하다.
자유형	리더기능	수직적인 구조에 얽매이지 않는 유동적인 직업유형에 적합하며, 개별적 세력을 규합하고 주도적이며 분별력 있는 리더십을 발휘하는 업무수행력이 우수하다.
	참모기능	수직적인 구조에 얽매이지 않는 유동적인 직업유형에 적합하며, 전문프리랜서의 기술 및 서비스를 벤치마킹하여 안정된 이익을 창출하는 업무수행력이 우수하다.
	전문기능	수직적인 구조에 얽매이지 않는 유동적인 직업유형에 적합하며, 독자적인 지식과 기술력을 바탕으로 우수한 전문서비스를 제공하는 업무수행력이 우수하다.

(4) 직업적성 트라이앵글(Triangle)

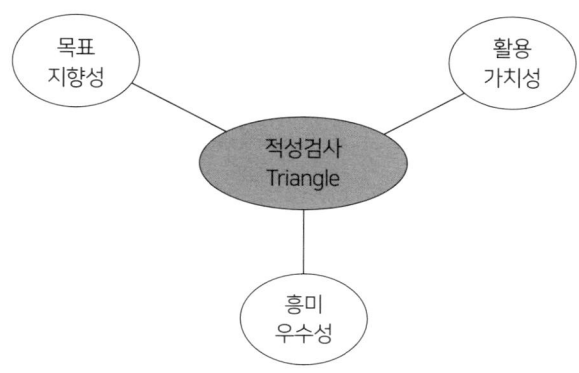

■ 목표지향성

가치관을 주관하여 직업적성의 목표성을 부여한다. 능력이나 흥미와 무관하지는 않지만 근본적으로 능력과 흥미와는 별개로 자신이 추구하는 도달점에 해당되는 기질을 발현시키는 성분이다.

■ 활용가치성

얼마나 활용이 되는가는 지능 자체에 대한 검증이 필요하지만 활용가치성은 자신이 가진 능력과 흥미를 바람직한 방향으로 유도하여 실현시키는 중요한 역할을 한다.

■ 흥미우수성

다중지능 이론에 의하면 가장 발달한 지능을 활용할 때에 가장 높은 성과가 나온다. 이는 '하고 싶고, 잘 할 수 있는 것'에 해당된다. 하고 싶은 것을 잘 할 수 있다면 가장 바람직한 직업적성이 되겠지만 선택을 해야 한다면 잘 할 수 있는 것을 해야 흥미도 생기고 사회적으로 인정도 받게 된다. 남들보다 1cm라도 앞설 때 우리는 전문가라고 부르며 그의 능력을 인정한다. 그러므로 흥미우수성은 흥미와 열정적 에너지의 직업성분이다.

(5) 개별 직무적합도 검사

개별 직무적합도(Individual Job-fit test)는 사회생활과 직업 업무를 수행하는 개인의 직무수행능력을 말한다. 개인의 직무능력은 자신의 사회적 활동과 업무적인 능률을 좌우하게 된다. 그러므로 개별 직무적합도는 선천적으로 타고난 개별적인 직무능력에 대한 검사이다. 누구나 하나의 직무능력만을 활용할 수 있지만, 여러 개의 직무능력이 복합된 업무를 담당할 수도 있다.

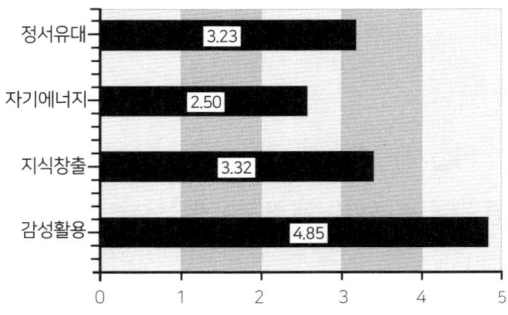

노력을 요함	보통	우수	최우수
2.0점 이하	2.1~3.0	3.1~4.0	4.1~5.0

개별적 직무	검사결과의 해석 및 활용
감성 활용직무	사람들과 대면하여 직접적인 감성교류를 통한 업무를 담당 서비스업무, 영업, 강의 등 자신의 감성을 순화시켜 활용
지식 창출직무	학문적 이론정립과 이의 활용을 주로 하는 업무를 담당 컨설팅, 연구직, 학자 등 지식체계의 새로운 창출을 활용
자기 에너지	직접적인 신체에너지 소모가 많은 역동적 업무를 담당 운동선수, 운송관련업무, 모델 등 신체에너지를 활용
정서 유대직무	인간적인 수용력을 바탕으로 한 친화적인 업무를 담당 상담, 교육, 방송 등 친밀감 형성과 인간적 유대관계를 활용

3) 타 검사와의 비교

선천적성검사는 출생과 함께 타고난 선천적성을 찾아주는 검사이다. 그러므로 당사자의 기분 및 감정 상태나 어떠한 환경에도 구애받지 않고 과학적인 방법으로 비교적 정확한 검사결과를 제공하게 된다.

구분	기존 적성검사	선천적성검사
검사방법	설문지·신체	출생연월일시 정보
	가변	불변
신뢰도	검사당일의 심리상태 및 환경변화	심리 및 인지능력과 무관
	신뢰도 없음	객관성보장
조건	반드시 본인 출석	시간제약 없음, 대리검사가능
	제약	편리
검사시기	영유아 및 어린이	출생과 동시 실시가능
	불가	가능

7장

십성별 교육컨설팅

교육이란 한 사회 또는 국가의 먼 장래를 좌우할 수 있을 만큼 중요하다. 그 중요한 교육의 결과는 짧은 기간에 나오는 것이 아니므로 오래 공을 들여 먼 미래를 위해 투자하는 것이다. 그 나라의 미래의 모습을 보려면 현재 한창 자라고 있는 청소년들을 보면 된다고 한다. 아직 결정되지 않은 그들의 모습에서 많은 가능성도 볼 수 있고 그렇지 않은 부분도 볼 수 있기 때문이다. 한 국가의 멋있는 미래설계는 현재 청소년들에게 교육적 환경을 우선 제공해 줄 수 있어야 그 실현이 가능하게 된다.

1. 명리와 교육

　모든 학문이 궁극적으로 추구하는 것은 행복한 삶이라고 할 수 있다. 교육은 학습이라는 개념 이상의 의미를 지니는 말이다. 자아실현을 위한 모든 총체적인 활동을 교육이라고 해도 큰 무리가 없다. 그리고 가장 '나'답게 가장 자신에게 맞는 길을 찾아갈 수 있도록 돕는 일련의 모든 활동도 교육이라고 할 수 있다. 명리직업상담은 우리 자신에 대한 가장 정확한 정보와 방향을 제시해 주고 있으며 가장 교육적인 학문이기를 추구한다.

교육의 문자적 해석과 명리의 의미 해석	
敎 – 가르칠 교	인수 ← 관: 교육, 학문, 노력, 결과
育 – 기를 육	식상 → 재: 양육, 연구, 노력, 결과

　교육이라고 하면 한국 어머니들의 교육열은 다른 어느 나라에 못지않다. 그 덕분에 우리나라의 교육수준이 많이 높아졌으며 경제성장의 바탕을 이루었다. 그렇다면 세계에서 노벨상 수상자를 가장 많이 배출하고, 세계의 경제 흐름을 쥐고 있는 유대 민족의 자녀교육법은 어떠한가?

유대인들의 교육은 밥상머리 교육이다. 그들은 식사를 위해 어머니를 돕는 것이 일상이며, 온가족이 함께 참여한다. 식사와 가정교육과 예배를 따로 분리하지 않고 종합적인 교육을 한다. 그 덕분에 던킨도너츠, 하겐다즈 아이스크림, 허쉬초콜릿, 배스킨라빈스와 같은 세계적으로 유명한 브랜드의 창업자가 모두 유대인이다.

식사 준비나 가사 일이 가족 간의 협조로 이루어지는 분위기가 아직 미흡한 한국의 현실과는 달리 유대인의 밥상에는 후식과 함께 반드시 대화가 꼭 이어졌고 어릴 때부터 '좀 더 나은 후식이 없을까?' 고민하다 위에서 언급한 유명한 식품 브랜드들이 탄생했다.

자연스럽게 그리고 가장 가까운 가족이 있는 가정에서 즐겁게 이루어지는 교육, 교실에서만 이루어지는 것이 아닌 총체적인 교육이 중요하다. 이 책에서는 이러한 취지에서 가장 좋아하고 잘 할 수 있는 것을 찾아주고 절실하지만 부족한 부분을 채워주고자 하는 교육적 효과를 추구한다.

2. 명리와 교육심리

이 책에서는 성격심리론과 선천지능론을 펼치면서 명리교육에 대한 이론을 완성했다. 명식에 나타난 십성으로 성격심리를 분석하여 심성적인 면에서의 올바른 양육방법에 대한 정보를 제공하게 된다. 다시 명식에 나타난 십성으로 선천적성을 분석하여 인지적인 면에서의 교육방법에 대한 정보를 제공하게 된다.

1) 명리와 성격심리

십성은 각기 고유의 기질을 가지고 성격, 지능, 적성과 학습에 이르기까지 다양한 면에서 심리작용의 바탕을 이루고 있다. 이러한 성격심리는 학습 전반에 걸쳐서 한 개인에게 많은 영향을 주게 된다.

<명리교육과 성격심리>

정인	성격발현의 기저심리	내 인생의 플래너 순수함과 순종의 미학
	십성의 강에 의한 성격심리	언제나 정리정돈하며 순서에 따라 일이 진행되어야 안심하며 계획에 따라 생활함
	십성의 약에 의한 성격심리	기억과 순서와 정리정돈에 취약하며 계획성 없는 행동성향이 단점임
편인	성격발현의 기저심리	동시다발적인 상상력과 발상 독특한 커리어의 주인공
	십성의 강에 의한 성격심리	생각이 다소 독특하고 종교적 성향이 있으며 개성이 강한 분야에서의 전문성이 강함
	십성의 약에 의한 성격심리	수용적인 듯하나 반발하고 자신만의 전문적인 분야를 추구하지만 정보수집에 약함
비견	성격발현의 기저심리	주관과 추진력의 근본 협동과 동지애의 시작
	십성의 강에 의한 성격심리	자기주장이 강하며 자신을 과신하는 경향이 있고 일에 대한 추진력도 좋음
	십성의 약에 의한 성격심리	자신감과 자기 존재감이 약하여 양보하고 타인의 의견에 따르는 경향이 있음
겁재	성격발현의 기저심리	애착과 집요한 의지 나와 너의 we-feeling
	십성의 강에 의한 성격심리	지나친 경쟁심과 승부욕으로 절대 지지 않으려 하며 반드시 성공하고자 노력함
	십성의 약에 의한 성격심리	경쟁력과 자기 존재감이 부족하며 타인의 의견에 쉽게 동조하는 경향이 있음
식신	성격발현의 기저심리	한 우물을 파는 노하우 대화와 친교의 대명사

식신	십성의 강에 의한 성격심리	인간관계에 매우 치중하며 말하기를 즐기고 형식에 얽매이는 것을 싫어함
	십성의 약에 의한 성격심리	말과 행동에서 세련된 자연스러움이 부족하고 사람들과의 관계맺음이 다소 어색함
상관	성격발현의 기저심리	모방을 통한 창조 멋과 화려한 사교의 아이콘
	십성의 강에 의한 성격심리	호기심이 많고 자신을 화려하게 보이고 싶어 하며 고정관념을 깨려는 기질이 강함
	십성의 약에 의한 성격심리	자신을 치장하고 꾸미는 것에 관심이 적고 자기 자신의 감정을 잘 표현하지 않음
정재	성격발현의 기저심리	보장된 안정성 추구 꼼꼼함과 확실한 믿음
	십성의 강에 의한 성격심리	매우 섬세하고 꼼꼼하며 현실적인 이해득실에 대하여 과민하게 반응함
	십성의 약에 의한 성격심리	자신의 것을 꼼꼼하게 챙기는 욕심이 적으며 현실적 이득에 대하여 민감하지 않음
편재	성격발현의 기저심리	도전과 의욕의 중심 열정과 행운의 상징
	십성의 강에 의한 성격심리	기분파적인 기질이 강하고 자신만의 공간을 갖고 싶은 욕구가 강하며 물질적임
	십성의 약에 의한 성격심리	가치판단력이 약하고 자신이 활동한 결과에 대하여 만족감이 떨어지는 성격임
정관	성격발현의 기저심리	존경과 공정함의 평판 건전한 문화시민의 표상
	십성의 강에 의한 성격심리	원칙주의자로 모범적이고 규범적인 마인드가 강하며 주어진 틀대로 살고자 함
	십성의 약에 의한 성격심리	원칙을 지키고 스스로 절제하는 자세가 필요하며 규범을 준수하려는 마음이 취약함

편관	성격발현의 기저심리	이상을 꿈꾸는 카리스마 강력하고 과감한 실천력
	십성의 강에 의한 성격심리	행동력이 강하고 결단한 바는 반드시 실행해야 되는 기질로 의리를 중요하게 생각함
	십성의 약에 의한 성격심리	실천력이 약하고 결단력이 부족하며 용기있게 박차고 나가는 기질이 약함

　모든 십성은 성격이 발현되는 가장 기본적인 심리를 바탕으로 각 십성의 강약에 따라 고유한 성격발현의 모습이 존재한다. 교육의 현장에서는 지식의 전수 이상으로 사회성, 인간관계, 학습방법, 자기관리 등 다양한 면에서의 성격심리 조명이 필요하다.

2) 명리와 시간관리

　현대사회에서는 시간관리가 매우 중요하다. 자기관리가 곧 시간관리가 되는 것이 기본이다. 시간 관리에 대한 교육도 자기관리의 가장 중요한 핵심으로서 의미가 있다. 미래학자들은 시간이 곧 돈이 되는 시대가 바로 미래가 될 것이라고 예견할 정도로 시간 관리는 매우 중요하다. 그러므로 교육적 입장에서 십성에 따른 시간관리 능력을 조명해 보고 단점을 보완해야 한다.
　다음의 내용은 시간 관리에 대하여 십성별로 분석한 내용이다. 시간을 활용하는 다양한 양상에 대해 심리분석을 통하여 원인과 과정을 설명한 내용이다. 객관적인 입장에서의 시간활용 능력에 대한 평가도 중요하지만 한 사람이 시간을 어떻게 운용하느냐에 대한 평가와 대안이 더욱 중요하다.

<십성별 시간관리 능력에 대한 지침>

십성 구분	강약	시간관리 능력에 대한 지침
정인	강	상황이나 시간에 관계없이 순서대로 일이 차분히 진행되어야 하고 정리에 많은 시간을 할애합니다. 그러므로 당신은 정확한 업무수행에는 강하지만 너무나 많은 생각을 하는 사람으로 결정력이 약하여 시간적인 기회포착에 느린 점은 보완해야 합니다.
정인	약	당신에게 필요한 점은 시간 운용에 있어서 일의 순서와 절차에 따라 시간을 관리해야 한다는 점입니다. 이는 일의 오차를 줄이고 짜임새 있는 결과를 위해 필요한 사항입니다. 그러나 융통성이 필요한 경우에는 순서에 관계없이 일을 처리하는 장점이 되어주기도 합니다.
편인	강	순발력 있는 생각의 전환으로 타이밍과 기회포착에 강합니다. 하지만 나만의 생각에 빠져 객관적이지 못한 결정을 내리면서 일을 다시 해야 되는 경우도 있으므로 이러한 시간 낭비를 줄이기 위해서는 객관성을 유지해야 합니다.
편인	약	당신에게 필요한 점은 시간 운용에 있어서 계획성이 부족하고 일의 과정까지 세밀하게 생각해보는 면이 없으므로 항상 생각하고 시작하는 시간관리 능력을 키워야 한다는 점입니다. 그러나 갑작스런 사안에 대해서는 오래 심사숙고하여 일이 느려지는 면은 적습니다.
비견	강	자신이 정한 목적을 향해 매우 저돌적으로 시간을 활용해 나가며 모든 중심이 자신이 되는 주체적인 시간관리 유형입니다. 그러나 매우 조급하여 시간을 여유 있게 관리하지 못한다는 단점이 있으므로 느긋한 마음으로 순간순간을 즐기는 노력이 필요합니다.
비견	약	당신에게 필요한 점은 일을 추진해가는 과정에서 주체성을 키워 내가 원하는 대로 시간을 운용하는 자세입니다. 시간도 공간도 모두 나 자신이 있으므로 존재한다는 자신감이 중요하다는 것입니다. 그러나 남들에게는 겸손하게 보일 수 있는 장점이 될 수도 있습니다.

겁재	강	강력한 추진력으로 시간을 매우 효율적으로 활용하지만 경쟁심과 조급한 마음으로 시간적인 여유를 잃기 쉬운 유형입니다. 그러므로 시간 활용에 있어서 사람들과 자기 자신이 중요함을 스스로 잘 새겨서 주객이 전도되는 일이 없도록 노력해야 합니다.
	약	당신에게 필요한 점은 일을 추진해가는 과정에서 자신의 이득을 확실히 챙기는 경쟁력이 떨어진다는 것입니다. 자신감을 가지고 자신의 믿음과 결정대로 한번뿐인 시간을 활용해야 합니다. 그러나 타인들에게는 자신을 낮추는 예의바른 사람으로 보일 수도 있습니다.
식신	강	매우 느긋하고 여유롭게 시간을 활용하고자 하므로, 시간에 얽매이지 않고 행동하는 경우가 많습니다. 그러므로 시간관리 개념은 객관적으로 약하지만 재미있는 일에 잘 몰입하여 시간 자체를 즐길 줄 아는 사람입니다.
	약	당신에게 필요한 점은 시간활용에 있어서 분명한 목적과 결과를 의식해야 된다는 점입니다. 일의 과정도 중요하지만 좋은 결과는 만족스런 삶의 기반이 되어주기 때문입니다. 그러나 주어진 이득이 없어도 내 시간을 내어주는 여유는 인간적인 모습으로 장점이 됩니다.
상관	강	매우 개인적인 기준으로 시간을 운용하는 사람으로 순간적인 발상과 기분에 의해 매우 유동적인 시간활용을 잘 합니다. 그러므로 감정의 흐름이 시간의 흐름이라는 개념을 대체하는 유형의 사람입니다
	약	당신에게 필요한 점은 시간을 효율적으로 사용하는 것도 중요하지만 즐겁고 재미있는 시간들이 모여서 나의 인생이 된다는 점을 기억해야 합니다. 때로는 시간이 나를 위해 기다려 주기도 한다는 여유를 부리는 것이 내가 시간의 주인이 되는 지름길이기도 합니다.
정재	강	결과가 작든 크든 목적과 결과가 분명한 일에만 자신의 시간을 투자하고 싶어 합니다. 그리고 시간적인 순서와 절차가 명확한 것을 좋아하여 확실한 일에만 시간을 할애하는 매우 꼼꼼한 시간관리 유형입니다.
	약	당신에게 필요한 점은 시간활용에 있어서 자신만의 속도대로 일을 진행해가는 여유가 부족하므로 여유를 찾아야 되다는 점입니다. 무엇이든 순리대로 가야 편하다는 것을 알아야 합니다. 그러나 때로는 급박한 결정을 위해서는 이러한 면이 장점이 될 수도 있습니다.

편재	강	목적의식과 결과물이 분명한 경우 매우 스피디하게 일을 진행하고 타이밍에 강한 장점이 있습니다. 그러나 불확실한 결과가 예견되는 경우와 특별한 사안이 없는 평소에는 시간의 활용능력이 다소 떨어지는 유형으로 항상심을 유지하려는 노력이 필요합니다.
	약	당신에게 필요한 점은 사물과 공간에 대한 평가와 결과를 보고자 하는 신속성을 키워야 한다는 점입니다. 일의 결과에 대한 적극성과 신속성을 스스로 익혀 스피디한 시간 관리능력을 키워야 합니다. 그러나 이해득실을 따지지 않는 것이 더 많은 장점이 될 수도 있습니다.
정관	강	조직과 규칙을 중시하므로 시간을 아끼고 약속을 꼭 지키고자 하는 개념이 확고합니다. 이러한 노력들이 사회를 지탱하는 중요한 요소라고 생각하는 점은 매우 모범적이고 훌륭하지만 시간보다 더 소중한 사람을 잃지 않도록 융통성 있는 마인드가 필요합니다.
	약	당신에게 필요한 점은 공적인 신뢰를 얻기 위해 약속된 시간은 반드시 지켜야 된다는 시간관리 개념을 강화해야 한다는 것입니다. 일의 과정과 결과도 중요하지만 객관적으로 보여지는 면도 중요합니다. 그러나 개인적으로는 매우 느긋하고 여유로운 장점도 되어 줍니다.
편관	강	결정력이 강하여 신속한 일 추진을 잘 하므로 시간활용이 매우 목표지향적이며 단체 활동을 중시하는 면이 있습니다. 많은 사람들의 시간을 존중하고 한 사람보다는 전체를 더 고려하는 점은 중요한 사항이지만 인간미를 잃지 않도록 주의해야 합니다.
	약	당신에게 필요한 점은 일에 대한 판단력과 결정력을 키워 중요한 사안에 대하여 시간이 지연되지 않게 해야 한다는 점입니다. 타이밍에 약할 수 있다는 것입니다. 그러나 깊이 생각하고 다양한 국면을 고려해 보는 것은 시간이 허락하는 한도 내에서는 필수입니다.

3) 명리와 학습심리

이 장에서는 학습적인 면과 정서적인 면에서도 효과적인 지도가 이루어질 수 있도록 사주구조의 구성유형별 학습심리를 다각도로 분석할 수 있는 틀을 구성한다.

학습이라는 인지적 활동은 각 개인이 세계를 인식하는 틀에 의하여 다르게 이루어진다. 명리교육을 위한 학습심리 이론은 교육적 요소들에 대한 개별적인 활동을 학습심리로 분석하고 장점과 단점에 대한 강화책과 보완책을 제시해주는 것에 의미가 있다.

<사주구조의 구성유형별 학습심리>

인성	개인적 만족형인 과정중시형 주관적 기준에 의한 행동결정 경향이 강함	식상
내향적으로 지능이 발달한 유형 지식의 in-put이 좋음 지식의 수용과 보수적 학문에 강함	**인비식구조** 관인상생 식상생재 구조 구조 **재관 구조**	외향적으로 지능이 발달한 유형 지식의 out-put이 좋음 지식의 응용과 미래지향적 학문에 강함
관성	사회적 인정요구형인 결과중시형 객관적 기준에 의한 행동 결정 경향이 강함	재성

위의 표는 일간을 중심으로 직접 또는 간접적으로 상생상극을 하는 십성의 역할이 개인의 학습심리에 어떠한 영향을 주는지 체계화시킨 표이다. 일간과 비겁을 중심으로 인-식-재-관의 파트별 순환 고리를 만들어 나오는 십성패턴에 따른 특징은 다음과 같다.

(1) 관인과 식재

일간을 기준으로 입력과 출력을 담당하는 십성이므로 지식의 in-put과 지식의 out-put으로 구별하여 보수적인 성향과 미래지향적 성향으로 나누어 대조적으로 비교해보았다. 관인은 학습의 입력에 있어서 좋은 작용을 하므로 암기력과 기억력이 우수하고 지식에 대하여 수용적인 태도를 보이며 전통성과 역사성이 있는 학문 분야와 활동을 선호한다. 그러나 식재는 학습의 출력에 있어서 좋은 역할을 하므로 지식의 응용과 활용 그리고 미래지향적인 새로운 학문과 지식에 대하여 허용적인 태도로서 대하는 학습심리를 소유한다.

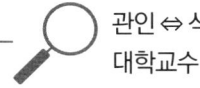
관인 ⇔ 식재 사례
대학교수 _ 남성

時	日	月	年
庚	壬	壬	庚
戌	寅	午	辰

> 壬水 일간이 시주로 관인상생을, 일지와 월지로 식신생재를 이루었다. 사법고시에 합격하고 법관에 임용되었으나 후학을 양성하는 대학교수로 일생을 지내왔다. 즉, 관인의 보수와 식재의 미래지향을 모두 수용했다.

(2) 인성과 식상

일간과 직접적인 生과 洩의 교환 작용을 하는 역할로서 개인적이며 주관적인 입장에서 사물을 해석하고 역사와 현재 미래를 기록하는 과정중시형이다. 그러므로 학습에 있어서도 지식을 탐구하는 과정을 즐기고 학문의 이론적 체계와 원리의 발견 자체에 의미를 두는 학습심리를 소유한다.

인성 ⇔ 식상 사례
미술학원 원장 _ 여성

時	日	月	年
壬	庚	甲	己
午	辰	戌	酉

庚金 일간이 인성이 다(多)하여 신강하며 시상의 식신으로 유출되는 구조다. 주관적인 입장에서 기록하고 식신의 창의성을 활용하는 학습태도로 대학에서 미술을 전공하고 미술학원을 운영하고 있다.

(3) 재성과 관성

일간과 직접적인 상생에 거리를 두고 일간이 剋하거나 반대로 일간을 剋하는 역할로서 사회적인 안목과 객관적인 시야로 학문과 자기 자신을 바라보므로 결과중시형이다. 그러므로 학습에 있어서도 탐구결과와 효용성 그리고 실효성에 의미를 두며 치밀하게 과학적으로 입증된 것만이 진리가 되는 사고의 학습심리를 소유하게 된다.

 재성 ⇔ 관성 사례
피부미용전공 강사_여성

```
時 日 月 年
甲 己 己 丙
戌 亥 亥 午
```

己土 일간이 월, 일지의 재성에서 투간된 시상의 甲木으로 재관이 뚜렷한 구조다. 객관적인 성향과 학문을 사회적인 활용을 위하여 수용하는 동시에 실험실습을 통한 결과에 목적을 두고 학습하는 사람이다.

3. 십성별 양육·교육 방법과 직업적성

명리교육이론에 따른 양육방법론은 명리교육이론에 대한 방법론적인 내용이다. 각 명리교육방법론은 십성의 기질과 각 십성의 태과와 부족에 의한 성격심리와 명리교육 내용을 구체적인 방법론으로 반영한다. 아이는 반드시 양육하는 보호자를 필요로 한다. 그러므로 명리교육방법론에서는 양육자로서 부모가 주의해야 하는 사항을 십성의 강약에 따라 분석하였다.

1) 인성

(1) 양육태도

■ 인성이 약할 때

생각 없이 행동하고, 참고 기다리는 부분이 약하다. 천천히 순서에 맞게 행동하고 행동하기 전에 한번 생각하는 습관을 갖도록 지도한다.

- 많은 관심과 충분한 사랑으로 생리적 욕구를 충족시켜 주어야 한다.
- 의무감과 책임감을 심어 줄 수 있는 노력과 환경을 제공한다.
- 끈기와 인내심이 배양되도록 지구력을 기를 수 있게 양육한다.

■ 인성이 강할 때

성장과정에서 부모의 태도와 가정환경 및 분위기가 그대로 흡수된다. 주변의 영향을 그대로 받아들이고 잘 흡수하기 때문에 부모의 지나친 관심은 좋지 않다.

- 간섭을 하지 말고 스스로 해결하도록 습관화시킨다.
- 양보심과 희생, 봉사 정신을 몸소 행동으로 보여준다.
- 공동생활에 자주 참여시켜 함께 할 수 있는 공동의식과 협동심을 심어준다.

(2) 교육방법

■ 인성이 약할 때

집중력과 끈기가 부족하고 차분하게 정보를 습득하고 축적하는 부분이 약하다. 학습하고자 하는 의욕이 생길 수 있도록 실천적인 부분에서 지도가 필요하다.

- 암기하는 습관과 기록하는 습관이 필요하다.
- 시작한 일은 끝까지 마무리하는 습관이 필요하다.
- 숙제나 준비물을 스스로 챙기는 준비성이 절대적으로 필요하다.

■ 인성이 강할 때

스스로 자율적인 행동이라고 생각하지만 독선적인 경향이 강하므로, 다른 개성과 재능을 지닌 친구들과 부드럽게 어울리며 안정된 정서를 갖도록 유도한다.

- 암기를 강요하지 말고 이해를 우선 할 수 있도록 한다.
- 이론적인 설교보다 현실적이고 구체적인 결과에 한해서 칭찬한다.
- 효율적인 학습 방법을 터득하도록 한다.

(3) 직업적성

■ 인성이 약할 때

정보를 수집하고 지식을 습득하는 데 약하기 때문에 특별한 기술(자격, 면허)이 필요한 전문직보다는 소속감을 가지고 단순 에너지를 활용하는 곳이 좋다.

- 기획, 마케팅, 머리를 많이 쓰는 직업은 부적합
- 단순한 업무, 서비스, 중개인, 소개업, 마케팅, 홍보
- 영업, 단순 업무, 기능직 등이 좋다.

■ 인성이 강할 때

보수적이고 전통적이며 정해진 순서와 매뉴얼이 있는 조직에서 자신만의 고유한 전문 지식을 활용하는 곳이 좋다.

- 서비스 계통이나 상담자로서는 부적합하다
- 직업과 취미 생활을 별도로 하여 정신을 맑게 한다.
- 계획하고 통제하거나 종교, 역사, 독서 등 관리하는 직업이 길하다.

인성의 직업선택이 잘된 사례
대학교 직업상담 _ 여성

```
時 日 月 年
甲 丙 己 乙
午 辰 卯 丑
```

丙火 일간이 卯월에 태어나 연간 乙木으로 투간되어 정인격이다. 월지와 일지가 卯辰 인수국을 이뤄 인수가 강하다. 과정중심의 전문가형인 인비식 구조이다. 직업학 석사와 창업경영학 석사를 취득하였고 대학교에서 취업관련 상담, 코칭 및 강의를 하고 있다.

인성의 직업선택이 잘못된 사례
직업군인에서 법사로 _ 남성

```
時 日 月 年
丙 乙 癸 壬
子 卯 丑 子
```

乙木 일간이 丑월에 壬癸가 투출하여 인수가 강하다. 책 읽기를 좋아하여 학업성적이 좋았으며 직업군인의 길을 선택하였다. 그러나 중간에 적성에 맞지 않아 전역하였다. 이후 방황하다가 불교학 공부를 하게 되었고 법사로 포교원을 운영하게 되었다. 처음부터 인수에 맞는 직업을 선택했다면 어땠을까?

2) 비겁

(1) 양육태도

■ 비겁이 약할 때

현실도피가 일어날 수 있다. 따라서 강한 자긍심과 할 수 있는 기회 또는 특기개발을 위한 기회를 제공해 주어야 한다.

- 긍정적인 마음가짐과 자신감을 길러주도록 한다.
- 자신이 하는 일에 대해 책임을 지고 결과물을 만들도록 격려한다.
- 친구들과 잘 어울리도록 도움을 주고 공동체 의식을 부여한다.

■ 비겁이 강할 때

자기의 주관적 사고에 의하기 때문에 외부통제나 관여에 반발한다. 개성을 존중하는 범주에서의 유연한 독려로 진행한다.

- 되는 일과 안 되는 일에 대하여 분명한 선을 지킨다.
- 장점을 살리며 타협하고 양보하는 심성을 길러준다.
- 지나친 통제보다 칭찬하고 배려하여 인간애를 심어준다.

(2) 교육방법

■ 비겁이 약할 때

주입식 교육보다 객관적인 전개방식의 시청각적 교육으로 접근한다. 스스로 상황에 몰입할 수 있도록 유도한다.

- 이론보다 행동과 결과를 우선하는 현장학습과 체험학습을 우선적으로 한다.
- 영웅전, 성공전기 등의 서적을 많이 읽게 한다.
- 약속을 지키도록 유도하며 함께하는 교육체계가 좋다.

■ 비겁이 강할 때

하고자 하는 일부터 먼저 하도록 관용성을 보인다. 감정과 욕구의 순환을 돕는 방법이기 때문이다.

- 이해력과 포용력을 기를 수 있는 교육환경을 제공한다.
- 박애정신을 실천하도록 노력하며, 역사와 전통문화에 관한 교양교육이 필요하다.
- 개인의 특기를 장점으로 살릴 수 있는 교육이 도움이 된다.

(3) 직업적성

■ 비겁이 약할 때

자생력과 지구력이 약하기 때문에 조직체계에 종사하도록 한다.

- 관리직, 책임자, 사업, 경호 등은 불리하다.
- 기술직, 역사, 지리, 의학계, 동업, 대리점 등이 좋다.
- 가급적 개인사업보다 직장생활이나 위탁관리직이 최선이다.

■ 비겁이 강할 때

지배적 성향이 강하기 때문에 독자적 영역을 구축할 수 있는 전문성을 갖도록 한다.

- 동업, 관공직, 서비스, 명령체계는 부적합하다.
- 기자, 대리점, 의학, 기술, 관리, 스포츠, 경영 등이 좋다.
- 개인적인 공간에서 주관적으로 개척하는 직업이 적합하다.

비겁의 직업선택이 잘된 사례
연예부 기자 _ 남성

```
時 日 月 年
乙 壬 辛 辛
巳 寅 丑 亥
```

壬水 일간이 丑월에 태어나 연·월간으로 辛金이 투간되어 정인격이다. 월간이 亥丑으로 水국을 이뤄 관이 약해지고 비겁이 강해졌다. 천간으로 인비식 구조로 머리가 좋다. 인비가 강한 사주로 식상을 용신으로 사용하여 취재하고 기사를 작성하는 기자에 적합하다.

비겁의 직업선택이 잘못된 사례
스피치 강사 _ 여성

```
時 日 月 年
乙 庚 戊 丁
酉 戌 申 卯
```

庚金 일간이 申월에 태어나 申酉戌 金국을 이뤄 비겁이 강한 신강사주다. 스피치 강사는 비식으로 흘러야 하는데, 천간은 관인상생 구조이고 식상이 없다. 식상(水)운이 오면서 스피치 강사를 하게 되었지만, 관을 용신하니 업무 수행에 어려움이 많다.

3) 식상

(1) 양육태도

■ **식상이 약할 때**

표현력과 타인과 친해지는 방법을 깨우쳐 준다. 자신만의 취미와 본인이 지향하는 세계를 발견하도록 메시지를 준다.

- 자유로운 표현을 할 수 있도록 자신감을 길러준다.
- 불만을 표출하는 것을 막지 말고 합리적으로 대응하는 방법을 길러준다.

- 지나친 통제와 규범에 얽매이지 않도록 하는 환경이 좋다.

■ 식상이 강할 때

감정이입과 감정전도가 심하기 때문에 부적절한 표현으로 정서분열이 일어날 수 있다.

- 바른 자세와 예의를 지키는 습관을 길러준다.
- 적절한 통제가 필요하며, 어른들의 말을 끝까지 듣게 한다.
- 문제를 구체적으로 설명하여 타당한 결과를 인정하도록 돕는다.

(2) 교육방법

■ 식상이 약할 때

자신의 생각과 감정을 자유롭게 표출하지 못하는 데 따른 심리적 손상이 일어난다. 부모가 학습과 교육적 동기 개발에 적극 동참한다.

- 사회봉사, 심리철학이 깃든 교양서를 읽게 한다.
- 신뢰를 바탕으로 자존심을 지켜주며, 긍정적인 생각을 하도록 한다.
- 도덕과 윤리에 바탕을 둔 전인교육이 합리적이다.

■ 식상이 강할 때

호기심이 많고 자기중심적 사고가 강해 타인에 대한 공감보다 자기만족에 더 몰입한다. 따라서 공동체의 삶에서 이탈하게 될 수 있다.

- 자격증을 갖추도록 노력하며 끊임없이 이론 습득에 주력한다.
- 타고난 적성과 개성을 살려서 특기를 갖도록 교육한다.
- 훌륭한 위인전기, 다큐멘터리, 전통계승 등에 관한 서적을 읽게 한다.

(3) 직업적성

■ **식상이 약할 때**

변화가 많거나 자유롭게 자신의 재능과 창의성을 발휘하기 어렵기 때문에 일정하게 정해진 틀이 갖춰진 조직이나 업종에 종사하도록 한다.

- 서비스, 사회복지, 연구직, 교육학 등은 부적합하다.
- 직장생활, 인류학, 역사, 고고학, 경호, 관공직 등에 적합하다.
- 고전을 지키고 법을 준수하는 계통에 길하다.

■ **식상이 강할 때**

자유로운 개성과 창의성을 전제로 하기 때문에 독자적 영역을 키워주도록 한다.

- 법조계, 직장생활, 경호, 조직생활 등에는 부적합하다.
- 기술, 마케팅, 예능, 서비스, 디자인 등이 적합하다.
- 자격증을 소유한 자유전문직 등에 적합하다.

식상의 직업선택이 잘된 사례
미스터트롯 _ 정동원

時 日 月 年
甲 壬 癸 丁
辰 子 卯 亥

壬水 일간이 卯월에 태어나 시간으로 甲木이 투간되어 식신격이지만 식상을 함께 사용한다. 비겁이 강해서 식상(output)을 잘 표현한다. 재성이 약하지만, 비겁에서 식상으로 뻗어가는 사주로 무대에서 노래로 멋지게 끼를 연출한다.

 식상의 직업선택이 잘못된 사례
미술작가 _ 남성

時 日 月 年
乙 戊 庚 辛
卯 辰 寅 未

戊土 일간이 寅卯辰 木국을 이뤄 관성이 강하다. 하지만 천간으로 식신과 상관이 투출하여 예술을 선택하였다. 홍대 미대를 졸업하고 독특한 화풍의 작가활동을 하고 있다. 하지만 관성의 국으로 비구상적인 예술혼을 쏟지 못하니 작품에 대한 성과는 좋지 않다.

4) 재성

(1) 양육태도

■ 재성이 약할 때

환경에 적응하며 목표의식을 가지고 자신을 강화하도록 인내와 조화로운 사고를 유도한다.

- 다양한 환경과 공간에 적응할 수 있는 적응능력을 키워준다.
- 어려서부터 과정과 결과를 스스로 확인할 수 있도록 기른다.
- 수리와 계산능력 배양에 중점을 둔 놀이를 제공한다.

■ 재성이 강할 때

욕구통제와 자율성을 기르도록 유도한다.

- 스스로 절제하고 실천할 수 있는 심성을 키워준다.
- 모친의 따뜻한 배려와 관심이 함께한다는 신뢰감을 심어준다.
- 욕심을 분산시키도록 같이 소유하는 환경과 습관을 만들어 준다.

(2) 교육방법

■ 재성이 약할 때

스스로 목표를 설정하고 체계적으로 세부계획을 세워 하나씩 성취할 수 있도록 지지와 따뜻한 독려가 필요하다.

- 지속적이며 계획성 있는 생활과 학습이 필요하다.
- 작은 결과에 칭찬하고, 노력의 결과를 인정할 수 있도록 한다.
- 결과에 집착하지 않도록 하며, 일에 대한 명확한 이해와 실현가능성을 부여한다.

■ 재성이 강할 때

성적의 결과보다 공부하는 과정의 중요성을 일깨워주고 지적 욕구가 일어날 수 있도록 지도한다.

- 책을 많이 읽고 자격증을 갖추는 과정을 중요시한다.
- 결과보다는 과정을 중요시하는 지도가 필요하다.
- 수리능력이 우수한 장점을 이용하여 교육을 한다.

(3) 직업적성

■ 재성이 약할 때

실행력, 편성력, 기획력이 약하기 때문에 단순한 조직생활에 기여한다.

- 경영, 사업, 투기, 무역, 사업 등 관리업무에는 부적합하다.
- 직장 및 기술이나 공동사업, 위탁관리 등 단조로운 직업에 길하다.
- 상담, 교육, 종교, 사회단체종사, 서비스, 컨설팅, 사무직 등에 적합하다.

■ 재성이 강할 때

구성력, 배치감각, 다변적 감각성을 지녔기 때문에 독자적이며 주도적인 능력을 발휘할 수 있는 분야로 투입한다.

- 아이디어 사업, 전문기술, 연구직, 교육 등에는 부적합하다.
- 경제 사업, 경영, 금융, 증권, 재정계, 스포츠 등에 적합하다.
- 음식점, 투자업, 유흥업, 임대업, 의학, 정치 등이 적합하다.

 재성의 직업선택이 잘된 사례
산업은행 퇴직 _ 남성

時 日 月 年
甲 戊 壬 壬
寅 戌 子 寅

戊土 일간이 子월에 태어나 연·월간으로 壬水가 투간되어 재격이다. 재성이 강한 사주로 재생관 구조이다. 재성이 재능이 되어 산업은행에 입사하여 정년까지 근무한 사람이다.

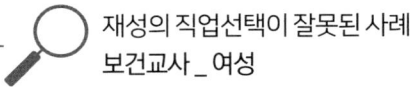

재성의 직업선택이 잘못된 사례
보건교사 _ 여성

```
時 日 月 年
乙 丙 甲 庚
未 辰 申 申
```

丙火 일간이 申月에 태어나 연간으로 庚金이 투관되어 편재격이다. 간호학과 졸업 후 대학병원 간호사로 근무하다 임용고시 합격 후 현재 고등학교에서 보건교사로 근무 중이다. 그러나 늘 자기 계발에 목말라 한다.

5) 관성

(1) 양육태도

■ 관성이 약할 때

공중도덕과 규칙은 지켜야 하는 것이고, 자신이 한 약속 또한 지켜야 한다는 것을 깨달을 수 있도록 깊은 관심과 지도가 필요하다.

- 다소 절제된 환경과 습관으로 양육한다.
- 시작한 것은 스스로 마무리하도록 도와준다.
- 조용한 음악과 아늑한 환경을 제공한다.

■ 관성이 강할 때

의무, 요구, 명령, 지배에 대한 과민한 반응과 분노를 일으킨다. 강박과 스트레스로부터 유연해 질 수 있도록 사색과 명상이 필요하며 자존감(자기애)을 높여준다.

- 이해와 양보심을 가지고 공동생활에 잘 어울릴 수 있도록 양육한다.
- 강박심을 주지 않도록 하고 용기를 주어 격려하고 관용을 베풀어준다.
- 강요하지 말고 자발적인 행동이 습관화 되도록 한다.

(2) 교육방법

■ 관성이 약할 때

학생으로서 지켜야 할 의무, 책임, 규칙 등을 잘 지킬 수 있게 지도하고, 학습에 대한 욕구가 일어날 수 있도록 의미를 부여시킨다.

- 삼국지 등의 무협지를 읽게 하여 영웅심을 길러준다.
- 행동에 절도가 있도록 하며 인내심을 길러준다.
- 질서와 법을 지키는 도덕교육에 관심을 갖게 한다.

■ 관성이 강할 때

의무감과 책임감에 의해서가 아니라 자신이 주체가 되어서 스스로 하고자 하는 것을 찾아 할 수 있도록 자기에너지를 키워주어야 한다.

- 안정감을 제공하고 자극을 피하도록 한다.

- 선의의 경쟁을 유도하고 서정적인 시집 등을 읽게 한다.
- 피해의식을 갖지 않도록 하고 칭찬을 많이 하도록 한다.

(3) 직업적성

■ 관성이 약할 때

통제 수용력과 의무감이 약하기 때문에 개인적 성취도가 높은 분야로 유도한다.

- 공무원, 관공직, 별정직, 통제 관리직은 부적합하다.
- 기술, 종교, 교육, 서비스, 영업 등에 적합하다.
- 의사, 약사, 언론, 작가, 조각가, 강사, 컨설팅, 요리사 등이 유력하다.

■ 관성이 강할 때

서열이 분명하고 규칙과 지침이 확실하게 규정되어 있는 전통적인 문화가 존재하는 영역(업종)에 적합하다.

- 연구직, 경제, 로비스트, 상담, 교육, 연구 등에는 부적합하다.
- 군인, 경찰, 법관, 경호원, 정치, 군무원 교도관 등에 적합하다.
- 법·행정, 공무원, 회사원, 외교관, 재·정계, 국회 등의 업무가 좋다.

관성의 직업선택이 잘된 사례
5급 공무원 _ 여성

```
時 日 月 年
庚 戊 乙 癸
申 戌 卯 酉
```

戊土 일간이 卯월에 태어나 월간 乙木으로 투간되어 정관격이다. 26세 3대운이 戊午대운으로 정인이 오면서 외무부 7급 공무원시험에 합격하였고 5급으로 특진까지 했다. 천간으로 식신과 정관이 합하여 자신의 노력이 인정받는 구조이다.

 관성의 직업선택이 잘못된 사례
직업상담사 _ 여성

```
時 日 月 年
甲 癸 癸 乙
寅 巳 未 巳
```

癸水 일간이 편관 未월에 태어나 연간으로 乙木이 투간하여 식신격이다. 비-식-재로 output 구조이다. 현재 고용센터 직업상담사로 근무 중에 있다. 자신의 직무에 구속이나 관섭이 적기 때문에 재직하고 있지만, 직무만족도는 많이 낮은 편이다.

4. 자녀교육에서 부모의 개선점

　십성의 강약에 따른 양육방법론은 먼저 십성의 편향에 따른 교육과 양육방법을 제공할 수 있다. 그 다음 자녀와 양육자 모두를 비교 분석한다.
　부모 사주의 십성편향으로 인한 성격적 심리적 특성은 반드시 자녀의 양육과 교육에 영향을 미치고 있으므로 자칫 부모의 양육과 교육방법에 더 문제가 있을 수 있다.
　즉 아이가 타고난 보물 같은 재능의 싹을 키워야 하는 것이 가장 중요하다. 그러나 부모의 지나친 열정과 관심으로 인하여 아이의 그 보물 같은 타고난 재능의 싹이 자라지 못하면 아이의 경쟁력이 사라질 것이다.
　이를 보완하기 위한 방법은 다음의 표와 같이 정리되며 영·유아 및 청소년 상담에 반드시 참고해야 할 사항이다.

< 자녀에게 미치는 부모의 성향과 개선방향 >

부모사주	부모의 문제점	개선방향
인성편향	부모 기준우선 지나친 간섭	자녀의견을 존중할 것 신뢰감 형성
비겁편향	무시하는 경향 자기 흥분	자녀의 인격 우선 존중 기분의 절제
식상편향	자기노출 심화 언행의 무절제	자녀에 대한 예절 언행을 주의
재성편향	이해 타산적 현실에 집착	자녀를 배려하는 습관 미래를 관망
관성편향	지나친 권위와 체계 과도한 임무	자녀와 친구가 돼라 개성 인정

8장

명리와 학과적성 분류

자신의 타고난 재능에 맞는 학과적성을 찾아가는 것은 사회생활에 직결되므로 매우 중요하다. 현존하는 모든 성격 및 적성 검사가 자신의 적성에 맞는 학과를 가이드하고 있지 못한 것도 사실이다. 또한 진학이나 진로를 성적에 맞춰 선택해야 하는 현실을 간관할 수 없다. 그렇더라도 자신의 타고난 재능을 최대한 활용할 수 있는 분야를 잘 선택할 수 있도록 해야 한다.

이 장에서는 현재 교육부에서 분류되고 있는 학과정보를 살펴본다. 그리고 학과선택을 잘하여 전공에 대한 만족도가 높은 경우와, 성적에 맞추거나 또는 주변의 권유에 의해서 선택하여 전공에 대한 만족도가 낮은 경우를 실제 사례를 들어 살펴보고자 한다.

이러한 사례분석을 통하여 학과선택의 다양한 방법론을 습득하여 활용하기를 기대한다.

1. 교육부의 학과정보

1) 고등학교 구분(종류)[8]

현재 우리나라 고등학교는 아래와 같이 크게 4가지로 구분된다.

- **일반고등학교**
  특정 분야가 아닌 다양한 분야에 걸쳐 일반적인 교육을 실시하는 학교

- **특수목적고등학교**
  특수 분야의 전문적인 교육을 목적으로 하는 고등학교
  - 계열
    - 과학 인재 양성을 위한 과학 계열의 고등학교
    - 외국어에 능숙한 인재 양성을 위한 외국어 계열의 고등학교
    - 국제 전문 인재 양성을 위한 국제 계열의 고등학교
    - 예술인 양성을 위한 예술 계열의 고등학교
    - 체육인 양성을 위한 체육 계열의 고등학교

---

[8] 하이인포(https://hinfo.sen.go.kr: 서울특별시교육청 서울고교홍보사이트)의 내용 참조.

- 산업계의 수요에 직접 연계된 맞춤형 교육과정을 운영하는 학교(산업수요맞춤형 고등학교)

■ 특성화고등학교

특정 분야의 인재양성을 목적으로 하는 교육 또는 자연현장실습 등 체험위주의 교육을 전문적으로 실시하는 학교

■ 자율고등학교

학교 또는 교육과정 운영의 자율성이 확대된 고등학교

- 자율형사립고등학교

2) 대학(교) 학과정보 [9]

아래에 수록한 내용은 워크넷(work.go.kr)에서 제공하는 대학(교)의 학과정보 자료이다.

	인문 계열
국어·국문학과	국어국문학과, 한국어문학과, 한국어학과, 한문학과, 미디어콘텐츠전공, 스토리텔링학과, 통상언어전공, 한국어교원학과, 한국어통번역전공

---

9) 워크넷(https://www.work.go.kr)의 학과정보 내용 정리

인문계열	
국제지역학과	중국학과, 일본학과, 러시아학과, 미국학과, 국제지역학과, 글로벌학부, 동아시아학과, 아시아학부, 국제학, 독일학과, 북한학과, 아랍지역학과, 아세안지역전공, 영미지역학, 유라시아학과, 유럽학과, 중동학과, 프랑스학과
기타 아시아어·문학과	태국어과, 몽골어과, 인도어(학)과, 동양어문학과, 베트남어과, 아랍어과, 말레이·인도네시아어과, 미얀마어과, 이란어과, 터키어과
기타 유럽어·문학과	네델란드어과, 루마니아어과, 스칸디나비아어과, 그리스·블가리아학과, 포르투갈어과, 폴란드어과, 헝가리어과, 세르비아·크로아티아어과, 우크라이나어과, 터키·아제르바이잔어과, 아프리카어(학)과, 체코슬로바키아어과
독일어·문학과	독어독문학과, 독일언어문화학과, 독일어과, 독일어통번역과
러시아어·문학과	노어노문학과, 러시아어과, 러시아어문학과, 러시아언어문화전공, 러시아학과
문예창작과	문예창작학과, 문예창작과, 미디어문예창작학과
문헌정보과	문헌정보학과, 아동문헌정보학과
문화·민속·미술사학과	문화인류학과, 미술사학과, 문화재보존학과, 고고미술사학과, 문화콘텐츠학과, 문화(학)과, 문화유적학과, 민속학과, 인류학과, 조형문화과, 한국문화전공
스페인어·문학과	스페인어과, 스페인·중남미학과, 서어서문학과
심리학과	심리학과, 상담심리학과, 심리치료학과, 뇌인지과학전공
언어학과	언어학과, 국제어문학부, 스토리텔링융복합전공, 언어인지과학과, 한국어교육학과
역사·고고학과	사학과, 국사학과, 역사문화학과, 역사학과, 한국사학과, 사학전공, 고고학과
영미어·문학과	영어영문학과, 영어학과, 영어과, 관광영어과, 실용영어학과, 영어통번역전공
일본어·문학과	일어일문학과, 일본학과, 일본어과, 관광일어과, 일본비즈니스학과

인문 계열	
종교학과	신학과, 기독교학과, 불교학과, 종교문화학과, 종교학과, 원불교학과
중국어·문학과	중어중문학과, 중국학과, 중국어학과, 중국언어문화전공, 관광중국어과, 중국비즈니스전공, 중국어서비스전공, 한중통번역전공
철학·윤리학과	철학과, 철학전공, 역사철학부, 윤리문화학전공, 철학윤리학과
프랑스어·문학과	불어불문학과, 프랑스어과, 프랑스어문학과, 프랑스언어문화학과, 프랑스학과

사회 계열	
경영학과	경영학과, 경영정보학과, 경영과, 글로벌경영학과, 국제경영학과, 융합경영학과, 글로벌비즈니스학과, 국제산업정보학과, 디지털경영전공, 빅데이터경영학과, 서비스경영과
경제학과	경제학과, 농업경제학과, 글로벌경제학과, 경제통상학부, 경제금융학과, 산업경제학과, 자원경제학과, 행정경제학과
경찰행정학과	경찰(경호)행정학과, 경찰학과, 경찰경호과, 해양경찰학과, 사이버경찰과, 범죄수사학과
광고·홍보학과	광고홍보학과, 광고홍보학전공, 언론광고학부, 언론홍보학과
국제학과	국제학부, 국제관계학과, 국제개발협력전공, 아시아국제관계학과
금융·보험학과	금융보험학과, 자산관리(운용)학과, 금융자산관리학과, 국제금융학과, 금융경영학과, 금융재무학과
노인복지학과	노인복지학과, 고령친화융복합학과, 실버케어복지학과, 고령친화서비스전공, 노인재활복지학과, 실버산업연계전공, 실버컨설팅학과
도시·지역학과	부동산학과, 도시계획부동산학과, 도시계획학과, 부동산지적학과, 지적학과, 도시지적행정학과, 지역개발학전공, 지역정보전공, 지리학과
무역·유통학과	무역학과, 국제통상학과, 유통물류학과, 국제무역학과, 국제물류학과, 항공항만무역과

사회계열	
법학과	법학과, 경찰법학전공, 공법학전공, 법률실무과, 사법학전공, 지식재산학과, 공공인재법학과, 국제법무학과, 법률행정학과
보건행정학과	보건행정학과, 의료경영과, 의무행정과, 의료정보시스템전공, 보건의료정보과, 의료정보관리과, 의료정보행정학과, 의료코디네이터과
비서학과	비서행정과, 비서경영과, 국제비서과, 비서과, 비서사무행정학과
사회복지학과	사회복지학과, 사회복지상담학과, 사회복지행정학과, 보건복지과, 복지경영학과, 가족복지과, 실용사회복지학과, 의료복지학과, 임상사회복지전공, 장애상담학과, 재활상담학과, 평생교육(복지)전공
사회학과	사회학과, 정보사회학과, 도시사회학과
세무·회계학과	세무회계학과, 회계학과, 세무회계정보과, 경영회계학과, 세무학과
신문방송학과	신문방송학과, 언론정보학과, 저널리즘전공, 커뮤니케이션학과, 언론영상학과, 방송정보학과, 언론심리학부, 언론학과, 정보문화학과
아동·청소년복지학과	아동학과, 아동복지학과, 아동가족학과, 영유아보육학과, 보육과, 아동교육학과, 아동심리학과, 아동청소년복지과, 청소년학과, 특수아동과
정보미디어학과	미디어커뮤니케이션학과, 디지털미디어학과, 방송영상과, 미디어콘텐츠학과, 방송영상미디어학과, 미디어영상학과, 광고영상미디어학과, 미디어문학과, 방송미디어학과, 방송제작과, 정보미디어학과
정치외교학과	정치외교학과, 통일학부, 안보학부, 외교학과, 정치학과, 정치행정학과
항공서비스과	항공서비스학과, 항공운항학과, 항공서비스경영학과, 항공경영과, 항공비서과, 항공운항서비스과

사회 계열	
행정학과	행정학과, 공공인재학부, 공공행정학과, 자치행정학과, 도시행정학과, 행정부동산학부, 공공정책전공, 소방행정과, 토지행정학과, 행정정보과, 행정정책학과
호텔·관광경영학과	관광경영학과, 호텔관광과, 호텔경영학과, 관광학부, 항공관광과, 외식산업과, 의료관광과, 의료관광서비스전공

교육 계열	
공학교육과	컴퓨터교육과, 건설공학교육과, 기계교육과, 전기·전자·통신공학교육과, 전자공학교육과, 화학공학교육과, 기계·금속공학교육전공, 기계·재료공학교육과, 정보전자공학교육과
교육학과	교육학과, 교육공학과, 교육심리학과, 평생교육학과
사회교육과	사회교육과, 일반사회교육과, 역사교육과, 지리교육과, 상업정보교육과
언어교육과	국어교육과, 영어교육과, 일어교육과, 독어교육과, 불어교육과, 한문교육과, 한국어교육과, 중국어교육과
예체능교육과	미술교육과, 음악교육과, 체육교육과, 보건교육과
유아교육학과	유아교육학과, 보육학과, 아동교육과, 영유아보육과, 유아보육과, 아동미술보육과
인문교육과	윤리교육과, 기독교교육과, 문헌정보교육과
자연계교육과	수학교육과, 가정교육과, 과학교육과, 물리교육과, 생물교육과, 지구과학교육과, 화학교육과, 환경교육과, 기술·가정교육과, 농업교육과, 수해양산업교육과, 공업교육학부, 기술교육과, 정보과학교육과
초등교육학과	초등교육과
특수교육학과	특수교육과, 초등특수교육과, 중등특수교육과, 유아특수교육과, 특수체육교육과

자연 계열	
(애완)동물학과	애완동물학과, 애완동물관리과, 특수동물학과, 마사과, 동물조련과, 말산업학과, 반려동물산업학과
가정관리학과	가정관리학과, 아동가족학과, 소비자아동학과, 주거환경학과, 소비자학과, 생활복지주거학과, 소비자가족학과, 소비자정보학과, 소비자주거학과
농업학과	식물생명과학과, 축산학과, 바이오시스템공학과, 가금학과, 곤충산업과, 낙농학과, 농생명학과, 농학과, 사료생산공학과, 스마트팜도시농업과, 친환경바이오융합학과
물리·과학과	물리학과, 응용물리학과, 전자물리학과, 나노물리학과, 나노과학(공학)전공, 물리천문학과, 반도체물리학과, 지구물리학과
산림·원예과	산림과학과, 목재응용과학과, 임산공학과, 환경원예학과, 원예디자인과, 화훼원예과, 생명산업학전공, 시설농업학전공, 원예조경과, 원예학과, 임학과, 화훼학과
생명과학과	생명과학과, 생명공학과, 의생명과학과, 의생명공학과, 분자생명공학(과학)과, 유전공학과, 생명시스템학과, 바이오산업공학과, 나노바이오학과, 바이오공학전공, 바이오의약전공, 생명화학공학과, 제약공학전공
생물학과	생물학과, 생물환경학과, 생화학과, 미생물학과, 분자생물학과, 응용(미)생물학과, 응용생물화학과, 해양생명학과, 해양생물학과, 바이오동물전공, 바이오의약학과
수산학과	수산양식학과, 해양바이오산업학과, 해양생명의학전공, 해양생산학전공
수의학과	수의학과, 수의예과
수학과	수학과, 응용수학과, 수리학과, 금융수학과, 정보수학과
식품영양학과	식품영양학과, 식품공학(과학)과, 식품생명공학과, 식품생명과학과, 바이오식품과학(공학)과, 식품(영양)조리학과, 식품개발학과, 식품생명학부, 식품생물공학과, 한방식품과학부

자연 계열	
식품조리학과	호텔외식조리과, 호텔조리과, 호텔조리제과제빵과, 식품조리학과, 제과제빵과, 외식조리과, 커피바리스타과, 푸드스타일링전공, 외식조리산업과, 한식조리과
의류·의상학과	의류학과, 의류산업학과, 의류패션학과, 패션산업학과, 의상학과, 패션마케팅과
자원학과	식량자원학과, 생명자원공학부, 임산자원전공, 동물자원과학과, 산림자원학과, 식물자원학과, 생물자원과학과, 자원공학과, 해양자원학과
지구과학과	지질학과, 지적학과, 지질환경과학과, 지구시스템공학과, GIS과, 공간(지구)정보전공, 지구물리학전공
천문·기상학과	대기환경과학전공, 천문우주학과, 천문대기과학전공
통계학과	통계학과, 응용통계학과, 정보통계학과, 데이터과학과, 전산통계학과, 데이터사이언스학과, 빅데이터공학과, 금융통계학과, 수학통계학부, 의료통계전공, 수학통계학과
화학과	화학과, 응용화학과, 정밀화학과, 화장품과학과, 생명화학과, 의화학전공

공학 계열	
(안경)광학과	안경광학과, 광공학과, 나노광전자학과
건축·설비공학과	건축공학과, 건축기계설비과, 건축시스템공학과, 건설환경계열, 건축설비과, 건축설비소방과
건축학과	건축학과, 건축과, 실내건축학과, 친환경건축학과, 건축디자인전공, 건축리모델링과, 건축설계전공, 도시건축학과, 전통건축학과
게임공학과	게임공학과, 게임컨텐츠과, 게임학과, 게임소프트웨어전공, 게임애니메이션과, 게임제작과, 게임컨설팅과
기계공학과	기계공학과, 기계설비공학과, 기계융합공학과, 자동화시스템과, 지능로봇과, 컴퓨터응용기계과, 기계과, 금형(설계)과, 기계자동화과, 냉동공조공학과, 기계자동차과, 정밀기계공학과

공학계열	
도시공학과	도시공학과, 도시건설과, 도시정보공학전공, 도시계획공학과
메카트로닉스(기전)공학과	메카트로닉스공학과, 로봇공학과, 스마트팩토리과, 기계메카트로닉스공학과, 로봇자동화과, 자동화기계과
반도체·세라믹공학과	반도체공학과, 반도체디스플레이학과, 반도체장비공학과, 반도체과학전공, 반도체시스템공학과, 세라믹공학과
산업공학과	산업공학과, 산업경영공학과, 산업시스템공학과, 산업정보공학과, 시스템경영공학과
섬유공학과	섬유소재공학과, 섬유시스템공학과, 섬유비즈니스과
소방방재학과	소방방재학과, 소방안전관리학과, 안전공학과, 소방안전공학과, 건설방재공학과, 소방안전학과, 환경방재공학과
신소재공학과	신소재공학과, 나노신소재공학과, 신소재응용과, 융합소재공학과, 화학신소재학과, 나노소재전공, 바이오소재공학과, 항공신소재전공
에너지공학과	에너지자원공학과, 원자력공학과, 미래에너지공학과, 바이오에너지공학과, 환경에너지공학과, 신재생에너지과, 에너지시스템학과, 에너지화학공학과, 전기에너지공학과
응용소프트웨어공학과	디지털콘텐츠과, 소프트웨어공학과, 스마트소프트웨어과, 융합소프트웨어학과, 스마트미디어학과, 인공지능융합학과, AI소프트웨어전공
자동차공학과	자동차공학과, 미래자동차공학과, 스마트자동차공학과, 자동차튜닝과, 자동차과, 전기자동차과, 자동차설계학과, 지능형자동차전공
재료·금속공학과	금속재료과, 재료공학과, 제철산업과, 나노재료공학전공, 금속재료공학과, 전자재료공학과
전기공학과	전기공학과, 전기전자과, 철도전기과, 스마트전기전자과, 전기과, 전기시스템과, 전기에너지과
전자공학과	전자공학과, 전자전기공학과, 디지털전자과, 스마트전자과, 디스플레이공학과, 반도체전자과, 융합전자과, 정보전자전공, 컴퓨터전자공학과

공학 계열		
정보· 통신공학과	정보통신공학과, 전자정보통신공학과, ICT융합학과, 스마트IT학과, IT융합학과, IT정보제어공학부, 전자정보공학부, 정보시스템학과	
정보보안· 보호학과	정보보안학과, 정보보호학과, 사이버보안과, IT보안과	
제어계측 공학과	제어계측공학과, 전기전자제어과, 전기제어과, 시스템제어공학과, 전자제어공학과	
조경학과	조경학과, 녹지조경학과, 환경조경과, 도시조경과, 산림조경학과	
지상교통 공학과	교통공학과, 철도운전시스템과, 교통시스템공학과, 물류시스템공학전공, 철도시설과	
컴퓨터공학과	컴퓨터공학과, 멀티미디어공학과, 컴퓨터시스템공학과, 응용시스템학과, 컴퓨터과학전공, 전산학과, 전자계산학과	
토목공학과	토목공학과, 건설시스템공학과, 건설환경공학과, 철도건설과, 토목과, 건설환경공학전공, 토목조경과, 토목환경과	
항공학과	항공우주공학과, 항공시스템공학과, 항공정비학과, 무인항공(드론)학과, 항공교통학과, 항공보안과	
해양공학과	해양공학과, 선박해양공학과, 조선해양공학과, 조선해양플랜트과, 조선기계과, 해양학과, 해양시스템공학과	
화학공학과	화학공학과, 고분자공학과, 생명화학공학과, 화공생명학과, 나노화학공학과, 신소재학과, 응용화학공학과, 화장품학전공	
환경공학과	환경공학과, 지구환경과학과, 환경보건학과, 환경생명공학과, 환경시스템공학과, 환경학과, 생태환경관광학부, 해양환경학과	

의약 계열	
간호학과	간호학과, 간호과, 임상간호학과
물리치료학과	물리치료학과, 물리치료과

의약 계열	
방사선과	방사선학과, 방사선과
보건관리학과	보건관리학과, 보건학과, 산업보건학과, 보건환경과, 보건의료과
약학과	약학과, 약학부, 약학전공, 제약학과, 한약학과, 임상의학학과
응급구조학과	응급구조학과, 응급구조과, 소방안전구급과
의료공학 (의료장비)과	의용공학과, 의공학과, 의료공학과, 의료시스템전공, 한방의료공학과
의학과	의예과, 의학과, 의학부, 대체의학과
임상병리학과	임상병리학과, 임상병리과
작업치료학과	작업치료학과, 작업치료과
재활학과	재활공학과, 언어재활과, 직업재활학과, 언어치료학과, 보건건강운동관리과, 심리상담치료학과, 재활보건관리과, 미술치료과
치기공학과	치기공학과, 치기공과
치위생학과	치위생학과, 치위생과
치의학과	치의학과, 치의예과
한의학과	한의학과, 한의예과

예체능 계열	
경호학과	경호학과, 경호스포츠과, 경호보안학과, 경찰무도학과, 경호비서학과
공예학과	공예과, 공예디자인학과, 귀금속보석공예학과, 도예학과, 금속공예학과, 세라믹디자인학과
만화·애니메이션학과	만화애니메이션학과, 웹툰창작과, 만화콘텐츠과, 만화애니메이션과, 게임영상(콘텐츠)과

예체능 계열	
무용학과	무용학과, 무용예술학과, 발레전공, 한국무용전공, 현대무용전공, 생할무용학과, 실용무용전공
미술학과	미술학과, 회화과, 동양화과, 서양화과, 한국화과, 순수미술과, 실용미술과, 아동미술지도학과, 응용미술학과, 큐레이터전공, 현대미술전공
방송·연예과	방송연예학과, 공연예술과, 모델과, 엔터테인먼트과, 방송기술학과, 방송연기전공
뷰티아트과	미용과, 미용예술과, 뷰티디자인과, 뷰티아트과, 피부미용학과, 뷰티케어과, 메이크업전공, 뷰티메니저학과, 스타일리스트과, 코디네이션과, 헤어전공
사진·영상예술학과	사진학과, 사진영상학과, 공연영상학과, 미디어디자인과, 방송영상과, 영상디자인과, 디지털콘텐츠과
산업디자인학과	산업디자인학과, 제품디자인공학전공, 색채디자인과, 제품디자인과
시각디자인학과	시각디자인학과, 디지털디자인학과, 멀티미디어디자인학과, 커뮤니케이션디자인학과, 광고디자인과, 시각영상디자인과, 시각정보디자인전공, 출판디자인과, 그래픽디자인학과
실내디자인학과	실내디자인학과, 공간디자인학과, 실내건축디자인학과
실용음악과	실용음악과, 생활음악과, 뮤직테크놀로지과, 뮤직프로덕션과, 대중음악과, 보컬과, 음악콘텐츠학과
연극·영화학과	무대디자인과, 연극영화학과, 연극전공, 영화전공, 연기예술학과, 연극영상학과, 방송영화제작과, 뮤지컬과
음악학과	음악학과, 국악과, 기악과, 관현악과, 피아노과, 성악과, 작곡과, 공연음악학과
음향과	음향제작과, 음향과
조형학과	조형학과, 생활조형디자인학과, 조소과, 판화과, 조각학과

예체능 계열	
체육학과	체육학과, 사회체육학과, 생활체육학과, 운동처방학과, 스포츠과학과, 스포츠레저학과, 골프산업학과, 태권도과, 골프과, 스포츠(경기)지도학과, 스포츠산업학과, 스포츠재활학과
패션디자인학과	의상디자인학과, 패션디자인학과, 섬유패션디자인전공, 텍스타일디자인학과, 섬유디자인전공, 패션디자인산업학과

이색학과 정보	
식품/웰빙/여가	푸드코디네이션과, 커피바리스타전공, 리조트개발학과, 국제소믈리에과, 화장품·향수전공
과학/정보통신	하이브리드전기자동차과, 모바일게임과, 신재생에너지과, 국방과학기술학과, 쇼핑몰디자인창업과, 발명특허학과, 스마트폰컨텐츠과, 시계주얼리과, 유비쿼터스정보응용전공
보건의료/교육	풍수명리과, 다문화복지과, 미술치료과, 보건허브과
문화/예술/스포츠	게임제작과, 이종격투기전공, 스키스노우보드전공(스포츠레저학과), 플로리스트과, 토이캐릭터디자인전공, 컬러리스트전공, 요가치유학과, 토이캘릭터창작과, 카이로스포츠과, 서비스유통과, 박물관큐레이터과, 골프학과, 격기지도학과, 문화재과, 한옥문화산업과, 카지노과, 승마조련전공, 자동차모터스포츠과
경영/금융/보안	자동차손해보상과, 국방탄약과, 방공유도무기과, 부사관과, VMD과, 콜마케팅과, 유통프랜차이즈전공, 교정보호학과, 자산운용학과
방송/이벤트	신발패션산업과, 보석감정딜러&디자인과, 스타일리스트과, 마술학과, 쇼핑호스트과, 분장예술과, 웨딩이벤트과, 안경디자인과, 동물조련이벤트과
기타	제철산업과, 장례복지과, 자동차딜러과

2. 사주와 학과전공 계열의 연관성

사주와 전공학과는 직업을 선정하는 과정과 동일한 과정을 거친다. 직업과 전공이 일치해야 직업만족도도 높다. 전공이란 내가 원하는 직업을 위해 필요로 하는 능력을 갖추기 위하여 숙련하는 과정이다. 사주는 한 사람의 성격과 취미는 물론 적성과 소질에도 영향을 미치는 요인이 된다.

사주에서 우선적으로 계열을 분류하는 것이 중요하며 2차적으로 분류된 계열에서 자신이 갖고 있는 흥미와 의지가 반영된 다음 차후 전공을 활용할 수 있는 배경이나 환경까지를 고려하는 것이 좋다. 아래는 오행별로 취할 수 있는 지식활용의 방향성으로 학과 선택 시 참고할 수 있다.

1) 오행과 십성의 계열 분류

■ **오행의 지식**
　木 - 교육, 문화, 언론, 신문, 방송, 문자, 표시, 지시, 방향
　火 - 어문학, 이공계, 언론, 발명, 정보, 통신, 광고, 교육
　土 - 사회학, 종교학, 지리학, 박물관, 고고학, 부동산학
　金 - 정치학, 금융계, 기계공학, 피부과, 치과, 이비인후과

水 - 경제학, 경영학, 법학, 생물학, 호텔학, 교육, 식품공학

■ 인문계
  - 관인상생이 적극적인 구조 및 인성·관성의 편향
  - 정인과 식신이 적극적인 구조 및 식신의 편향
  - 종관격 및 종인격
  - 오행이 水, 木으로 편향된 구조
  - 오행이 金, 水로 편향된 구조
  - 오행이 木, 火로 편향된 구조

■ 자연계
  - 관인상생과 상관이 적극적인구조
  - 편인 정인과 재성이 적극적인 구조
  - 재다신약의 구조 및 종재격
  - 오행이 火, 金으로 편향된 구조
  - 오행이 土, 金으로 편향된 구조

■ 예·체능계
  - 비겁과 식상이 적극적인 구조 및 비겁의 편향
  - 편인과 식상이 적극적인 구조 및 편인의 편향
  - 인성과 상관이 적극적인 구조 및 상관의 편향
  - 식신·상관으로 치우친 구조 및 종식격
  - 오행이 火로 편향된 구조

■ 십성과 전공학과 표

구분	연관된 전공학과
정인	교육학과, 행정학과, 국문학과, 신문방송학과, 문예창작과, 사학과, 유아교육과, 어문학과, 종교학과, 문화인류학과 등
편인	종교학과, 심리학과, 디자인학과, 철학과, 정신과, 약학과, 교육학과, 정보학과, 무용학과, 음악과(관현악), 신문방송학과 등
비견	경호학과, 안경학과, 체육과, 약학과, 한의학과, 치과, 기계공학과, 수의학과, 방사선과. 물리치료학과, 국악과 등
겁재	경제학과, 경호학과, 장례지도학과, 안경학과, 체육학과, 약학과, 외과, 치과, 국제금융학과, 국제 정치학과, 국제변호사학과, 조소과.
식신	경영학과, 교육학과, 사회복지과, 의학과, 미래과학과, 미술학과, 어문학과, 사회심리학과, 미생물학과, 식품공학과, 아동심리학과 등
상관	정신과, 정치외교학과, 연극과, 관광통역과, 무역학과, 사진예술학과, 언론학과, 천문기상학과, 호텔학과, 정보통신과, 문예창작과 등
정재	식품영양학과, 경제학과, 금융학과, 원예과, 분석심리학과, 성형외과, 재료분석학과, 회계학과, 건축공학과, 물리학과, 가정관리학과 등
편재	수학과, 경영학과, 건축과, 항공학과, 토목과, 무역학과, 외교학과, 철도학과, 정형외과, 설치미술, 조소학과, 산부인과, 실내건축 등
정관	법학과, 행정학과, 사회학과, 정치학과, 독서지도학과, 교육학과, 비서학과, 교육학과, 사관학교, 문화재관리학과 등
편관	경기지도학과, 국방대학, 경찰대학, 경호학과, 사관학교, 정치학과, 체육학과, 신학대학, 요리학과, 장례지도학과, 조소과 등

> **참고**

현대는 문과와 이과는 물론 모든 계열이 통합되어 가는 추세임을 간과하지 않아야 한다.

2) 십성의 기질과 학과전공

사주를 통하여 학과(學科)를 선택할 수 있다. 그러나 단순히 일간의 오행이나 육신으로만 정하기보다는 사주 전체의 흐름을 보고, 거기서 나타나는 경쟁력이 강한 특성을 고려해야 한다.

그러므로 학과를 선택하기란 그리 쉬운 일만은 아니며, 또한 현대에 들어 인간이 누리는 문화적 혜택이 광범위하게 되자 학과도 그에 발맞추어 수없이 많아지게 된 것이다. 그러다 보니 한 가지 적성으로 수없이 많은 학과에 동시에 적합할 수도 있다.

여기서 자신이 축소하여 선택하는 폭이 정해지는데, 자라는 환경 속에서 자연스럽게 무의식적으로 받아들이고 흥미를 갖게 된 학과와 사주에서 분류할 수 있는 적성군의 학과와 일치한다면 그 학과가 가장 이상적이라고 본다.

따라서 자신이 흥미를 갖는 학과와 사주에서 분석된 학과가 서로 다른 경우는 세밀한 조건을 따져보고 결론을 내려야 하며, 무엇보다 그 사람이 살아가는 대운의 흐름에서 확실하게 도움을 받을 수 있는 학과가 유리하다고 판단할 수 있다.

(1) 정인(正印)의 학과적성

정인은 숭고한 계승을 원칙으로 하며 자유분방한 것을 싫어한다. 보수적 성향이 강하고 고지식한 편이며 한결같이 정확히 받아서 정확하게 주려는 습성이 있어서 교육자에 적합하다. 식상이 있을 경우 아이디어가 풍부하고 직관성을 발휘하여 글을 잘 쓰게 되므로 문학 작가나 시인이 되기도 하며, 논설(論說)에 탁월하여 신문방송에서 해설을 하는 것도 좋다.

▶ 교육학과, 행정학과, 국문학과, 신문방송학과, 문예창작과, 사학과, 유아교육과, 어문학과, 종교학과, 문화인류학과 등

(2) 편인(偏印)의 학과적성

편인은 재치 있고 순발력이 있으며, 신비주의적 성향이 강하여 비현실적인면이 강하고 비구상적인 면이 많다. 그러므로 정신적 성향이 깊은 종교에 심취하거나 예술적 성향이 많고, 보이지 않는 곳에 흥미를 느낀다. 항상 두 가지 이상을 동시에 생각하기 때문에 이런 면에 강점을 두는 학과나 직업이 유리하다.

▶ 종교학과, 심리학과, 디자인학과, 철학과, 의학과(정신과), 약학과, 교육학과, 문예창작과, 무용학과, 음악과(관현악), 신문방송학과 등

(3) 비견(比肩)의 학과적성

비견은 독립심, 자존심, 책임감이 강하다. 책임진 일을 잘 수행하고 식신이 좋은 경우 연구에 몰두하는 형이다. 그동안 실제 임상 실험을 해본 결과 경제계, 교육계, 정치계, 언론계, 의학계, 종교계 등에서 상당한 개혁정신을 갖고 정당한 자신의 주관을 지켜온 것을 보았다. 물론 모든 육신이 그렇듯

이 사주의 격에 따라 다르지만, 비겁이 왕한 사주에 편관이 있으면 누구보다 관공직에서 투철한 사명의식이 강하여 성공하게 된다고 볼 수 있다.

참고로 세계 경제인 100명 중에 월지 비겁이 29%, 식상이 24%로 가장 높게 나타났다.

▶ 경호학과, 안경학과, 체육과, 약학과, 한의학과, 치과, 기계공학과, 수의학과, 방사선과, 물리치료학과, 국악과 등

(4) 겁재(劫財)의 학과적성

겁재 또한 비견과 동일하게 나타나며, 단지 재물에 대한 욕구나 경쟁을 선의적인 경쟁으로 이끌지 못하는 경우가 있어 성공하는 과정에서 오해를 많이 받게 되는 것이 특징이다. 겁재의 특성은 자존심과 경쟁심이 강하고, 겁이 없고 도벽심이 강하다는 것이다. 이것을 역설적으로 활용하는 직업이나 학과가 좋다. 하나의 예로, 특전사의 직업군인이라면 누구보다 생존훈련에 능하게 된다. 어느 학과나 직업에서도 이런 장점을 살릴 수 있다.

▶ 경제학과, 경호학과, 장례지도학과, 안경학과, 체육학과, 약학과, 외과, 치과, 국제금융학과, 국제 정치학과, 국제변호사학과, 조소과 등

(5) 식신(食神)의 학과적성

식신은 연구하는 심성으로 고찰과 사색으로 몰입하여, 정신적 영역으로 자신을 구축하는 내면적 실험정신을 갖는다. 또한 미래에 대한 관심이 많고

자기 기여도가 높은 공적 희생과 봉사정신이 크며, 이타적 실현성이 크다고 본다. 따라서 어느 직종에서나 식신의 역할은 연구와 창의성을 발휘할 수 있다면 불만이 없게 되어, 이에 적합한 학과를 선택할 수 있다.

▶ 경영학과, 교육학과, 사회복지과, 의학과, 미래과학과, 미술학과, 어문학과, 사회심리학과, 미생물학과, 식품공학과, 아동심리학과 등

(6) 상관(傷官)의 학과적성

상관은 자신을 표현하고 상대를 설득하는 능력이 있으며, 주제를 설명하고 이해시키는 데 탁월한 능력이 있다. 순간 발상이 뛰어나 발명과 예능 방면에 소질을 보인다. 이와 같은 적성으로 자신을 알릴 수 있고 인정받는 곳에서 흥미를 갖는 학과라면 무난할 것이다. 독창성이 강한 성향이므로 자유로운 업무에 좋다.

▶ 정신과, 정치외교학과, 연극과, 관광통역과, 무역학과, 사진예술학과, 언론학과, 천문기상학과, 호텔학과, 정보통신과, 문예창작과 등

(7) 정재(正財)의 학과적성

정재는 치밀한 관리력이 있으며, 물질적인 면에서 편재보다는 가공된 완제품이나 차려진 밥상의 음식을 다루는 일에 민감하다. 편인이 함께 한다면 실속을 위주로 활동하게 되며, 실리적인 이익창출에 탁월한 능력이 있다. 현금이나 재무를 담당·관리하는 학과나 직업에 종사할 경우 발전할 수 있

다. 신용을 바탕으로 하기 때문에 실수가 적어 미래를 약속하는 장기적 관리나 행정에도 잘 어울린다.

▶ 식품영양학과, 경제학과, 금융학과, 원예과, 분석심리학과, 성형외과, 재료분석학과, 회계학과, 건축공학과, 물리학과, 가정관리학과 등

(8) 편재(偏財)의 학과적성

편재는 영역을 확보하려는 욕구가 강하여, 자신이 관심이 있는 곳에는 물질적으로나 물리적으로 이해하려 한다. 수리 계산이 빠르고 실현을 목적으로 행동하기 때문에, 이상과 공상은 어울리지 않게 된다. 그러므로 편재는 설계하고 시공하는가 하면, 개척하며 물리적인 변화에 매력을 느끼는 학과가 좋다. 또한 활동의 범위가 넓어서 역마성이 있게 되므로, 앉아서 사무행정을 보는 것은 적성에 맞지 않는 부분이다. 경제도 물리적 변화에서 오는 수치라고 볼 때, 사업에 탁월한 이유라고 볼 수 있다.

▶ 수학과, 경영학과, 건축과, 항공학과, 토목과, 무역학과, 외교학과, 철도학과, 정형외과, 설치미술, 조소학과, 산부인과, 실내건축 등

(9) 정관(正官)의 학과적성

정관은 명예와 권위를 중시하고 원리 원칙을 고수하며, 행정상 올바른 이론을 추구한다. 또 시시비비를 잘 가려 옳고 그름에 대한 답을 내는 군자의 성향이다. 그러므로 행정직을 담당하는 학과나 법학과 등에 관심이 많

고, 약자를 보호하는 봉사정신도 강하다. 이런 성격에 부합되는 학과나 직업을 선택할 경우 역량을 발휘할 수 있다.

▶ 법학과, 행정학과, 사회학과, 정치학과, 독서지도학과, 교육학과, 비서학과, 교육학과, 사관학교, 문화재관리학과 등

(10) 편관(偏官)의 학과적성

편관은 투철한 명예 정신과 새로운 것에 대한 모험을 원한다. 이론보다는 행동으로 표현하고 결과를 얻는 편으로 상당히 담백하고 화끈한 성정이다. 이 때문에 군인이나 경찰 등의 힘을 사용하여 자신의 명예를 얻고, 많은 사람들을 지키는 것에 스스로 만족감을 느낀다. 칼과 창, 대포 등 무기를 다루는 일에 적합하며, 군중의 리더가 되는 학과나 직업이라면 무난할 것이다.

▶ 경기지도학과, 국방대학, 경찰대학, 경호학과, 사관학교, 정치학과, 체육학과, 신학대학, 요리학과, 장례지도학과, 조소과 등

[참고논문]

전공에 관련된 논문으로 「사주구조와 운동선수의 적성관계 연구」(강경옥, 2007)는 운동선수들의 사주구조를 분석한 결과 비겁성향과 비겁격이 많은 결과가 나왔다.

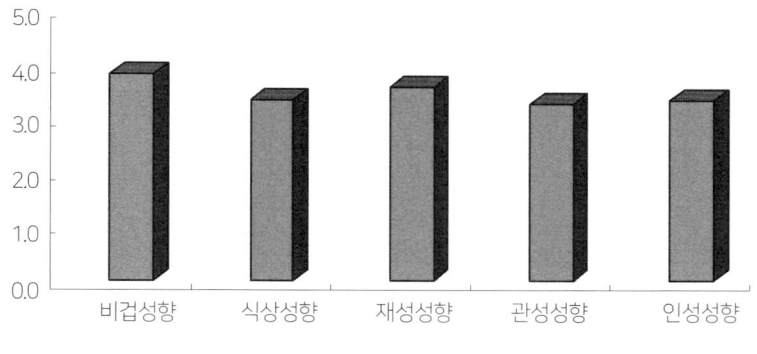

<운동선수의 십성별 성향>

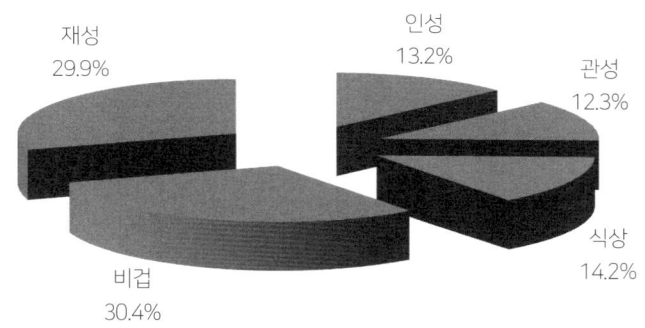

<운동선수의 격국 십성>

    설문지를 통한 운동선수들의 십성별 성향에서 비겁성향이 가장 높게 나타났고, 사주구조 분석으로 격국을 비교해 보아도 비겁격이 가장 많은 분포를 보였다. 이 결과로 십성과 적성은 관련성이 높다는 것을 알 수 있다.

3. 학과전공 선택의 다양한 사례

여기서는 학과(전공) 선택에 있어서 자신의 사주와 일치(적합)하는 경우와 그렇지 않은(부적합) 경우 등 실제 사례를 들어 학과(전공)만족도의 차이와 정서적인 부분을 살펴보고자 한다.

1) 사주와 전공이 일치하는 사례

 영문학 전공 _ 남성

```
時 日 月 年
己 丙 辛 乙
丑 子 巳 卯
```

丙火 일간이 巳월에 생하고 연주에 乙卯 정인이 도우니 신강하다. 시간의 己土상관으로 설기하는 용신을 쓰니 쓰기지능과 표현지능이 우수하여 어문학에 뛰어난 재능이 있다. 영문학 전공에 만족하는 사람이다.

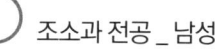 조소과 전공 _ 남성

```
時 日 月 年
乙 乙 癸 己
酉 巳 酉 未
```

乙木 일간이 酉월에 생하여 편관격이다. 癸水로 살인상생 시키고 있으니 학습능력이 좋다. 편관은 조소과에 적합하며 일지에 巳火상관으로 합살하니 예능에 소질이 있다. 조소 전공에 매우 만족해 하는 사람이다.

 사회학 전공 _ 남성

```
時 日 月 年
乙 壬 己 丁
巳 辰 酉 巳
```

壬水 일간이 酉월에 생하여 정인격이고 관인상생 구조이다. 지지가 巳酉 합과 辰酉합으로 인수국을 이뤘고 시간 상관으로 인비식 구조다. 천간의 정재, 정관, 상관 모두 지지의 뿌리가 있어 논리적이고 분석적인 사고와 생각을 표현하는 데 부족함이 없다. 사회학 전공에 만족도가 매우 높았다.

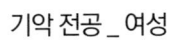 기악 전공 _ 여성

```
時 日 月 年
壬 乙 戊 丙
午 巳 戌 寅
```

乙木 일간이 戌월에 생하고 연·월간으로 戊土와 丙火가 투간하여 상관생재격이다. 악기연주에는 기본적으로 재성이 필요하다. 상관이 사지에 모두 뿌리를 두고 있고 정재 역시 강하다. 시간의 정인으로 인비식 구조도 형성된다. 신약사주이지만 기악 전공에 알맞은 구조이며 학과만족도가 아주 높게 나타났다.

 법학 전공 _ 여성

```
時 日 月 年
戊 壬 乙 乙
申 申 酉 丑
```

壬水 일간이 酉월에 생하여 정인격이다. 지지가 申酉와 酉丑합으로 인수국을 이뤘다. 시간의 편관 戊土와 관인상생 구조와 연·월간의 상관 乙木으로 인비식 구조이다. 강한 인수에 관성이 받쳐주고 있고 인비식으로 전문가 스타일이다. 법학전공이 구조에 적합하며 학과 전공만족도가 매우 높았다.

2) 사주와 전공이 불일치 하는 사례

 법학 전공 _ 남성

```
時 日 月 年
癸 乙 丁 甲
未 卯 卯 寅
```

乙木 일간이 卯월에 생하고 甲木이 투출하여 비겁이 태과하다. 사주 전체가 비겁 木기운으로 이루어져 종비격이 되었다. 월간의 丁火로 설기함이 좋을 것이다. 하지만 관성이 일점 없는 사주가 법학 전공을 선택하였으니 이 사람은 법학 전공이 매우 불만족스럽다고 한다. 또한 자신의 성장 시기에 받은 교육방법에 대해서도 불만족하다고 한다.

 행정학 전공 _ 남성

```
時 日 月 年
壬 癸 丁 甲
子 丑 丑 寅
```

癸水 일간이 丑월에 생하고 壬水가 투출하여 한냉하고 신강하다. 월간의

재성 丁火와 연주의 상관 甲寅이 용·희신이 된다. 행정학을 전공하였으나 매우 불만족스럽다고 한다. 행정의 별인 인수가 없는 사주가 행정학을 전공한 것이 패착이라고 볼 수 있다.

 인문학 전공 _ 남성

時 日 月 年
壬 庚 丁 癸
午 申 巳 亥

庚金 일간이 巳월에 생하여 월간으로 丁火가 투간되어 정관격이다. 정관격에 인수가 없고 연간의 상관 癸水와 상관견관구조다. 巳申합 水로 식상이 강하다. 인문학에 필요한 인수가 없어 인문학 공부에 어려움이 있을 수 있는데, 본인도 학과만족도가 낮다고 했다.

 생명과학 전공 _ 여성

時 日 月 年
丁 癸 甲 乙
巳 未 申 丑

癸水 일간이 申월에 생하여 정인격이다. 생명과학은 연구지능인 식신이 주가 되고 인비식 구조가 좋다. 연·월간이 식상이고 시간의 편재(丁)가 巳未합 火국에 뿌리를 두어 강하다. 관인상생과 인비식 구조를 형성하지만, 천간이 식상생재 구조를 강하게 형성하여 생명공학 전공에 만족도는 다소 떨어진다고 본다. 본인도 학과만족도가 낮다고 대답했다.

 농경제 사회학 전공 _ 남성

時 日 月 年
戊 甲 壬 甲
辰 申 申 子

甲木 일간이 申월에 생하여 월간 壬水로 투간되어 편인격이다. 지지가 申子辰 水국을 이뤄 인수가 아주 강하다. 농경제사회학은 비겁이 강하고 식재로 흘러야 좋은데 강한 인수에 비겁은 약하고 식상은 없는 구조이다. 본인이 학과만족도가 낮고 부모님의 교육방법도 만족하지 않다고 했다.

3) 사주와 전공이 특별하지 않은 기타 사례

 영문학 전공 _ 남성

```
時 日 月 年
丁 戊 甲 壬
巳 子 辰 戌
```

戊土 일간이 甲辰월에 생하여 편관격이다. 시간의 丁火로 살인상생하는 구조이니 학습능력이 우수하다. 다만 식상이 없으니 쓰기지능이 우수하다. 영문학을 전공하여 직업에 활용하거나 학자로서는 좋으나 영어 자체가 교육사업으로는 적합하지 않다. 전공은 대체로 만족하지만 성격적으로는 불안하다고 한다.

 기계공학 전공 _ 남성

```
時 日 月 年
辛 丙 辛 庚
卯 戌 巳 申
```

丙火 일간이 巳월에 생하고 연주에 庚金이 투간하여 편재격이다. 천간이

모두 재성이고 3지지에 뿌리가 강하다. 공대분야는 재성이 강해야 하고 인수가 받쳐주고 식재로 흐르는 구조가 좋다. 일지 식신 戊土와 시지 정인 卯木이 비겁 火로 변하고 연지와 월지 巳申합 水로 변하면서 인-비-식-재 구조가 약해진다. 고급기술의 능력발휘가 다소 어려울 수 있다. 전공은 대체로 만족했지만, 부모님의 양육방법은 만족하지 않았다고 했다.

 경영학 전공 _ 남성

時 日 月 年
戊 壬 乙 庚
申 子 酉 申

壬水 일간이 酉월에 생하여 정인격이다. 지지로 申酉합으로 인수국을 이뤘으며 연·월간이 乙庚합 金으로 사주 전체가 인수가 강하다. 일·시지 申子합 水로 인수와 비겁이 강하다. 시간으로 편관 戊土가 있다. 경영학에 재성의 부재가 아쉽다. 전공에 대해 대체로 만족하지만 성격적으로 불안하고 어려움이 있다고 한다.

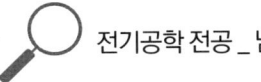 전기공학 전공 _ 남성

```
時 日 月 年
壬 乙 丁 癸
午 卯 巳 亥
```

乙木 일간이 巳월에 생하여 월간 丁火로 투간되어 식신격이며 인비식 구조이다. 식상이 강한 사주인데 재성의 부재가 아쉽다. 전기공학은 식-재로 흐르는 것이 좋다. 오행으로 학과를 본다면 火는 전기에 맞지만, 공학 전공에 재성의 부재는 많이 아쉬운 부분이다. 학과 적성은 대체로 만족해했지만, 성격 면에서는 불안함이 있다고 했다.

 국어국문학 전공 _ 남성

```
時 日 月 年
壬 丁 辛 辛
寅 酉 卯 酉
```

丁火 일간이 卯월에 생하여 편인격이다. 시주가 관인상생구조이고 천간으로 재생관 구조이다. 그러나 월지의 편인 卯木이 좌우 酉金과 沖을 하고 천간에서 극을 당한다. 시지의 정인 寅木이 있어 글쓰는 데는 어려움이 없지만, 식상의 부재가 아쉽다. 학과만족도는 대체로 만족하는 편이지만, 성격에서 불안한 부분이 있다고 했다.

9장

사주와 직업구조분석 방법

명리는 동양에서 천 년이 넘는 기간 동안 진로와 직업상담을 해왔다고 해도 과언이 아니다. 오랜 과거 사회에서부터 운명을 감정하며 사람들에게 무엇을 해야 먹고살지를 안내했으며 흉운에 하지 않아야 될 것과 길운에 해야 할 것을 묻고 답해왔던 것은 현대의 진로상담과 같은 맥락이기 때문이다.

현대의 명리학은 대부분의 일반인들이 모두 인정하는 보편성을 갖춘 것은 물론 대학의 정규과정에서 그동안 수많은 논문을 발표하여 그 사실관계를 입증해가고 있다. 학문들이 서로 융합하여 발전해 나가는 시대에서 명리학도 보다 창의적으로 활용되어야 한다.

이 장은 명리학이 개인의 직업적성을 분석해 낼 수 있는 구조분석 과정을 설명함으로써 이해를 돕고자 한다.

1. 사주와 개인의 능력평가

십성의 사회성은 깊은 이해와 통찰이 필요하다. 각 십성이 독자적 또는 연합을 이루는 과정에서 발현되는 고유하고도 다변적인 심리와 사회성의 특질적인 성향이 발현된다는 것이다. 여기서는 비범성, 몰입에너지, 지각능력, 대인관계의 발현과정을 논한다. 이러한 높은 수준의 분석 기법들을 익혀야 직업적성분류의 세밀한 분석이 가능하다.

1) 비범성 판단

여기서의 비범성이란 어떠한 상황에서 판단능력 뿐 아니라 남들과 다른 특별하고 범상치 않은 행동과 총명함을 말한다. 비범성을 갖춘 사람은 각 분야에서 전문성이 매우 뛰어나므로 자신의 진로를 올바른 방향으로 선택하고 전문적인 교육을 받았을 때 성공할 확률이 높다는 것이 특징이다.

<비범성을 이루는 관계>

순서	십성관계	기질적 작용	능력발현	부정적작용
①	인성 ⇔ 식상	생과 설의 속도	수용과 창조능력	언행의 부조화
②	관성 ⇔ 식상	고정관념 탈피	변화와 설득능력	규정과 틀 이탈
③	인성 ⇔ 재성	발상의 전환	인식과 수리능력	과도한 무리수
④	충·극 ⇔ 작용	문제제기와 해결	상황의 대처능력	불안정심리

인성 ⇔ 식상
연구능력이 우수한 대학교수

```
時 日 月 年
丙 乙 壬 壬
戌 未 子 辰
```

- S대학교 수의학과 교수 역임(생명공학자)
- 동물복제로 세계적인 주목을 받았다.
- 언변이 탁월하였으나 언행의 부조화를 겪었다.

관성 ⇔ 식상
변화와 창조를 주도하는 대학교수

```
時 日 月 年
丙 癸 甲 戊
辰 亥 子 戌
```

- 제도권 대학을 설득하여 명리전공 학과개설 함
- '사주를 이용한 성격 및 적성검사방법' 특허 취득
- 이공계 전공에서 명리학 전공 대학교수가 됨

 인성 ⇔ 재성
발상의 전환이 뛰어난 초등학교 교사

```
時 日 月 年
辛 壬 丙 丁
亥 申 午 未
```

- 초등학교 교사(과학교육전공, 명리교육전공)
- 선천적성검사(AAT) 특허연구에 참여 공헌하였다.
- 초등학생의 생활지도에 명리를 적용한 논문발표

2) 몰입능력 판단

몰입에너지는 한 사람의 성공을 좌우하는 데 지대한 영향을 미친다. 몰입에너지가 있는 사람은 짧은 시간에 많은 양의 업무를 수행하거나 생각하고 있던 그 무엇을 창조해내는 능력이 탁월하다. 물론 몰입에너지의 방향이 부정적으로 향한다면 정신적, 환경적, 인간관계, 사회적 문제가 드러날 수 있다. 사주의 편중된 십성은 일반적인 해석에서 기신으로 취급되거나 부정적인 문제를 논하게 되지만 편중 자체가 적절하고 긍정적으로 활용되는 포인트를 놓쳐서는 안 된다. 사주구조의 복합성분과 편중에 따라 몰입능력을 판단할 수 있으며 십성편향의 몰입작용은 아래의 표와 같다.

<십성 편향에 따른 몰입 관계>

십성특징	몰입환경	몰입에너지	만족성향
비겁 강	긍정과 자존심	경쟁적 감정 중심	현실적 만족
인성 강	의무와 인정	정신적 명분 중심	내면적 만족
식상 강	흥미가 유발	시각적 욕구 중심	정신적 만족
재성 강	이익과 가치	현실적 만족 중심	실현성 만족
관성 강	명예와 권리	권위적 책임 중심	성과적 만족

'비겁 강'의 구조

```
時 日 月 年
辛 丁 丙 丁
亥 卯 午 未
```

- 丁火 일간이 비겁이 多하여 경쟁심리가 강하다.
- 자존심이 걸린 문제에 몰입능력이 발현되는 형
- 시작하면 반드시 끝을 보는 몰입에너지가 강함

'인성 강'의 구조

```
時 日 月 年
戊 辛 己 乙
戌 卯 丑 酉
```

- 辛金 일간이 인성이 多하여 정신적 명분이 강하다.
- 인정하고 의무를 느끼는 상황에 매우 몰입하는 형
- 의무적 성과에 대한 내면적인 만족감이 높음

'식성 강'의 구조

時 日 月 年
甲 癸 乙 辛
寅 亥 未 卯

- 癸水 일간이 식상이 多하여 시각적 욕구가 강하다.
- 자신이 흥미를 느끼는 분야에는 매우 몰입하는 형
- 정신적인 만족감으로 몰입에 대한 보상을 받음

 '재성 강'의 구조

時 日 月 年
戊 戊 乙 甲
午 申 亥 子

- 戊土 일간이 지지에 재가 多하여 현실에 집착한다.
- 자신에게 이익이 주어지는 상황에 몰입하는 형
- 노력에 대한 보상에 만족감이 높음

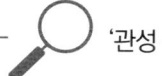

'관성 강'의 구조

```
時 日 月 年
戊 癸 戊 丙
午 卯 戌 午
```

- 癸水 일간이 관성이 多하여 책임욕구가 강하다.
- 자신에게 책임자 역할이 주어지는 것에 몰입함
- 명예와 권리와 수행에 대한 자부심이 강함

3) 지각능력 판단

십성은 개별적인 능력이 있고 복합적 조합을 이루며 특별한 지각능력을 갖게 된다. 관성은 사물의 모양이나 인물, 사건에 대한 부분적인 기억을 해내는 능력이 뛰어나며, 인성은 언어나 문장을 암기하는 능력이 우수하여 어학에 적합하다. 기타 십성의 혼합에 따른 지각능력은 아래 표와 같다.

<십성의 지각능력 관계>

구분	십성	능력
기억력	관성	사물, 인물, 사건 등의 기억
암기력	인성	문장, 단어, 언어 등의 암기
인지력	인성, 식상	이해, 수용,
행동성	비겁, 관성	도전, 결정, 책임
인내심	관성, 인성, 비겁	참을성, 생각, 수용
유연성	식상, 재성	표현, 여유, 포기, 이타
관조성	인성, 관성	생각, 시간, 원인

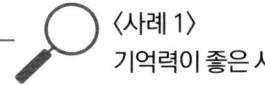

〈사례 1〉
기억력이 좋은 사주

```
時 日 月 年
辛 壬 戊 辛
丑 戌 戌 酉
```

壬水 일간이 관성이 多하여 서열본능과 책임욕구가 강하다. 관성과 인성이 모두 강한 관인상생 구조다. 관성은 기억능력이 인수는 암기능력이 뛰어나다. 관성은 자신에게 책임자 역할이 주어지는 것에 대한 몰입과 명예와 권리수행에 대한 자부심이 강하다.

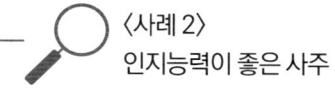
〈사례 2〉
인지능력이 좋은 사주

時 日 月 年
壬 庚 戊 辛
午 辰 戌 酉

庚金 일간이 戌월생으로 편인격에 인비식구조이다. 인비식 구조는 전문가형이고 정보의 입력과 출력이 원활한 구조이다. 인성과 식상은 인지능력이 우수하여 정보를 받아들이는 학습능력과 조리 있게 표현하는 능력이 우수하다.

〈사례 3〉
행동력이 뛰어난 사주

時 日 月 年
壬 乙 庚 庚
午 卯 辰 申

乙木 일간이 辰월생에 시간으로 壬水가 투간하여 정인격에 관인상생 구조다. 卯辰합 木국으로 비겁이 강하고 연·월간 庚金이 연지에 통근하여 관성도 강하다. 관성은 행동이고 판단력이다. 몰입과 열정의 비겁과 스피드한 행동력의 관성은 도전, 결정, 책임 등 행동력이 뛰어나다.

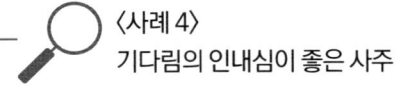

〈사례 4〉
기다림의 인내심이 좋은 사주

時 日 月 年
丁 乙 壬 己
丑 亥 申 未

乙木 일간이 申월생에 월간 壬水로 투간되어 관인상생격이다. 정관과 정인은 일간으로 유입되는 input 구조로 순서를 지키고 책임감과 인내의 능력이 뛰어나다. 인내하고 수용하는 인수와 책임감의 관성과 자기에너지의 비겁은 기다림과 인내심의 능력이다.

4) 대인관계 판단

   사회생활에서의 성공 포인트로는 대인관계가 매우 중요하다. 십성은 개별적인 인간관계의 성분을 소유하고 있는 동시에 십성의 조합에 따른 특별한 대인관계의 성향이 드러나게 된다. 대인관계에 대한 십성의 조합을 대입하여 판단할 수 있으므로 원만한 사회인으로서의 지침을 줄 수 있다. 대인관계에서 중요한 절제된 표현과 이해 및 설득력, 대상과 환경에 맞는 복장과 눈높이, 기록과 문서작성능력, 분위기를 파악하여 대처하는 쇼맨십 등 커뮤니케이션의 필수적인 과제에 장점으로 활용되는 십성의 조합은 다음과 같다.

<십성의 대인관계>

구분	십성의 조합	대인관계
신(身)	비겁, 관성, 식상	태도, 자세, 복장, 눈높이, 시선
언(言)	식상, 관성, 인성	표현력, 설득력, 발음과 단어
서(書)	인성, 재성, 식상	글쓰기, 문장력, 서류작성, 기록
판(判)	관성, 재성, 인성	판단력, 타이밍, 절제력

〈사례 1〉
신(身): 태도(비겁, 관성, 식상)

```
時 日 月 年
丙 乙 庚 乙
子 卯 辰 酉
```

- 정관격이며 일지 비견, 시상 상관의 구조
- 태도와 자세가 바르고 설득력이 우수하다.
- 청소년학을 전공한 대학교수다.

〈사례 2〉
언(言): 표현(식상, 관성, 인성)

```
時 日 月 年
癸 丁 己 乙
卯 卯 丑 巳
```

- 식신격이며 시상 편관, 일·시지에 편인의 구조다.
- 표현력과 타인을 설득하는 능력이 우수하다.
- 중국어를 전공하고 대학에서 명리학을 강의한다.

〈사례 3〉
서(書): 글쓰기(인성, 재성, 식상)

```
時 日 月 年
庚 庚 乙 癸
辰 申 卯 亥
```

- 정재격이며 연간 상관, 시지 편인의 구조다.
- 직접 시나리오를 써 영화를 제작한다.
- 대학에서 영화를 전공하고 미국유학을 떠났다.

〈사례 4〉
판(判): 판단력(관성, 재성)

```
時 日 月 年
丙 辛 乙 甲
申 巳 亥 申
```

- 정재격이며 시상 정관 월간 편재의 구조다.
- 이성적이고 정교한 판단력이 우수하다.
- 법학을 전공하고 변호사를 하는 여성이다.

2. 사주 내의 강자, 천성과 흥미

'당신이 사랑하는 것을 찾으십시오. 사랑하는 사람에게 하는 것처럼 일에도 진실하십시오. 여러분의 일이 삶의 많은 부분을 채울 것입니다.
(You've got to find what you love. And that is as true for your work as it is for your lovers. Your work is going to fill a large part of your life.)'

이 글은 '스티브 잡스(Steve Paul Jobs)'가 미국 스탠포드대학 졸업식에서 한 연설의 일부다. 그는 인생의 역경 속에서도 신념을 가지고 자신의 삶을 개척하여, 애플사의 공동 창업자요 컴퓨터 애니메이션 제작사인 픽사의 CEO로서 많은 성공을 거두었다. 그는 자신이 진정 원하는 일을 찾았기 때문에 성공한 사람이었다.

명리로 직업적성을 분석하는 방법을 개발하는 과정에서 가장 중요하게 나타난 것이 있다. 바로 사주 내에 가장 강한 오행이 일간에게 재능을 주고 있다는 것이다. 이를 필자는 천성(天性)이라고 명칭하였다.

명리의 직업적성 분석은 3가지 단계에 걸쳐 이루어진다.

1단계: 사회적 활동 방법의 진단 – 직업유형 분석
2단계: 개인적 활동 방법의 진단 – 업무수행기능 분석
3단계: 구체적 직업적성 진단 – 직업가치, 흥미, 활용성 분석

직업적성 분류를 위한 3가지 요소는 격국과 용신 그리고 천성인데 이 중에서 선천적성검사에서만 적용되는 천성에 대한 이론적 설명은 다음과 같다.

1) 천성의 탄생과 이해

명리로 개발된 '선천적성검사'에서는 직업적성을 격국, 용신, 천성의 3요소로 구성하고 이들의 상관관계에서 나타나는 직업 패턴을 분류하였다.

과거 IQ지능검사의 높고 낮은 결과만으로 적성을 찾던 시대에서는 명리학이 격국과 용신으로 대부분 직업을 분류하여 제공하였다. 그러나 정보와 과학이 지배된 첨단사회에서는 교육수준이 높고 직업의 다양화로 인하여 자신의 성격과 흥미가 직업과 연결되어야 능률적이고 경쟁력을 갖출 수 있다. 즉, 격국과 용신의 판단만으로 많은 학과계열 및 전공과 직업종류를 분류하여 개인에게 적합한 정보를 제공하기는 불가능하다.

다행히 명리에서 성격과 흥미를 주도적으로 발현시키는 주역은 바로 사주명식에서 일간에 근접하여 강하게 영향을 미치는 십성(천성)이라는 것을 밝혀내게 되었다. 필자는 이 조건을 수많은 대상자에게 임상을 하였고 출생정보가 정확한 사람을 기준으로 95% 이상 적중하는 신뢰성을 확인함에

따라 '사주를 이용한 성격 및 적성검사'의 특허를 취득할 수 있었다. 앞으로 성격과 흥미, 직업적성을 검사하기 위해 명리학의 골격과 심장부인 격국, 용신과 함께 혈관 역할을 하게 될 강자에게 성격과 흥미의 의미를 부여한 '천성(天性)'이란 명칭으로 과학명리 이론에 추가 적용하여 사용하기로 하였다.

<직업적성 분석의 변화>

구분		성격 및 직업적성 판단
과거	①격국 ②용신	격국과 용신을 대입하여 성격과 직업분석 오행과 신살 등 단편적인 판단
현재 미래	①격국 ②용신 ③천성	격국과 용신을 설정하고 천성을 추가 삼자를 대입하여 성격과 직업적성분석 구조적 코스로 맥락적인 판단

2) 천성의 신뢰도 검증과 선정방법

격국과 용신을 선정하는 방법은 이미 필자의 『명리학정론』, 『격국용신정해』에서 상세하게 설명되었기 때문에 생략한다. 여기서는 새롭게 제시된 천성(天性)의 신뢰도 검증과 선정방법을 설명한다.

(1) 천성의 신뢰도 검증

선천적성검사에서 새롭게 제시된 천성의 신뢰도는 매우 중요하다. 그 신뢰도는 국제문화대학원대학교 미래명리문화교육전공 석사논문 '기술직 종사자의 사주특성과 직무만족도(강한길, 2009)'에서 다음과 같은 결론이 도출되었다.

< 천성과 평균값이 높은 설문 성향의 일치여부 >

구분	십성	십성별 평균값이 높은 설문 성향	평균	일치여부
천성	비겁	비겁	3.2	일치
	식상	재성	3.13	불일치
	재성	재성	3.42	일치
	관성	관성	3.21	일치
	인성	인성	3.43	일치

응답자의 사주명조와 평균값이 높은 설문 성향의 일치여부를 세부적으로 살펴보면 사주명조의 격(格)과 용신(用神)보다 천성(天性)에서 식상을 제외한 비겁, 재성, 관성, 인성이 응답자의 설문 성향과 일치하게 나타났다. 따라

서 사주 명조와 평균값이 높은 설문 성향과의 일치도는 사주명조의 천성(天性)과 상관성이 매우 높음을 알 수 있다.(2009. 강한길)

위에서 보듯 사주의 격과 용신만으로는 개인의 중요한 선천직업적성에 해당하는 흥미유발성향을 알 수 없음을 증명하고 있다. 이는 미래 명리를 이용한 성격 및 적성검사에서 천성의 판단이 반드시 필요함을 입증하는 것이다. 한편 특히 선천적성검사의 신뢰도를 증명하는 것이기도 한다.

(2) 천성의 선정방법

천성의 선정은 상담자가 임의로 적절하게 선정해야 하는 문제로 상담자 간 이견이 있을 수 있는 한계가 있으나, 대체적으로 트라이앵글 범위 내라면 선천적성에 큰 변화를 주지는 않음을 참고하기 바란다.

- 사주에서 격과 용신 외에 일간에게 가장 강력하게 작용하는 십성을 선정한다.
- 일간에게 직접적인 영향을 미치는 십성이다.
- 경우에 따라서는 선정된 격국이나 용신이 중복되어 천성이 될 수도 있다.
- 가급적 천간에서 선정해야 하나 지지에서 선정될 수도 있다.
- 삼합국이나 방합국을 이루어 강력한 작용을 하고 있을 때 선정할 수 있다.
- 천성을 선정하는 순서는 격을 정하고 용신을 정한 다음 일간에게 가장 영향을 많이 주는 십성을 선택한다.

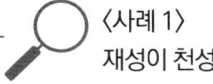
〈사례 1〉
재성이 천성

```
時 日 月 年
戊 戊 乙 甲
午 申 亥 子
```

- 격국 – 甲木이 亥水의 생을 받아 편관격이다.
- 용신 – 신약사주로 비견 戊土가 용신이다.
- 천성 – 지지로 水가 강해 재성이 천성이다.

〈사례 2〉
식신이 천성

```
時 日 月 年
丙 壬 甲 癸
午 辰 子 卯
```

- 격국 – 월지 子에서 투출된 癸水로 겁재격이다.
- 용신 – 子월생으로 편재 丙火가 용신이다.
- 천성 – 일간을 설기하는 식신 甲木이 천성이다.

〈사례 3〉
재성이 천성

```
時 日 月 年
辛 壬 丙 丁
亥 申 午 未
```

- 천성 – 午월에서 투출한 丁火가 격으로 정재격이다.
- 용신 – 재가 왕하여 시지 亥水가 용신이다.
- 천성 – 일간에게 강한 영향력을 주는 丙火 편재가 천성이다.

〈사례 4〉
재성이 천성

```
時 日 月 年
戊 癸 戊 丙
午 卯 戌 午
```

- 천성 – 월간의 戊土 정관이 격으로 정관격이다.
- 용신 – 종관격으로 정관 戊土가 용신이다.
- 천성 – 火局을 이루고 투출한 丙火 정재가 천성이다.

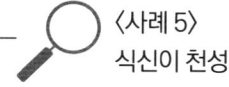

〈사례 5〉
식신이 천성

```
時 日 月 年
辛 己 戊 庚
未 酉 子 午
```

- 천성 – 월지 子水의 정기 癸水가 격으로 편재격이다.
- 용신 – 午火가 충되어 월간의 戊土를 용신으로 선정한다.
- 천성 – 사주에서 강한 시상의 식신 辛金이 천성이다.

3) 직업능력을 이루는 코스

직업적성은 사주의 격국, 용신, 천성 삼자의 트라이앵글로 주어지는 패턴이 공조하면서 이루는 메인코스와 서브코스가 무엇에 해당하는가에 따라 설정된다. 하나의 사주에서도 메인코스가 중복될 수 있으며 서브코스 또한 동시에 중복될 수 있다. 그러나 트라이앵글을 이루는 구조는 결국 사주의 선천적성이 되고 있다는 것에 주목해야 한다.

<　4개의 메인코스　>

코스	직업능력	전문성
인비식	전문성이 강	자기중심전문성, 수용성, 활용성
식상생재	경쟁사업 강	경쟁을 통한 실현, 자율성, 활동성
관인상생	수행능력 강	사회주체, 구조성, 수행성, 책임성
재생관	개척능력 강	사회와 자기주체, 활동성, 권력성

<　4개의 서브코스　>

코스	직업능력	전문성
인성⇔재성	수리능력	사고의 전환, 발상, 논술, 계산
관성⇔식상	변화능력	고정관념탈피, 설득, 연설, 강의
재성⇔비겁	개발능력	의욕, 활동성, 유통, 체력, 공간
비겁⇔관성	책임능력	명예, 책임감, 의무, 권리, 권한

<　에너지의 흐름에 따른 3코스　>

구분	에너지의 흐름	구조분석
인코스(in-course)	에너지의 유입	일간으로 생하는 구조
아웃코스(out-course)	에너지의 유출	일간이 생하는 구조
어게인스트코스(against-course)	에너지의 대립	강력한 극의 구조

4) 격국·용신·천성의 삼각구조

사주 명식을 구성하는 열 개의 십성은 각기 고유하게 가진 기질로서 일간에게 영향을 미치게 된다. 즉, 일간을 기준으로 십성은 각 위치와 강약에 따라 미치는 영향이 다르며 발현되는 성격심리와 직업성분도 다르게 작용한다. 일간에게 주도적인 역할을 담당하는 격, 용신, 천성의 삼자의 구성을 적성검사 Triangle이라고 명칭을 정하였다. 아래 표와 그림의 구성과 같다.

< 적성검사 Triangle >

구분	에너지의 흐름	구조분석
① 격국	목표지향성	선천적으로 받은 의무적인 직업성분
② 용신	활용가치성	노력과 결과로 이어지는 직업성분
③ 천성	흥미우수성	흥미와 열정적 에너지의 직업성분

<적성검사 Triangle 모형>

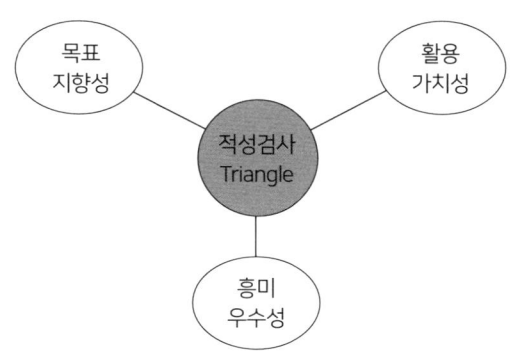

적성검사 Triangle의 시스템은 삼자가 이루는 상생상극관계가 개입되며 긴밀한 상호작용으로 개인의 성격, 가치관, 직업유형과 업무능력을 분류하고 자신만의 직업적성을 표출해낸다.

첫째, 격국은 선천적으로 부여받은 의무적인 직업성분이다.
가치관을 주관하며 직업적성의 목표성을 부여한다. 명식의 구조에 따라 능력이나 흥미와 무관하지는 않지만 근본적으로 일간이 추구하고자 하는 도달점에 해당되는 기질을 발현시키는 성분이다.

둘째, 용신은 활용에 주요한 역할을 담당하며 노력과 결과로 이어지는 직업성분이다.
격국이 일간에게 목표성을 부여한다면 용신은 활용성으로 일간이 가진 능력과 흥미를 바람직한 방향으로 유도하여 실현시키는 중요한 역할을 한다.

셋째, 천성은 흥미를 유발하는 작용을 담당하며 천성으로 명칭된 강자이다.
이는 명식에서 가장 강력하게 자리 잡고 있거나 또는 일간에 가장 근접하게 있는 십성이다. 다중지능 이론에 의하면 가장 발달된 지능을 활용할 때 가장 높은 성과가 나온다. 격국이 '하고 싶은 것'에 해당된다면 천성은 '잘 할 수 있는 것'이 된다. 하고 싶은 것을 잘 할 수 있다면 가장 바람직한 직업적성이 되겠지만 선택을 해야 한다면 잘 할 수 있는 것을 해야 흥미도 생기고 사회적으로 인정도 받게 된다. 남들보다 1cm라도 앞설 때 우리는 전문가라고 부르며 그의 능력을 인정한다.

사례1. 트라이앵글 적용 직업적성분석 (여)	
時 日 月 年 癸 甲 丁 戊 酉 午 巳 申	삼자 구별 ① 격국: 상관 ② 용신: 정인 ③ 천성: 상관
구성분석	상관생재·상관견관·인비식의 복합구성
적성검사 triangle	[상관] ⇔ [인수] ⇔ [상관]
추천직업	교육행정가, 변호사, 의사, 아나운서, 디자이너, 쇼핑호스트, 마케팅전문가, 회계사, 기계기술자, IT기술자, 건축사, 화공기술자, 토목기술자, 교육자, 연구원
추천학과	교육계학과, 법학과, 의예과, 방송연예과, 디자인과, 심리학과, 국제경제학과, 회계학과, 기계공학과, 컴퓨터공학과, 건축학과, 화학공학과, 토목공학과, 교육계학과, 국제경제학과

사례2. 트라이앵글 적용 직업적성분석 (남)	
時 日 月 年 戊 丙 壬 戊 戌 子 戌 戌	삼자 구별 ① 격국: 식신 ② 용신: 편관 ③ 천성: 식신
구성분석	식신제살·제살태과의 복합구성
적성검사 triangle	[식신] ⇔ [편관] ⇔ [식신]
추천직업	법관, 공기업임직원, 인사교육전문가, 교육행정가, 기술직공무원, 일반직공무원, 기계공학연구원, 직업군인, 간호사, 직업상담사, 항공기승무원, 생산관리전문가, 신문기자, 광고홍보전문가, 전문비서
추천학과	법학과, 경영학과, 사회학과, 교육학과, 보건학과, 행정학과, 기계공학과, 사관학교, 간호학과, 직업학과, 항공운항과, 기계공학과, 언론정보학과, 광고홍보학과, 비서학과

사례3. 트라이앵글 적용 직업적성분석(예))		
時 日 月 年 庚 乙 己 壬 辰 酉 酉 辰		삼자 구별 ① 격국: 정관 ② 용신: 정인 ③ 천성: 편관
구성분석		관인상생·재생관·재극인의 복합구성
적성검사 triangle		[정관] ⇔ [정인] ⇔ [편관]
추천직업		일반직공무원, 법관, 기술직공무원, 군인, 경찰직공무원, 교육자, 연구원, 안경사, 초등학교교사, 건축기술자, 직업상담사, 주택관리사, 사회복지사, 재무전문가
추천학과		행정학과, 법학과, 물리학과, 사관학교, 경찰행정학과, 교육계학과, 경제학과, 안경학과, 사회학과, 교육학과, 건축공학과, 심리학과, 부동산학과, 사회복지학과, 회계학과

3. 직업적성을 이루는 기본코스

십성의 코스는 직업 목표가 있다. 그에 따른 직업적성의 코스에는 서로 상생관계의 조화를 이룬 조화된 직업코스가 있고 서로 극하는 관계의 편향된 십성과 이에 대립되는 용신으로 구성된 부조화된 직업코스가 있다. 이 직업의 목적과 코스를 이루는 작용은 검사도구가 될 수 있는 것이다.

1) 십성의 직업목표

개인의 직업목표는 최초 격국에 의해서 이루어지는 것이 기본이다. 그 다음이 격과 함께 이루는 코스이며 최종적으로 일간을 중심으로 하여 격과 코스에 중심축을 이루는 십성의 상관관계로 분석된다. 직업 목표란 일간이 이루고 싶은 마음과 가장 잘 적응하고 수행해 낼 수 있는 선천적성이기도 하다. 그러나 직업목표에 대한 실현 결과는 개인의 특성적인 사주구성과 함께 자라온 환경에 따라 다를 수밖에 없다. 명리직업상담에서의 목적은 이처럼 경쟁력 있는 자신의 적성을 찾아 주는 것이다.

(1) 노력과 결과

일간을 중심으로 각 십성은 서로 노력과 결과라는 관계를 가진다. 이를 표로 나타내면 다음과 같다.

<노력과 결과에 따른 십성의 관계>

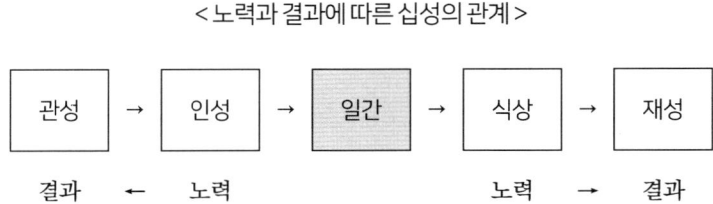

식상을 통한 노력은 재성이라는 결과로 나타난다. 식상 없는 재성은 식상에 해당되는 연구나 활동이라는 노력 없이 돈이나 성과라는 결과만 얻으려는 심리작용이 내재되며, 재성 없는 식상은 노력해도 그 결과를 담을 그릇이 없는 심리가 내재된다.

인성을 통한 노력은 관성이라는 결과로 나타난다. 인성 없는 관성은 지식축적이나 자격증 취득 등의 노력 없이 명예나 지위와 같은 결과만 얻으려는 심리작용이 내재되며, 관성 없는 인성은 노력해도 그 결과를 담을 그릇이 없는 심리가 내재된다.

(2) 과정과 결과에 따른 직업목적

구분	직업목적과 활동유형
인성 ↔ 식상	노력(공부)해서 활용하는 노력의 전문성이 직업목적
	과정 중시형
관성 → 인성	노력(공부)해서 관의 임무를 수행하는 것이 직업목적
	과정과 결과 중시형
식상 → 재성	노력(연구)해서 공개경쟁을 통한 이익창출이 직업목적
	과정과 결과 중시형
관성 ≒ 재성	주어진 환경들을 활용한 이익과 권력창출이 직업목적
	결과 중시형 (과정보다 결과가 중요)

각 십성은 노력한 결과를 얻어내는 과정과 결과 중시형이 기본이 되고 여기에 다른 십성이 각기 개입되면 한쪽으로 치우친 직업목적을 가진 구조를 만들어낸다. 식상생재와 관인상생은 서로 노력한 결과가 주어지므로 과정과 결과 2가지가 조화를 이룬 코스를 이룬다. 그러나 인비식과 재관으로 이루어진 코스는 인비식이 과정중시형의 직업목적을, 재생관은 결과중시형의 직업목적을 가진다.

2) 조화된 직업코스

조화된 직업코스는 십성의 직업목표에 근거하여 이루어진다. 아래 표에서 보듯이 사주분석에 있어서 가장 기본이 되는 메인 4코스와 구조가 일치하는 것을 볼 수 있다. 이렇게 명조 내에 분포된 십성이 직업적성 구조와 코스를 적절하게 갖추었을 때는 일생동안 안정된 직업을 유지하게 된다. 직업코스는 직업적성에 직접적인 영향을 주므로 한 사람의 직업을 결정하는 요인이 되며 한편 용신의 역할은 그 직업을 공인화 시키는 것이다.

위 메인 4구조를 조화된 직업코스로 표현하면 다음과 같으며 이는 서로 상생하는 관계로 이루어지는 천연적인 적성의 발현이다.

<조화된 직업코스>

인수, 비겁, 식상의 유기상생 구조	인비식 구조
식신과 재성의 유기생재 구조	식상생재 구조
관성과 인성의 유기생인 구조	관인상생 구조
재성과 관성의 유기생관 구조	재생관 구조

(1) 인비식 구조

학문의 수용력과 응용력이 우수하여 선천적으로 학자풍의 직업적성을 소유한다. 일간을 중심으로 입력과 출력이 동시에 활성화되어 있는 구조로서 항상 정신력의 소통이 원활하다. 에너지의 흐름이 일간과 직접적이며 원활하게 편성된 구조가 된다면 심리적인 안정을 최대치로 부여한다. 이는 활동하는 자체에 의미를 두는 과정중심형이다. 학문적 연구에 몰두하고 활동하는 자체에 의미를 두므로 결과나 이득에 집착하기보다 일 자체에 목적을 두는 유형이다. 그러므로 사업적인 기질보다는 연구하는 학자풍의 직업적성에 더 적합하며 사업 분야에서는 학문적 성취의 누적된 노하우를 통하여 컨설팅 업무가 가능하다.

 인비식 구조의 사례 – 대학교수

時	日	月	年
丙	乙	壬	壬
戌	未	子	辰

子월생으로 연·월간에 정인 壬水가 일간을 생하고 시상의 丙火 상관으로 설기되는 전형적인 인비식의 구조다.

(2) 식상생재 구조

생산력과 연구력이 우수하여 판매 및 생산을 겸한 경제활동에 있어서 우수한 선천적 직업적성을 소유한다. 에너지의 소모가 강한 구조이므로 심리적 공허와 에너지소진의 방지 차원에서 일간은 신강함이 요구되는 유형이다. 활발한 활동을 통하여 반드시 결과를 얻고자 하므로 사회적인 평가나 지위보다는 자신에게 확실하게 돌아오는 이익에 더 많은 관심이 있다. 사업적인 기질이 강한 유형이지만 조직적인 활동을 하는 기업이나 국가를 대상으로 하는 활동이 이루어지려면 관성 협조가 요구된다. 식재의 구조에 타십성이 개입하는 상황에 따라 성격과 심리, 활동유형은 변화를 보인다. 즉, 관성이 개입되면 조직력을 추구하여 공적인 단체를 구성하거나 브랜드를 활용한 생산 및 판매 활동을 하게 되고 인성이 개입되면 학문적 분야와 자격을 갖춘 사회적 역할이 추가된다.

 식신생재 구조의 사례 – 사업가

時	日	月	年
丁	庚	丁	乙
丑	申	亥	卯

庚金 일간이 亥월생으로 식신격이며 식신 亥水는 연주의 정재 乙卯를 생하는 전형적인 식신생재의 구조다.

(3) 관인상생 구조

책임감이 강하여 공적인 위치에서 주어진 과제와 업무수행능력이 우수한 선천적 직업적성을 소유한다. 에너지가 유입되는 방향의 구조이므로 일간의 의지보다는 외적인 환경이 매우 중요하다. 주어진 과제와 부여된 임무를 수행하는 원칙주의자의 사고방식이므로 창조성과 자율성보다는 조직 및 단체와 국가를 위한 목표지향적인 직업관을 갖게 된다. 한편 관인의 구조에 다른 십성이 개입하는 상황에 따라 성격, 심리, 활동유형은 변화를 보인다. 즉, 재성이 개입되면 많은 사람들을 관리하게 되고 식상이 개입되면 주어진 환경에 대한 혁신의지가 발생하여 조직과 단체의 새로운 방향모색과 발전을 위한 변화를 추구하게 된다.

 관인상생 구조의 사례 - 주미대사

時 日 月 年
乙 己 庚 己
丑 卯 午 丑

己土 일간이 午월생으로 편인격이며 일지 卯에서 투출한 시상의 乙木편관을 용신하는 관인상생격의 구조다.

(4) 재생관 구조

가치판단과 명예추구의 심리가 강하여 사람들을 관리하고 조직력을 구성하는 우수한 선천적 직업적성을 소유한다. 일간이 극하거나 일간을 극하는 십성이 서로 조화를 이루며 구성된 구조로서 주어진 목표에 대한 실현의지를 강하게 추구하는 결과지향형이며, 일간의 강함이 요구되는 구조이다. 공적이며 객관적이므로 최종적인 결과가 자신의 가치판단에 중요한 기준이 된다. 재관의 구조에 다른 십성이 개입하는 상황에 따라 성격, 심리, 활동성향에 변화를 보인다. 즉, 인성이 개입되면 목표 지향적으로 행동과 실천에 절차를 중요시하는 계획성이 부여된다. 식상이 개입되면 주변의 환경과 조건들을 타진해나가는 스타일이 되므로 원만한 대인관계를 형성하는 사회성을 갖게 된다.

 재생관 구조의 사례 – 대학총장

時 日 月 年
丙 乙 庚 乙
子 卯 辰 酉

乙木 일간이 辰월생으로 월지 정재이며 월지의 정재 辰土가 월간의 정관 庚金을 생하는 재생관의 구조다.

3) 부조화된 직업코스

상호 극하는 십성구조로 인하여 발현되는 장점은 있으나, 직업을 결정짓는 격과 용신, 천성을 거부하는 직업코스로 직업에 대한 갈등을 겪거나 안정된 직업을 갖기가 쉽지 않다. 이런 사주를 직업부조화의 사주라고 한다. 직업적성 구조가 부조화를 이루면 성격이 졸렬하거나 무모하고 부정적 심리를 갖게 되는 단점이 존재한다. 때론 비범성을 나타내기도 하지만 보편타당하기보다는 다소 위험한 발상에 전념 할 가능성이 높다. 직업적성이 부조화를 이룬 사람들이라고 건강한 사회인이 안 되는 것은 아니다. 조기교육과 직업훈련을 받는다면 충분히 건전한 사회생활을 할 수 있다는 점도 상담자들은 깊이 인식해야 한다.

＜부조화된 직업코스＞

재성용신과 ⇨ 비겁편향의 구조
인수용신과 ⇨ 재성편향의 구조
식상용신과 ⇨ 인성편향의 구조
비겁용신과 ⇨ 관성편향의 구조
관성용신과 ⇨ 식상편향의 구조

직업부조화의 사주구조는 직업코스를 이루지 못한 경우가 많기에 좋은 직업을 가지게 되었어도 운에 따라 변동이 많이 따르므로 다변적이고 유동적인 성격심리를 가지게 됨을 유추할 수 있다. 그러나 다음과 같은 긍정적인 면을 잘 활용하여 상담에 임해야 한다.

■ 재성용신과 비겁편향의 구조

독립심과 추진력이 우수한 기질로서 경제활동을 하는 사업가적 성향이 강한 직업적성으로 파악될 수 있다. 목표를 향한 몰입력이 우수하고 다양한 대인관계 속에서 활동하는 유형이다. 자신의 사회적 위치 설정과 인간관계의 문제를 늘 생각하게 되며 그런 방면에 변화가 많은 유형이다.

■ 인수용신과 재성편향의 구조

자아실현과 목적달성을 위한 추진력이 우수한 기질로서 학문적 성향이 강한 직업적성으로 파악될 수 있다. 기획력이 우수하고 다양한 가치들을 조합하여 하나의 이론을 생산하는 능력이 우수하다. 사회적 목표들 속에서의 선택의 문제와 자신의 능력을 늘 생각하게 되며 그런 방면에 변화가 많은 유형이다.

■ 식상용신과 인성편향의 구조

학문적인 탐구심과 기획력이 우수한 기질로서 다양한 활동력과 창의성을 사회적으로 인정받게 자격화시키는 성향이 강한 직업적성으로 파악될 수 있다. 실험정신과 도전정신에 입각하여 구상된 것들을 현실화시키는 능력이 우수하다. 자신의 생각을 조율해야 하는 갈등이 수반된 가운데 사회활동을 전개해야 되는 부담감이 항상 존재하는 어려움이 있는 유형이다.

■ 비겁용신과 관성편향의 구조

조직을 통한 활동력과 조직구성력이 우수한 기질로서 사람들을 지도하고 관리하는 성향이 강한 직업적성으로 파악될 수 있다. 보수적이고 공정성을 추구하나 신속한 결정력과 판단력으로 결과를 보는 능력이 우수하다. 이상향을 추구하나 에너지의 내향적 활용으로 인한 자신만의 내적 갈등과 고민이 항상 존재하는 유형이다.

■ 관성용신과 식상편향의 구조

언변과 인간관계를 통한 사회 활동력이 우수한 기질로서 고정관념을 깨는 기발한 창의성을 발휘하는 성향이 강한 직업적성으로 파악될 수 있다. 무형의 가치든 유형의 가치든 만들어가고 성장시켜나가는 과정을 중시하지만 과감한 행동력으로 승부를 내는 능력이 우수하다. 에너지의 외향적 흐름으로 자유로움을 추구하지만 자신만의 내적 규율로 제어해야 한다는 강박심이 항상 갈등의 요소가 되는 유형이다.

10장

직종별 적응성과 십성의 범주

사주의 십성은 독립된 기질(氣質)과 작용이 있어 직종에 따라 그에 합당한 업무 수행 능력으로 환산하여 단편적으로 적용시킬 수 있다. 그러나 각각의 직종(職種)이란 하나 이상의 복합적인 수행능력을 요구하게 되어 있으므로 이는 단편적인 업무 수행능력을 소유한 십성을 또한 복합적으로 요구하게 된다는 것이다. 따라서 각기의 십성이 교차적으로 조합되며 발현되는 직무능력을 코드별로 판단하는 것이 필요하다. 즉, 향상된 능률을 발현시킬 수 있는 십성별 코드의 연계적 형태의 유연성(柔軟性)이 구성되어야 한다는 것이다.

이 장은 고용노동부 공식 취업사이트인 워크넷[10]에 수록된 직업정보 중 테마 별로 정리된 직업정보를 기준으로 직업을 분류했다. 총 20가지의 테마 별로 직업 분야를 나눴고, 분야 별 해당 직업들과 요구되는 직무능력 및 십성의 구조적 범주를 정리했다. 각 분야별로 현재 종사하고 있는 유명인사 및 일반인들의 사주를 사례로 분석하였다.

<십성의 직무적 전문능력 분류>

십성	전문 능력
인성	기억력, 분석력, 기획력, 창조력, 수집력, 논리성
비겁	독립성, 적극성, 책임감, 포용력, 실천력, 추진력
식상	친화력, 섭외력, 응용력, 설득력, 어휘력, 민첩성
재성	활동성, 수리력, 현실성, 실용성, 조직력, 분석력
관성	조직력, 분별력, 관리력, 통제력, 인내력, 도덕성

참고로 하나의 십성 작용이 하나의 직무적성이나 지식을 활용하는 것이 아니다. 예컨대 인수가 기억, 분석, 기획, 기록 등의 자기 전문성이 있어도 수리능력을 활용하는 재성에게 기억하고 연결해주는 프로세서 역할을 하게 된다는 것이다. 모든 십성은 자기 지식을 가지고 있으면서도 다른 십성의 역할에 개입하여 또 다른 기능과 지식을 교차하며 활용하게 된다는 점을 이해하여야 한다.

---

10) http://www.work.go.kr

1. 여행 분야 정보 분석력과 정보 편성력의 조화

- **직업**: 문화관광해설사, 관광통역안내사, 항공권예약발권사무원, 여행상품개발원, 지역수배전문가, 국내여행안내사, 여행사무원

- **적응성**: 경영, 행동과학, 조직, 인간관계, 심리학, 교육학 등에 관심과 지식보유. 설득력, 이해력, 판단력, 상담능력 보유, 지도력, 사회성, 언어, 분류, 합리성

- **십성의 구조적 범주**: 인수와 식상생재 활용, 비겁의 적극성과 財·官·印으로 유기 상생되는 구조에 적용(역마살 참고)

 관광사업가 - 남성

時	日	月	年
丙	丙	戊	戊
申	寅	午	辰

丙火 일간이 午월에 생하여 양인격이다. 월·일지 寅午 火국으로 비겁이 강한 신강사주다. 비겁을 기준으로 식재로 흘러 식신생재 구조이다. 시지의 申金 역마가 재성이 되어 관광사업을 시작하였고 대운도 희신으로 흘러 크게 성공한 사람이다.

2. 음식 분야 창의적 구상력과 공감대 활용성의 조화

- **직업**: 브루마스터, 음식메뉴개발자, 바리스타, 조리사, 바텐더, 큐그레이더, 파티쉐, 푸드스타일리스트, 소믈리에, 식당접객원(웨이터)

- **적응성**: 창의력, 섭외력, 적극성, 정보수집력, 미각, 직관성, 신체지능, 지각능력, 눈과 손의 연계성

- **십성의 구조적 범주**: 식신과 재성 활용, 인성과 비겁과의 교감이 조화로운 구조에 적용

 중국요리 쉐프 – 남성

時	日	月	年
丁	甲	辛	己
卯	午	未	亥

甲木 일간이 未月에 생하여 시간의 己土로 투간되어 정재격이다. 지지가 亥卯未로 木局을 이뤄 비겁이 강한 신강사주이며 상관이 용신으로 상관생재를 이루었고 재생관 구조다. 중국요리의 대표주자 중 한 분이고 요리실력도 뛰어난 데다 방송에도 자주 출연하여 인지도가 높은 인물이다.

3. 호텔 분야 체계적인 사고력과 정보 활용성의 조화

- **직업**: 프런트데스크사무원, 오더테이커, 숙박시설 전화교환원, 도어맨&벨맨, 호텔세탁원, 룸메이드, 호텔컨시어지, 호텔지배인
- **적응성**: 사무지각, 성실성, 정확성, 책임감, 자기통제력, 보수성, 억제력, 수리력, 신중성
- **십성의 구조적 범주**: 관성과 인수 활용, 건왕한 재·관격으로 주변과의 연계조건이 조화로운 구조에 적용

 호텔리어 – 남성

```
時 日 月 年
戊 庚 丙 丙
寅 戌 申 午
```

庚金 일간이 申月에 생하여 비견격이다. 지지로 寅午戌 火局을 이루고 시간으로 편인 戊土가 투출하여 관인상생을 이루었다. 성실하고 책임감이 강하며 관리능력이 우수하여 상사로부터 인정받는 호텔리어다. 다만 스트레스를 쉽게 풀지 못하는 단점이 있다고 한다.

4. 수송 분야 정밀성과 지구력의 조화

- **직업**: 탑승수속사무원 및 항공기탑승안내원, 열차객실승무원, 항공기객실승무원, 출입국심사관, 선박운항관리사, 선박중개인(용선중개인), 공항의전원, 선박객실승무원, 공항검역관, 공황세관원, 항공운항관리사
- **적응성**: 정밀한 판단력, 인식, 결정, 책임감, 지각능력, 봉사심, 책임감, 분류, 조합능력, 눈과 손의 연계성
- **십성의 구조적 범주**: 관성과 재성 활용, 비겁-인수-식상의 개입에 적용(역마살 참고)

 항공기 조종사 - 남성

```
時 日 月 年
戊 庚 丁 癸
寅 申 巳 亥
```

庚金 일간이 巳월에 丁火와 戊土가 투출하여 관인상생을 이루었다. 戊土 편인용신으로 인식능력이 우수하며 책임감이 강하고 지지의 역마성과 충·형들은 상황변화에 적응이 잘 된다고 본다.

5. 관광레저 분야 공간 정밀도와 기획 마인드의 조화

- **직업**: 테마마크디자이너, 퍼레이드연기자, 스쿠버다이빙강사, 국제회의 통역사, 캐디, 카지노딜러, 놀이시설종사원, 번지마스터, 카지노출납원 및 카지노안전관리원, 컨벤션기획자, 면세상품판매원
- **적응성**: 정보활용능력, 민첩성, 서비스, 기록능력, 수리능력, 사무지각능력, 분류, 조합
- **십성의 구조적 범주**: 재성과 식상 활용, 인성과 비겁이 개입하는 구조에 적용

 카지노 딜러 - 여성

時	日	月	年
甲	丙	戊	壬
午	辰	申	申

丙火 일간이 편재 申월에 壬水가 투출하여 편관격이다. 월간의 戊土 식신으로 제살한다. 인비식과 식신생재 구조를 이루었으며 丙火 일간은 신약 사주로 午火에 통근하며 甲木 편인을 용신한다. 서비스 정신과 공간지능을 활용하는 카지노 딜러가 직무적성에 잘 맞는 사람이다.

6. 게임 분야 정밀성과 상상력의 체계적 조화

- **직업**: 게임시나리오작가, 게임마케터, 게임사운드크리에이터, 게임그래픽디자이너, 프로게이머, 게임운영자, 게임프로그래머, 게임기획자
- **적응성**: 수리능력, 창의력, 정보활용력, 공간, 사무지각능력, 치밀성, 눈과 손의 연계성
- **십성의 구조적 범주**: 인수와 재성 활용, 비겁이 건실하고 식·재·관의 상생 구조에 적용

 게임 분야 종사자(전 프로게이머 _ 남성)

```
時 日 月 年
丁 庚 甲 庚
亥 辰 申 申
```

庚金 일간이 申월에 생하여 연간으로 庚金이 투간되어 비견격이다. 비견이 강한 신강사주. 월·일지 申辰합 水국으로 시지의 亥水와 함께 월간의 甲木을 생해주어 식상생재 구조를 이룬다. 비겁이 강하면 이기고자 하는 경쟁심리가 강하고 몰입능력이 뛰어나고 식·재로 강한 에너지가 분출된다. 과거 스타크래프트 게임에서 일인자였던 프로게이머다.

7. 애니메이션 분야 공간감각과 친화성과의 조화

- **직업**: 컬러리스트, 캐릭터디자이너, 셀애니메이터, 애니메이션기획자, 애니메이션시나리오작자, 컴퓨터애니메이터, 애니메이션감독

- **적응성**: 민첩성, 창의성, 지능, 사무 지각능력, 활동력, 언어능력, 기억력, 성실성, 행동력, 일관성

- **십성의 구조적 범주**: 재성과 식상 활용, 인수와 비겁이 강하게 상생되는 구조에 적용

 애니메이션 시나리오 및 그림 작가 – 여성

```
時 日 月 年
乙 丁 丁 己
巳 未 丑 酉
```

丁火 일간이 丑월에 己土가 투출하여 식신격이다. 그러나 지지로 巳酉丑 삼합국을 이루어 재격으로 변하였다. 전반적으로 식신생재격이다. 선과 색깔 등의 그림 실력은 식재가 주었고, 시간의 편인 乙木은 작가적인 정서를 준 것이다. 이 여성은 미대를 졸업하고 미국으로 유학을 갔으며 이후 애니메이션 작가로 크게 성공하였다.

8. 순수예술 분야 육체 이동성과 정신감각의 호환성의 조화

- **직업**: 공연기획자, 뮤지컬배우, 무용가, 사진가, 음악가, 전통예능인, 문학작가, 미술가, 국악인, 서예가, 한지공예가, 점토공예가
- **적응성**: 신체지능, 설득력, 공간지각능력, 형태분별능력, 활동력, 눈과 손의 적응력
- **십성의 구조적 범주**: 비겁과 식상활용, 재성과 인수가 유기 상생되는 구조에 적용

 뮤지컬 배우 – 여성

```
時 日 月 年
乙 壬 丁 乙
巳 戌 亥 卯
```

壬水 일간이 亥월에 생해 연·시간으로 乙木이 투간되어 상관격이다. 연·월지 亥卯합 木국을 이뤄 식상이 아주 강한 사주이며 상관생재 구조이다. 월간의 정재 丁火도 일시에 뿌리를 두어 강하다. 비식재로 일간이 주체가 되어 자신의 공간(무대)에서 아름다움을 표현하는 능력이 뛰어나다. 현재 유명한 뮤지컬배우로 활동 중인 사람이다.

9. 영화 분야 창의력, 정신공감개념과 정밀성의 조화

- **직업**: 영화포스터디자이너, 캐스팅디렉터, 스턴트맨, 영화감독, 영화평론가, 특수효과전문가, 영화배우, 음향감독, 촬영감독, 영화제작자

- **적응성**: 아이디어, 창의력, 지능, 감수성, 이해능력, 언어능력, 수리능력, 공간능력, 사교성, 설득력, 눈과 손의 적응력

- **십성의 구조적 범주**: 식상과 재성 활용, 비겁과 인수가 개입하는 구조에 적용

 영화감독 - 남성

```
時 日 月 年
丙 壬 癸 己
午 辰 酉 酉
```

壬水 일간이 酉월에 생하여 정인격이며 월·일지 辰酉합 金으로 인수가 강한 신강사주다. 관인상생과 재생관 구조다. 영화감독은 배우들을 비롯하여 많은 사람들과 함께 영화를 만들어 가는 과정으로 리더십과 책임감과 활동할 수 있는 공간이 필요하다. 현재 활동 중인 영화감독 중 세계적으로 인정받고 있는 인물 중 하나다.

10. 음반 분야 직관성과 신체지능 정신공감의 조화

- **직업**: 음반자켓디자이너, 세션맨, 작곡가·작사가·편곡가, 음반프로듀서, 대중무용수(백댄서), 대중가수, 레코딩엔지니어, 음반기획자
- **적응성**: 청각, 기획능력, 창의력, 감수성, 언어능력, 이해능력, 공간개념화 능력, 형태분별능력, 활동성
- **십성의 구조적 범주**: 비겁과 식상활용, 재성과 인수가 적극 개입하는 구조에 적용

 음악프로듀서 – 남성

```
時 日 月 年
辛 壬 戊 壬
亥 申 申 子
```

壬水 일간이 申월에 생하여 편인격이다. 전체적으로 인수(水)가 강한 윤하격(종비격)이다. 오행의 水는 총명, 비범, 창조능력이 우수하다. 윤하격에선 '관성'이 좋지 않지만, 월간의 편간 戊土가 뿌리가 없고 인수에게 설기되어 '기신'의 역할을 못한다. 비겁의 강한 열정과 편인의 평범하지 않은 사고로 세계적인 남성그룹을 탄생시킨 프로듀서다.

11. 금융 분야 객관성과 정서적 친화력 수리능력과의 조화

- **직업**: 보험설계사, 보험계리사, 채권자산운용가, 펀드매니저, 은행텔러, 외환딜러, 손해사정인, 재무위험관리자, 증권중개인, 애널리스트, 금융자산관리사, 여신전문가, 신용분석가
- **적응성**: 지능, 수리능력, 지각능력, 적극성, 분류, 조합, 계산, 언어능력, 공감유도, 설득력, 행동력
- **십성의 구조적 범주**: 재성과 인수의 활용, 또는 식·재·관이 조화로운 구조에 적용

 은행 임원 승진 후 퇴사 – 남성

```
時 日 月 年
甲 戊 壬 壬
寅 戌 子 寅
```

戊土 일간이 子월에 생하여 연·월간으로 壬水가 투간되어 재격이며 천간으로 재생관 구조이다. 은행에 입사 후 한 곳에서 임원까지 승진하며 재직 중이다(2022년 정년). 금융 분야에 중요한 재성이 강하고 관성 또한 강해 공기업 은행에서 정년퇴직까지 근무할 수 있었다.

12. 스포츠 분야 육체평형감각과 순발력의 조화

- **직업**: 운동선수, 스포츠기록분석원, 경기심판, 경기기록원, 치어리더, 스포츠캐스터, 스포츠마케터, 스포츠에이전트, 바둑기사
- **적응성**: 공간기능 및 판단력, 운동조절능력, 인식능력, 순발력, 체력, 지구력, 눈과 손의 조화
- **십성의 구조적 범주**: 비겁과 재성 활용, 인수와 식신이 조화로운 구조에 적용

 전 국가대표 및 프리미어리그 축구선수 – 남성

時	日	月	年
乙	丁	辛	辛
巳	未	卯	酉

丁火 일간이 卯월에 생하여 시간으로 乙木이 투간되어 편인격이다. 시지로 巳未합 卯未합으로 비겁과 인수가 강한 신강사주다. 축구 종목은 재성의 선, 거리 능력이 발휘되는 종목이다. 연·월간으로 편재가 연지에 뿌리를 두어 강하다. 편인과 편재의 구조와 비겁의 공조로 축구선수에 적합한 구조이다. 세계적인 축구선수로 활동하다 선수 은퇴 후 행정가로 활동 중이다.

13. 의료 분야 유동감각과 객관심리의 조화

- **직업**: 의사, 한의사, 약사, 물리치료사, 방사선사, 응급구조사, 치과의사, 수의사, 간호사, 임상병리사, 임상연구코디네이터, 영양사, 안경사, 의약품영업원, 의료관광코디네이터, 의료장비기사
- **적응성**: 전문 전공지식과 기초과학에 근거한 연구인의 자질지능, 자격증, 사무지각능력, 판단력 및 주의력, 언어, 공간, 형태, 독립심, 체력, 봉사심, 이해심, 책임감
- **십성의 구조적 범주**: 재성·인수 활용, 비겁·식상이 조화로운 구조에 적용

 외과의사 – 남성

時	日	月	年
丁	丁	戊	己
未	卯	辰	酉

丁火 일간이 辰월에 생하여 월간 戊土로 투간되어 상관격이다. 일지 편인 卯木을 용신으로 상관패인격이다. 월·일·시지가 木의 합으로 인수가 강하고 비겁도 강한 신강사주다. 인비식 구조면서 식재로 output 구조다. 비범하며 융통성 있고 편인과 상관으로 남들과 다른 생각으로 앞서간다. 외상센터를 처음 도입하고 희생으로 응급환자를 치료하는 외과의사다.

14. 과학수사와 법 분야 통제성과 체계적 사고력과의 조화

- **직업**: 프로파일러, 디지털포렌식수사관, 변호사, 교도관, 거짓말탐지관, 사이버범죄수사관, 경찰관, 검찰수사관
- **적응성**: 전공지식은 물론 기초과학에 근거한 연구인의 자질. 지능, 언어능력, 수리능력, 공간, 탐구적, 과학적, 치밀성, 합리성, 분석력, 독자성, 논리성, 관찰력, 성취욕, 집중력, 책임성
- **십성의 구조적 범주**: 재·관성 활용에 식상과 인수가 유기상생 구조에 적용

 대검찰청 검사 퇴직 - 남성

```
時 日 月 年
丙 庚 辛 戊
戌 辰 酉 午
```

庚金일주가 酉월에 생하여 양인격이며 관인상생 구조의 신강사주다. 용신인 편관 丙火가 지지에 뿌리를 두어 강한 비겁을 제련한다. 재관이 용신인 丙寅대운에 대검찰청 검사까지 올랐다.

검찰총장에서 대권까지 - 남성

```
時 日 月 年
丙 庚 戊 庚
戌 辰 子 子
```

庚金 일간이 子월 상관격으로 총명하고 반골기질이 강하다. 월·일지 子辰 합으로 식상(水)이 강하고 신약사주로 월간의 편인(戊)을 용신으로 한다. 천간으로 관인상생구조이고 재성 木운을 만나자 검찰총장을 사퇴하고 대권에 도전하여 성공한 윤석열 대통령의 사주다.

15. 문화/예술 분야 투시성과 직관력의 조화

- **직업**: 문화재디지털복원가, 문화재스토리텔링작가, 문학작가, 사서, 사진작가, 평론가, 웹툰작가, 디지털아티스트, 통역사, 프로게이머, 스톡사진가, 해설위원, 마술사, 동물조련사
- **적응성**: 논리성, 언어능력, 판단력, 적극성, 관찰력, 이해력, 문장력, 자기표현력, 기획력, 분석력, 창조력
- **십성의 구조적 범주**: 인수와 재성 활용, 또는 식·재·관으로 조화로운 구조에 적용

 웹툰 작가 – 여성

時	日	月	年
丁	甲	壬	辛
卯	子	辰	未

甲木 일간이 辰월에 생하여 편재격이다. 월·일지 子辰 水국으로 월간의 편인 壬水의 세력이 강하다. 인비식 구조와 상관생재 구조다. 강한 편인과 상관으로 평범하지 않은 그림과 글로 많은 인기를 받고 있는 웹툰 작가다. 애니메이션 고등학교를 졸업하고 대학교 전공도 애니메이션이다. 현재 네이버 웹툰에서 활동하고 있으며 웹툰 작품이 드라마로도 제작되었다.

16. 방송/언론 분야 언어감각과 순발력의 조화

- **직업**: 연기자, 감독 및 연출자, 기자, 무대의상관리원, 가수, 촬영기사 및 방송장비기사, 아나운서, 소품관리원
- **적응성**: 적극성, 판단력, 언어능력, 신체지능, 관찰력, 이해력, 자기표현력, 기획력, 분석력, 창조력, 엄격성, 책임성
- **십성의 구조적 범주**: 식상과 비겁 활용, 재-관-인의 조화로운 구조에 적용

 전 TV방송국 아나운서 - 남성

```
時 日 月 年
庚 乙 乙 丙
辰 未 未 申
```

乙木 일간이 未월에 생하여 편재격이며 상관생재 구조이다. 일간이 월·일·시지에 뿌리를 두어 비겁이 강한 신강사주다. 상관의 날카롭고 예리한 표현과 재성의 세밀한 분석과 판단력, 관성의 객관적이고 논리적인 면으로 오랫동안 중심을 지키며 올곧은 아나운서로 사랑을 받았다. 한 방송국 사장으로 재직하다 현재는 방송국 소속 순회특파원으로 있다.

17. 광고/마케팅 분야 행동력과 순발력과의 조화

- **직업**: 광고 및 홍보전문가, SNS마케터, 조사전문가, 의료마케팅전문가, 체험상품기획자, 검색광고마케터, 디지털큐레이터, 소비자트렌드분석가, 행사기획자, 카피라이터
- **적응성**: 정보수집능력, 직관성, 행동성, 창의력, 공간도형능력, 기능적, 순응성, 구체성, 정밀성
- **십성의 구조적 범주**: 식상, 재성, 인성의 활용 또는 인·비·식 구조에 적용

 홍보 및 행사기획자 - 여성

```
時 日 月 年
丙 丁 丁 辛
午 酉 酉 酉
```

丁火 일간이 酉월에 생하여 편재격이다. 사주 전체가 편재와 비겁으로 이루어 졌으며 신약사주이다. 그러나 상극구조이니 통관 용신 식상 土가 필요하다. 비겁이 강하여 자기에너지를 잘 활용하고 편재가 강하니 공간활용능력이 우수하다. 식상 土의 통관용신은 홍보나 행사기획에 중간자 역할을 하고 있다.

18. 디자인 분야 공간감각능력과 창의력과의 조화

- **직업**: 제품디자이너, 에너지절약제품디자이너, 패션디자이너, 모션그래픽디자이너, 홀로그램디자이너, 인포그래픽디자이너, 에코제품디자이너, 친환경포장디자이너, 에코패션디자이너, 3D입체영상디자이너, UX디자이너, 프로젝션매핑디자이너

- **적응성**: 전문지식 보유, 정보수집능력, 직관성, 정교성, 감각성, 창의력, 공간도형능력, 합리성, 기능적, 순응성, 구체성, 정밀성

- **십성의 구조적 범주**: 식상·재성 활용, 인수·비겁이 개입하는 구조에 적용

 시각디자이너 - 남성

時	日	月	年
癸	庚	辛	癸
未	戌	酉	亥

庚金 일간이 酉月에 생하여 양인격이다. 인수와 비겁이 강한 신강사주로 인비식 구조다. 재성의 부재가 아쉽지만, 강한 비겁의 에너지가 식상으로 잘 표현된다. 강한 비겁은 독립적으로 하는 일이 적합하다. 애니메이션 학과를 전공하였고, 졸업 후 디자인 회사에서 근무하다가 지금은 프리랜서 형식으로 일하고 있고, 더불어 유튜브 활동도 하고 있다.

19. 정보통신 분야 정밀성과 조직적 사고력의 조화

- **직업**: 전자공학기술자, 통신장비기술자, 컴퓨터하드웨어기술자, 네트워크시스템분석가 및 개발자, 스마트폰애플리케이션개발자, 감성인식개발자, 컴퓨터프로그래머, 컴퓨터보안전문가, 클라우드컴퓨팅개발자, 사물인터넷(IOT)개발자, 빅데이터분석가, 인공위성개발원, 증강현실전문가, 인공지능전문가, 음성처리전문가

- **적응성**: 전문성과 기초과학분야의 전공자격, 인내력, 치밀성, 탐구욕, 손재주, 수리능력, 창의력, 전자, 공간도형유추능력, 기호분류능력, 수리능력, 수치해석능력, 처리속도와 정확성, 공간지각 능력, 어휘판단능력, 손의 순발력

- **십성의 구조적 범주**: 인수와 재성을 활용, 식상생재의 구조에 적용

마이크로소프트 - 빌 게이츠

```
時 日 月 年
辛 壬 丙 乙
亥 戌 戌 未
```

빌게이츠는 壬水 일간이 戌월에 시간으로 辛金이 투출하여 정인격이다. 월간의 편재 丙火 또한 戌월에 통근하여 재성이 왕하다. 이는 재성의 수리 능력과 개발본능이 강하다. 관성은 변별력과 스피드한 결정 본능이다. 연간의 乙木은 창의력을, 辛金 정인은 정리 기록으로 재능을 완성시켰다고 본다.

 애플 - 스티브 잡스

```
時 日 月 年
戊 丙 戊 乙
戌 辰 寅 未
```

스티브 잡스는 월지 편인이며 정인 乙木이 투출하였다. 그 외 사주에 식상이 왕성하다. 편인의 아이디어와 식상태과의 조합으로 창의력이 좋아 인류에 큰 기여는 하였으나 신약하고 조열하여 정작 당사자는 췌장암으로 56세에 세상을 떠났다.

위 사례의 스티브 잡스와 빌 게이츠 모두 대학을 중퇴했다는 공통점이 있다.

20. 건설/교통 분야 정밀성, 지각감각과 공간감각의 조화

- **직업**: 건축가, 녹색건축물인증심사원, 조경기술자, 유비쿼터스도시기술자, 지능형교통시스템(ITS)연구원, 항공교통관제사, 빌딩정보모델링(BIM)설계사, 건설기계운전원, 토목공학기술자, 도시재생연구원, 항공기조종사, 항공기 및 선박정비원, 항해사 및 도선사, 친환경건축컨설턴트, 자동차정비원, 교통안전연구원
- **적응성**: 사무지각능력, 형태지각능력, 분류, 조합, 손가락 재능, 수리능력, 공간감각, 기술 기능적
- **십성의 구조적 범주**: 재성 활용, 관성과 인수의 상생구조에 적용

 토목공학 기사 – 남성

```
時 日 月 年
癸 己 丙 甲
酉 酉 寅 午
```

己土 일간이 寅월에 甲木과 丙火가 연·월간으로 동시에 투출하여 관인상생격이다. 일·시지로 酉金 식신이 재성 癸水를 생하고 있으니 연주에서부터 시간까지 木→火→土→金→水의 상생구조이다. 대기업에 입사하여 중역까지 승진하여 중동 개발현장에서 공을 세웠던 사람이다.

11장

없는 십성의 지식센서

사주에 없는 십성은 자신이 이루고 싶은 꿈이 된다거나 간절히 원하는 것이 된다. 이는 역설적으로 강하게 편중된 오행을 따라가고 싶어 하는 작용과 일치하는 심리가 있다. 그리고 없는 십성은 콤플렉스로 작용하거나 행동의 함정 및 장벽이 될 수 있다. 콤플렉스로 나타날 경우 자신이 그 콤플렉스를 해결하기 위한 새로운 방안을 마련하기 위해 더욱 적극적으로 행동하게 된다. 이를 결핍이 주는 성장이라고 말한다.

1. 사주에 없는 십성의 구제와 대응

1) 없는 십성의 작용

오행의 상생상극으로 표출되는 십성 각각의 유성이 사주 내에 없게 될 경우에 해당 십성의 부재현상이 심리나 직업적성으로도 나타난다. 다만 없는 십성은 부자연스럽거나 취약할 수는 있겠지만 그렇다고 모두 부정적으로만 나타나는 것은 아니다. 부족한 것을 채우려는 센서가 작동하기도 하기 때문이다.

단점	장점
- 욕구나 집착으로 나타남	- 충·극으로 상하지 않는다.
- 콤플렉스로 나타남	- 극복하기 위한 정신으로 나타남
- 무관심이나 포기로 나타남	- 결핍 센서가 작동하여 성장함
- 표출은 자연스러움이 없음	- 욕구로 나타나 단점을 보완함
- 경쟁력이 부족 함	- 재능으로 나타날 때는 천재적임
- 재능이라도 늦게 나타남	- 늦게라도 나타나면 장점이 됨

2) 없는 십성의 구제작용

- 없는 십성을 타 십성의 오행이 반드시 생하고 설기시켜야 한다.

- 없는 오행을 생하거나 설기시키는 오행 모두가 왕성해야 한다.

- 없는 십성의 오행을 생하고 설기시키는 두 오행이 유정해야 한다.

- 없는 십성을 합으로 불러들이는 간지가 있어야 한다.

- 천간으로 불러들이는 십성은 사회적으로 활용되며 지지로 불러들이는 십성은 개인용으로 활용된다.

- 불러들이는 십성을 거부하는 오행이 있을 경우 불리하다.

- 대운과 세운에서도 이는 작용되며 통변에도 활용하는 것이다.

- 없는 십성을 불러들여서 중화를 이룬다면 더없이 좋은 것이고, 용신을 불러들여서 성공하는 경우도 있다.

- 막힌 오행을 소통시키고 부족한 작용을 보충하여 사주 전반의 운로를 트이게 할 수도 있을 것이다.

- 간혹 지독한 기신이나 구신을 불러들여서 오리려 고달픈 경우도 있게 된다.

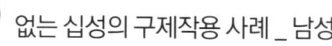
없는 십성의 구제작용 사례 _ 남성

```
時 日 月 年
丙 癸 甲 戊
辰 亥 子 戌
```

위 사주는 필자의 사주로 癸水 일간이 비겁이 강하고 상관 甲木, 재성 丙火, 관성 戊土가 있으나 인수 金이 없다. 무(無)오행 金의 대행능력을 살펴보자. 먼저 무(無)오행 金을 생해주는 土가 강하고 金을 설기하는 水가 강하여 대행능력이 좋다고 본다. 金오행은 인수이다. 다소 늦게 대학원 공부를 시작하였으나 대학교수로 활동하고 있다.

3) 없는 십성의 운세작용

없는 십성이 운에서 오면 없는 십성으로 살아온 일간은 두 가지의 작용이 발생한다.

첫째, 없던 작용을 하게 되어 혼란스럽다.

둘째, 없어서 작용하지 못했던 작용을 하게 되어 좋아진다.

그러므로 없는 십성이 올 때는 사주에 수용능력을 살펴야 한다. 수용능력이 좋아도 사주체질이 적응하는 기간이 필요하여 일시적으로 불협화음이 발생하거나 발전이 안 되는 작용이 있다.

없는 십성의 운세작용 사례 _ 여성

```
時 日 月 年
己 乙 戊 丙
卯 丑 戌 午
```

辛 壬 癸 甲 乙 丙 丁 (8대운)
卯 辰 巳 午 未 申 酉

위 사주는 필자의 사주로 乙木 일간이 戊戌월생으로 재성이 강하고 식상 또한 왕하다. 일간은 시지의 비견 卯木에 통근하였고 일지 丑土의 지장간에 있는 癸水 편인을 필요로 한다. 천만다행인 것은 癸水가 투출하지 않은 것이다. 만약 투출하였다면 천간의 戊己土 에게 극당하여 성장시기부터 힘들었을 것이다.

상담직으로 근무하다가 癸水 대운에 대학원에서 공부하여 亥子丑 세운을 만나자 박사학위를 취득하고 대학에 겸임교수로 임용되어 강의를 하게 되었다.

2. 무(無)인성의 직업 사례

- 무(無)인성은 공부를 잘해도 원하는 곳에 곧바로 입성하지 못하는 경우가 있다.

- 인성이 없으면 학위나 자격증(면허) 취득에 대한 욕구가 강하다.

- 늦게라도 결핍 센서가 작동되어 성공하는 경우가 있다.

- 순서, 차례, 질서, 정리 정돈, 기억력 등에 취약하다.

- 재성에 의한 사고가 발생하지 않는 점은 장점이다.

- 모든 재물은 문서로 보장해야 하는데 이 부분이 부족하게 된다.

- 인수가 없으면 정년보장이 어렵기 때문에 먼저 전문자격을 취득해야 한다.

- 충분히 전문성을 가진 직업을 선택하는 것이 유리하다.

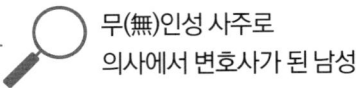
무(無)인성 사주로
의사에서 변호사가 된 남성[11]

時 日 月 年
戊 丙 庚 丙
子 辰 子 午

丁 丙 乙 甲 癸 壬 辛
未 午 巳 辰 卯 寅 丑

丙火 일간이 子월생으로 정관격이다. 丙午에 근을 두고 식재관이 형성되어 있으나 인수 木은 없다. 인수 木을 생해주는 水가 강하고 木을 설기하는 火가 강하여 인수 木의 대행능력은 좋다. 대운이 인수 木대운으로 향하여 무난히 의대에 진학하고 의사가 되었다가 적성에 맞지 않자 다시 법을 공부하여 사법시험에 합격하고 변호사가 된 사람이다.

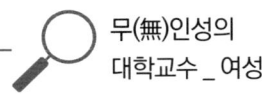
무(無)인성의
대학교수 _ 여성

時 日 月 年
癸 癸 丙 戊
亥 亥 辰 戌

---

11) 김기승, 『격국용신정해』, 다산글방, 2020. p.341.

癸水 일간이 辰월에 戊土가 투출하여 관성이 강하다. 또한 일간은 癸亥 일주와 癸亥시로 비겁 또한 강하다. 이를 소통시켜줄 통관용신이 金 인성이다. 金을 생해줄 土가 강하고 金을 설기해 줄 水가 강하여 대행능력이 좋다.

또래보다 대학에 늦게 들어 갔으나 최종 박사학위를 취득하고 사이버대학교 교수가 된 여성이다.

무(無)인성의
전 행정학과 교수 - 남성

```
時 日 月 年
甲 己 庚 乙
子 未 辰 酉
```

己土 일간이 辰월생으로 乙木이 투출하여 편관격이나 월간의 상관 庚金이 합거시켰으므로 시상의 甲木을 격으로 쓰니 정관격이 되었다. 일간은 월·일지에 비겁으로 통근하였으나 辰酉합 金으로 신약사주가 되어 인수가 필요하다. 일지 未土의 지장간에 있는 丁火 편인이 용신이다.

대학에서 행정학을 전공하고 동일 전공으로 유학에서 박사학위를 취득한 후 귀국하여 대학교수가 되었다. 오래전에 정년퇴직하고 전원생활을 하고 있는 사람이다.

3. 무(無)비겁의 직업 사례

- 비겁이 없으면 자기애가 약하며 적극성이 부족하게 된다.

- 비겁이 없으면 자기 존재를 더 강하게 찾으려 한다.

- 자존감, 줏대, 자기중심적이지 못하며 민첩성이 부족하다.

- 관성을 잘 수용하지 못하고 의지력이 약하여 관을 두려워한다.

- 관(칼)을 차지 못하니 무관보다 문관이 되어야 좋다.

- 비겁이 약하니 식상의 활용이 약해서 공개경쟁력이 없다.

- 나의 기술력이나 노하우가 되는 식상에 집중하지 못한다.

- 힘이 작동되는 직업보다 펜을 활용하는 직업이 좋다.

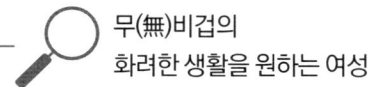
무(無)비겁의 화려한 생활을 원하는 여성

```
時 日 月 年
戊 辛 壬 壬
戌 亥 寅 午

甲 乙 丙 丁 戊 己 庚 辛
午 未 申 酉 戌 亥 子 丑
```

辛金 일간이 壬寅상관생재를 이루고 정인 戊土가 시상으로 투출되었다. 지지로 寅午戌 삼합국을 이루니 관격으로 변하였으며 신약사주로 인수가 용신이며 관성이 희신이다. 천간으로 壬水 상관이 병립 투출하였으나 삼합국을 이룬 관성을 만족시키기에는 벅차다. 더욱이 비견 金이 없으니 나의 뜻을 반영시키는 식상 水를 더 강하게 할 수가 없다.

이 여성은 첫남편과 사별하였다. 그리고 재혼하였는데 공교롭게도 사별한 남편이나 재혼한 남편 모두 기업의 임원이나 사장이었다. 이 여성은 자신의 전문성을 살리지 못하여 오직 남편에게 의존하여 자신의 화려한 상관 성향을 표출하고자 하는 사람이다.

비겁이 있었다면 보다 자기 사회생활을 통한 성취감을 느끼지 않았을까 한다.

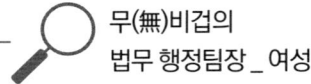
무(無)비겁의
법무 행정팀장 _ 여성

```
時 日 月 年
庚 壬 己 己
戌 寅 巳 未
```

壬水 일간이 巳월에 庚金과 己土가 투출하였으니 관인상생을 이루었다. 신약사주로 관성이 강하니 庚金 편인이 용신이다. 그리고 지지가 모두 火를 저장하고 있어서 조열한게 문제가 된다. 비겁 水가 절대적으로 필요하지만 사주에 일점 없으니 안타깝다. 이럴 경우 자존감, 줏대, 자기중심적이지 못하며 민첩성이 부족하다.

실제 20대에 교통사고를 당하여 안면 부위에 수차례 성형수술을 하였으나 다행히 상처가 잘 아물어 무난히 대학을 마칠 수 있었다. 이후 법무사 시험에 합격하여 로펌에서 법무 행정팀장으로 근무하고 있다. 이는 자신의 사주와 잘 맞는 직업이다.

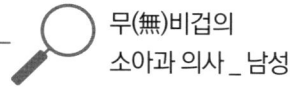
무(無)비겁의
소아과 의사 _ 남성

```
時 日 月 年
辛 癸 乙 戊
酉 巳 卯 午
```

癸水 일간이 乙卯월에 생하여 식신격이다. 연지 午火 재성이 있으니 자연스럽게 식신생재가 이루어졌다. 신약 사주로 시주 辛酉 편인이 용신이고 연간의 戊土 정관으로 辛金편인 용신을 돕는다. 일·시지가 巳酉 반합 金局을 이루어 용신이 건왕하며 식신생재를 이루어 사주가 맑아졌다.

그러나 일간 癸水는 비겁이 없으니 협조자가 없는 것과 같고 재를 다스리기에 자신감이 부족하여 일의 추진에는 소심한 성격이다. 자신은 전문직인 의료활동만 하고 사업적인 경영과 병원운영의 전반은 부인이 맡아서 하고 있다. 참고로 부인의 사주는 비겁이 왕하고 관성과 재성이 투출하여 판단력과 추진력이 좋으니 비겁이 없는 사람의 단점을 잘 보완할 수 있다. 이것이 내조의 힘이라고 본다.

4. 무(無)식상의 직업 사례

- 무(無)식상은 자식에 대한 집착이나 억지로 잘 하려는 모습이 강하다.

- 식상이 없으면 보여주기 식의 욕구가 더 강한 경우가 있다.

- 결핍 센서가 작동하면 늦게라도 탁월한 기술을 펼치기도 한다.

- 매너, 표현력, 눈치, 설득력이 부족하다.

- 인수에 의해 도식되거나 사고나지 않는 장점이 있다.

- 관성을 극·제하여 관리하는 능력이 취약하다.

- 관을 극하여 고정관념을 바꾸는 설득력이 약하다.

- 자격을 갖추고 직업활동을 하는 것이 유리하다.

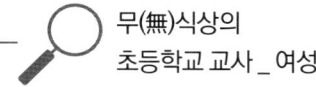
무(無)식상의 초등학교 교사 _ 여성

```
時 日 月 年
辛 壬 丙 丁
亥 申 午 未
```

壬水 일간이 午월에 丁火가 투출되어 정재격이다. 일지 申金 편인과 시간의 辛金 정인이 일간을 생하고 시지 亥水 비견에 통근하니 신왕 재왕한 사주가 되었다. 亥水 중의 甲木과 未土 중의 乙木이 암장되어 있고 亥未가 반합 木局을 하니 통관역할의 뜻은 있다고 본다.

재격답게 교대에서 과학을 전공하였으며 교사생활을 하는 중에도 박사학위를 취득하여 대학에서 강의도 하는 등 자기 계발에 열중하는 사람이다. 다만 식상의 취약으로 자신의 생각을 표현하거나 대인관계 등에서 다소 폭이 넓지 못한 면이 있다.

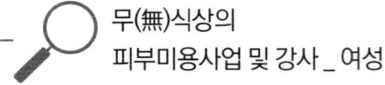
무(無)식상의
피부미용사업 및 강사 _ 여성

```
時 日 月 年
甲 己 己 丙
戌 亥 亥 午
```

壬癸甲乙丙丁戊
辰巳午未申酉戌

己土 일간이 亥월에 甲木이 투출하여 정관격이며 재생관이 잘 이루어졌고 또한 연간으로 丙火가 투출하여 관인상생 역시 잘 이루어졌다. 사주를 보면 직장인이 되거나 공무원이나 교육자로 진로가 맞다고 본다.

그러나 이 사람은 20대 초에 결혼 후 아이를 낳고 키우는 중이며 남편이 직장을 잃는 등 생활고가 어렵게 되자 피부미용사 자격을 취득하고 피부미용사로 활동하다가 직접 샵을 운영하며 생활하였다. 金 식상대운에 식상의 결핍센서가 작동한 것으로 본다. 이후 火대운에 대학에 피부미용학과가 개설되자 박사학위까지 취득하고 관련 사업을 하며 대학강사로도 활동하게 된 사람이다.

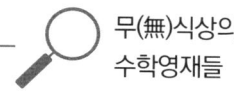
무(無)식상의 수학영재들

| 여성 | 時 日 月 年
庚 丙 庚 癸
寅 寅 申 酉 | 남성 | 時 日 月 年
庚 丙 庚 癸
寅 寅 申 酉 |

丙乙甲癸壬辛　　　　　甲乙丙丁戊己
寅丑子亥戌酉　　　　　寅卯辰巳午未

위 두 사주는 부모가 다르며 성별이 다르다. 두 사람 모두 수학영재로 사주가 같으며 성별이 달라 대운의 흐름만이 다른 것을 볼 수 있다.

특징은 丙火 일간이 庚申월생으로 편재격이며 연간의 정관 癸水가 투출되어 있어 재생관을 이루었고 신약하므로 일·시지의 편인 寅木을 용신으로 쓴다. 그리고 정관 癸水는 재의 생을 받아 인수를 생하므로 희신이 된다.

사례의 두 사람은 초등학교 6학년 때 영재교육 현장에서 만났던 학생들로 그 이후 진로를 확인할 수 없어서 안타깝다. 하지만 동일 사주가 동일 수학영재이고 모두 재격이라는 점은 명리학의 재능분석이 가능함을 시사하고 있다.

5. 무(無)재성의 직업 사례

- 무(無)재성은 공부를 잘해도 전공을 못 살리는 경우가 많다.
- 무(無)재성은 자격증을 취득해놓고도 현실적으로 이익이 되는 일에 집착한다.
- 재성이 없으면 재물에 집착하거나 남성은 여자에게 더 집착한다.
- 늦게라도 결핍 센서가 작동하면 부를 이룬다.
- 수리, 욕구, 개발력, 만족감 결여 등에 취약하다.
- 재다신약처럼 재물에 상당히 집착하는 심리가 있다.
- 비정상적으로 취득하거나 구하는 심리가 있다.
- 개발업무보다는 과정이 중요시 되는 직무가 적합하다.

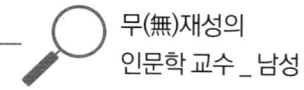
무(無)재성의
인문학 교수 _ 남성

```
時 日 月 年
乙 丁 戊 丙
巳 卯 戌 子

乙 甲 癸 壬 辛 庚 己
巳 辰 卯 寅 丑 子 亥
```

丁火 일간이 戊戌월생으로 상관격이다. 상관을 다스리고 일간을 생하는 시상의 乙木 편인이 용신이며 관성 水가 희신이다. 재성이 없고 관성이 취약하여 일간은 자신의 에너지를 활용하여 감성과 재능을 활용하고 성취감을 느끼는 인비식 구조가 되었다. 즉, 지식을 전달하거나 기술을 활용하는 전문가 사주이다.

이 사주의 주인공은 초년부터 희신 水대운으로 향하고 중년부터 용신 木대운으로 향하고 있어 대학교수로 무난한 생활을 하였다. 실상 무(無)재 사주이나 자신의 적성을 잘 살려 사회인이 되었기에 일생 평안하게 살아가는 사람이다.

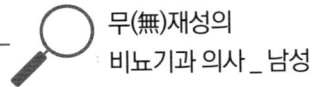 무(無)재성의 비뇨기과 의사 _ 남성

```
時 日 月 年
乙 癸 壬 辛
卯 亥 辰 亥
```

癸水 일간이 辰월에 생하여 시간으로 乙木이 투출하여 식신격이다. 연간의 辛金 편인이 癸水 일간을 생하고 연·일지의 亥水에 통근하니 신강하여 木 식신을 용신한다. 일·시지의 亥卯 木局과 월·시지의 卯辰 木 方局을 이루니 용신인 식신 역시 강하다.

의대에서 비뇨기과 전문의를 취득하고 페이닥터를 잠시 하다가 비뇨기과를 창업하였다. 재성이 없는 사주가 수리에 강해야 되는 이과를 선택하여 의대를 졸업하고 병원까지 운영하며 돈을 잘 벌고 있는 상황은 무엇일까 생각해 보게 된다.

식상이 왕성하니 재성 火를 생할 수 있고 월지가 辰土 관성이니 火를 설기할 수 있으니 대행능력은 있다고 본다. 한편 부모에게 받은 DNA와 부모의 지속적인 관심과 경제적인 지원도 중요한 요소임을 알 수 있다.

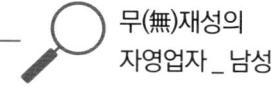 무(無)재성의 자영업자 _ 남성

```
時 日 月 年
乙 戊 庚 丁
卯 戌 戌 卯

甲乙丙丁戊己
辰巳午未申酉
```

戊土 일간이 戌월에 생하여 丁火가 투출하였으니 정인격이다. 시상으로 정관 乙木이 투출하여 관인상생을 이루었다. 일간이 월·일지 戊土 비견에 통근하니 신강사주이다. 그러나 식신 庚金이 정관 乙木을 합하니 자신의 직업에 관을 희생시키고 식신을 도모하게 된다.

건축공학을 전공하고 기업체에 근무하였으나 중간에 사직하고 헬스 관련 자영업을 시작하였다. 차츰 발전하여 지금은 제법 안정권에 들고 성공 가도를 달리고 있는 사람이다.

6. 무(無)관성의 직업 사례

- 무(無)관성은 서열본능이 약하여 결정 장애가 나타날 수 있다.

- 관성이 없으면 명예나 자리에 연연하지 않을 수 있다.

- 또한 결핍 센서가 작동하면 유난히 완장에 집착한다.

- 식상에 의해 사고 나지 않는 장점이 있다.

- 결단성, 인내력, 자포자기, 예의범절 기억력 등에 취약하다.

- 틀에 얽매이기를 싫어하고 자율성을 중시한다.

- 서열본능이 작동하는 권력형의 직장은 피하는 것이 좋다.

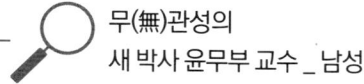
무(無)관성의
새 박사 윤무부 교수 _ 남성

```
時 日 月 年
庚 戊 癸 辛
申 午 巳 巳
```

戊土 일간이 巳월에 庚金이 투출하여 식신격이며 巳午 火局으로 인수가 강하니 인비식 구조가 되었다. 관성이 없으니 에너지 주체가 자신이 되며 자신의 정서와 재능 활용으로 성취감을 느끼는 유형이다. 이런 유형은 연구와 전문직이 좋다.

윤무부 교수는 국내 곳곳을 찾아다니며 조류를 연구하는 교수로 유명세를 타고 활동하였다. 연구직이나 대학교수는 자신의 사주 재능과 매우 적합한 직업이다.

한편 癸水와 火들이 木을 상생시키니 관성의 대행능력이 있다고 본다.

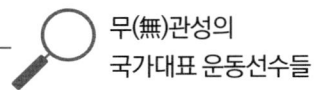
무(無)관성의 국가대표 운동선수들

A. 축구선수 박지성_남성

時	日	月	年
乙	丁	辛	辛
巳	未	卯	酉

B. 피겨스케이트 선수 김연아_여성

時	日	月	年
乙	癸	甲	庚
卯	酉	申	午

A의 사주는 丁火 일간이 卯월에 乙木이 투출하여 편인격이다. 지지로 卯未 반합 木局을 이루어 편인이 왕하며 일지 未土와 시지 巳火에 통근하였으니 일간은 신강하다. 연지 酉金에 통근한 辛金 재성이 편인을 제화시키는 용신이다.

B의 사주는 癸水 일간이 申월에 庚金이 투출하여 정인격이며 일지 편인 酉金까지 일간을 생하니 신강사주다. 연지 午火로 편인 酉金을 제화시키고 시주에 乙卯식신으로 설기하는 식재가 용신이다. 월간의 상관 甲木은 그의 높은 예술점수를 담당했다고 생각된다.

위 두 명의 국가대표 운동선수의 사주는 공통적으로 관성이 없다. 관성이 없는데 국가대표가 될 수 있을까? 하는 의문점을 가질 수 있을 것이다. 그러나 매 순간 자신의 판단과 결정으로 시합을 해야 하는 운동선수에게 원칙과 고정관념의 성분인 관성은 그리 중요한 게 아니다.

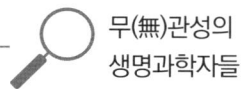
무(無)관성의 생명과학자들

```
    A. 수의학자_남성              B. 정치인_남성
    時 日 月 年                    時 日 月 年
    丙 乙 壬 壬                    丙 乙 壬 壬
    戌 未 子 辰                    戌 未 寅 寅
```

A, B 두 사주는 연·월지를 제외하면 모두 같다.

그러나 A는 인수격이며 교수 출신이고, B는 상관격으로 컴퓨터 백신개발 및 교수를 거쳐 정치를 하고 있는 사람이다.

두 사람 모두 서울대학교에서 생명과학을 전공하였다. 두 사주 모두 인수와 상관이 투출되어 있으며 또한 무(無)관성이다.

A는 학자로 근무하면서 정부의 많은 기대와 지원을 받아 줄기세포 연구를 하였으나, 논문표절 등으로 대학에서 퇴출되었다.

B는 의사로 시작하여 컴퓨터 백신개발로 사업을 성공시키고 잠시 대학교수로 있다가 정치에 뛰어 들어 대권에도 도전하였으나 매번 양보하거나 실패하였다.

두 사람의 무(無)관성이 주는 작용에 대하여 과연 명예나 권력을 추구하는 것이 어떤 결과를 가져올지에 대한 깊은 생각을 갖게 된다.

12장

십성의 에너지 주체와 직무적성

십성의 에너지 주체와 직무적성은 4차 산업혁명 시대의 직업사회 변화를 고려한다면 매우 중요한 학습 주제가 될 것이다. 이는 개인의 사주에서 나타나는 고유성이 타고난 성격 심리와 재능 그리고 직무적성에 매우 유효하기 때문이다. 현 사회는 과학과 정보의 시대로 직업의 다양성 때문에 단순히 한 직종보다는 직종 내에 존재하는 수많은 직무적성을 중요시한다. 그러므로 명리적 직업추론을 통해 단순하게 특정 카테고리의 직종이나 직업의 형태를 선택하는 것은 매우 위험하다. 예를 들어 사주에서는 신강과 신약을 구분하지만, 강약에 따라 개인의 타고난 감성과 정서 그리고 재능과 직무 적응성이 나타나지는 않는다. 일간의 강약보다는 에너지를 어떤 방향으로 활용할 수 있는가가 더 중요하다. 그러므로 개인의 사주 구조에서 에너지 코스를 중심으로 타고난 재능과 직무적성을 찾아보는 것이 더 중요하다.

체크 포인트

- 일간과 월령을 중심으로 이루어지는 격국과 상응하는 용신을 우선 참고한다.
- 일간 중심으로 사주의 전반적인 구조를 살펴야 하며 강약은 참고만 한다.
- 관인상생, 식상생재, 인비식 등의 순기능 코스를 중점적으로 살핀다.
- 오행의 편중으로 나타나는 극신약, 극신강, 그리고 종격, 가종격, 화기격의 편중을 살핀다.
- 식제살, 식제관, 재극인, 인극식, 비극재, 관극비 등의 상극관계를 살핀다.

직무적성의 해석은 유연성이 필요하다. 예를 들어 관인상생은 무조건 직장생활을 하는 것이 아니라 시스템을 활용한다는 것이다. 편의점과 같은 지정된 판매업은 잘할 수 있다. 또한 식상생재는 무조건 사업을 잘하는 것이 아니라 직장에서도 창의력 발휘가 중요하다. 직장에서도 연구직, 홍보, 영업 등은 잘 할 수 있다.

1. 에너지 주체가 일간 (일간-식상-재성)

사주 구조를 통하여 일간의 기초적인 심리작용을 분석할 수 있으며 이는 일간의 재능이나 사회성에도 영향을 많이 미친다. 먼저 에너지의 구성과 흐름을 살펴야 한다. 이때 일간을 중심으로 월령을 통하여 구성되는 격국을 우선 참고하는 것이 중요하다. 그리고 세력이 어느 곳에서 형성되었는지를 살펴서 에너지의 주체가 누구인지를 판단해야 한다. 다만 에너지 흐름이 뚜렷한 사주와 그렇지 않은 사주를 구분하여 적절히 설명할 필요가 있다.

일간 자체는 주관적이다. 자신의 뇌에 있는 많은 정보와 생각 등을 아직 밖으로 내보내지 않은 상태. 에너지 주체가 일간일 때, 뇌 속의 주관적 정보, 즉 자신의 감성, 재능, 노력 등을 가공을 통해 밖으로 내보내는 과정이 식상이며 그 결과로 나타나는 것이 재성이다. 또한 일간은 재성을 목적으로 하여 식상을 수행하기도 한다. 일간은 이러한 일련의 과정을 주관적인 자신의 판단으로 수행한다. 그러므로 비겁과 식상, 재성은 에너지의 주체가 일간이다.

- 에너지 주체가 일간인 사주의 심리는 자신의 감성과 선택을 통한 의사결정을 중요하게 생각한다.

- 직업도 직장이든 개인사업이든 상관없이 자신의 감성과 재능, 노력, 창의력을 활용할 때 능률적이며 직무만족도가 높다.

- 사주가 편중되었다고 결코 재능이 없는 것이 아니다. 성공한 사람들의 사례를 보면 지극히 평범하지 않은 사주가 많았음을 참고해야 한다.

- 사주에 식상이 없고 재성만 있을 때는 과정보다 결과에 집착하는 심리가 강하여 투기나 도박 등의 심리가 나타날 수 있다.

- 사주에 재성이 없고 식상만 있을 때는 과정을 중시하기에 과정에 천착하다가 결과에 소홀한 심리가 있다.

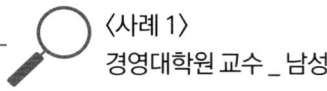

〈사례 1〉
경영대학원 교수 _ 남성

```
時 日 月 年
丙 乙 丁 丁
戌 酉 未 巳
```

사주 전체를 식신과 재성이 주도하고 있으므로 에너지의 주체가 일간이다. 교수로 근무하면서도 교내 창업을 주관하여 진행하고 국가지원을 신청하는 등 창의력과 실험정신이 왕성한 심리의 소유자다.

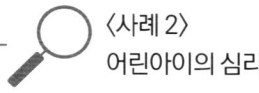
〈사례 2〉
어린아이의 심리

```
時 日 月 年
甲 乙 辛 丙
申 巳 卯 申
```

이 아이는 자기가 선택하지 않으면 상당히 떼를 쓴다고 한다. 사주를 보면 乙木 일간이 비록 연지와 시지에 정관 申이 있으나 인수가 없고, 월지 비견을 가지고 甲木 겁재가 투출하였으며 일지가 상관이니 에너지 주체가 일간이 되었다. 아이의 심리는 자신의 감성과 선택을 중요시 하니 참고하여 교육하고 양육하면 좋을 것이다.

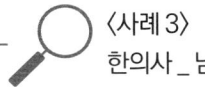
〈사례 3〉
한의사 _ 남성

```
時 日 月 年
壬 庚 庚 丙
午 辰 寅 子
```

庚金 일주가 寅월에 생하여 연간으로 丙火가 투출하여 편관격이 되었다. 그러나 천간으로 인수가 투출하지 않아 관인상생은 이루지 못하였다. 시상으로 壬水 식신이 투출하여 월령 편재를 생하게 되어 에너지 주체가 일간 자신이 된다. 자신의 감성과 재능과 창의력을 활용하는 심리구조다. 위 사주의 주인공은 한의대를 졸업하였다. 한의사는 적성에 잘 맞는다.

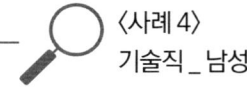
〈사례 4〉
기술직_남성

時 日 月 年
甲 甲 丁 甲
子 戌 卯 寅

위 사주는 甲木 일간이 卯월에 득령한 겁재격으로 연주 甲寅, 시주 甲子로 비겁이 태강하게 된 신강사주이며 상관을 활용하므로 에너지 주체가 자신이 된다. 자신의 재능을 키우고 활용하는 게 중요하다. 사주의 주인공은 기계를 다루는 기술자이다.

〈사례 5〉
한글 창제_세종대왕

時 日 月 年
甲 壬 乙 丁
辰 辰 巳 丑

壬水 일간이 巳월에 생하여 신약하다. 재격에 식상이 모두 투출하여 사주가 전반적으로 식상생재의 구조를 이루고 있으니 강한 에너지 주체가 본인이다. 새로운 창의력을 주도하는 개인의 재능을 활용하니 한글 창제의 업적을 이루어 놓았을 것이다.

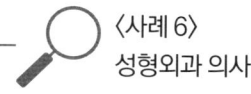
〈사례 6〉
성형외과 의사

```
時 日 月 年
辛 丙 丁 己
卯 午 丑 未
```

丙火 일간이 일지에 午火 겁재를 깔고 있고 월지에 상관이 놓였다. 관성이 없고 상관이 강하니 에너지 주체가 자신이다. 자신의 재능을 살리는 창의력과 실험정신이 강한 직업이 좋을 것이다. 위 사주의 주인공은 아름다움을 창조하는 의사이다.

〈사례 7〉
소설 〈토지〉 저자 박경리

```
時 日 月 年
癸 庚 辛 丁
未 申 亥 卯
```

庚金 일간이 亥월에 생하고 시간에 癸水를 투간하여 金水 상관격이다. 에너지 주체가 본인이다. 상관격은 머리가 좋고 자기 감성을 표현해내는 재능을 가지고 있으니 표현예술 분야 및 강의, 작가 등이 적합하다.

2. 에너지 주체가 관성 (관성-인성)

에너지 주체가 관성이거나 인수일 때, 일간은 객관적이다. 즉, 사회의 이성적 시스템과 새로운 정보를 끊임없이 자신의 뇌에 제공하여 새로운 알고리즘을 형성한다. 즉, 사회적 관계와 현상, 지식 등을 받아들이는 상태다. 받아들인 후 뇌 속의 기존 정보와 새로 입력된 객관적 정보를 가공하여 판단하고 선택하여 밖으로 드러낸다. 그러므로 일간은 관계를 의식하게 된다. 그 결과로 나타나는 것이 관성이다.

또한 일간은 관성을 목적으로 하여 인성을 작동시키기도 한다. 일간은 이러한 일련의 과정을 객관적인 조직이나 주어진 시스템 및 환경의 제공으로 수행한다. 그러므로 에너지의 주체가 일간이 아닌 관성과 인성이다.

- 에너지 주체가 타자인 사주의 심리는 조직과 제공되는 환경을 통한 의사 결정을 중요하게 생각한다. 또한 나에게 제공하는 주체(관인)를 먼저 생각하게 되니 늘 관계를 의식하여 말하고 행동하는 심리가 있다.
- 직업도 직장이든 사업이든 상관없이 주어지는 조직과 시스템이 형성되고 관계와 잘 갖추어진 환경을 활용할 때 능률적이며 직무만족도가 높다.

- 사주에 인수가 없고 관성만 있을 때는 노력하고 순리에 따르는 과정보다 결과와 명예에 집착하는 심리가 강하다. 인수가 없으니 관성이 주는 직업이나 일은 주어지나 지속성이 보장되지 않는 경우가 많다.
- 사주에 관성이 없고 인수만 있을 때는 배우고 노력하는 과정을 중시하기에 책임감에 집착하지 않는 심리가 있다.

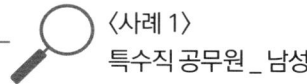
〈사례 1〉
특수직 공무원 _ 남성

時 日 月 年
庚 壬 壬 辛
戌 子 辰 未

비겁이 강한 가운데, 지지로는 관성이 강하고 천간으로는 인수가 투출하여 사주 전체 구조가 관인상생을 이루었다. 그러므로 에너지 주체가 관인이다. 조직이나 시스템이 잘 갖추어진 환경 속에서 능률적인 직업 심리의 소유자다. 특수직 공무원은 자기 적성과 일치한다.

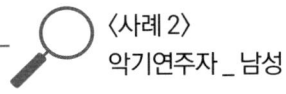

〈사례 2〉
악기연주자 _ 남성

```
時 日 月 年
戊 乙 甲 戊
寅 酉 子 戌
```

편인격이며 일지 酉金이 있어 지지로 관인상생을 이루었으니 에너지 주체가 관성과 인성이다. 좋은 환경 속에서 신강한 자신의 재능을 활용하고자 하는 심리의 소유자다. 사주의 주인공은 제공되는 무대에서 평생 악기를 연주해 온 사람이다. 특히 재성이 투출하여 피아노 연주를 잘 한다.

〈사례 3〉
호텔 관리직 _ 남성

```
時 日 月 年
乙 庚 丙 丙
酉 戌 申 午
```

庚金 일간이 申酉戌 방합을 이루어 신강하다. 또한 丙火 칠살도 강하다. 비겁이 강하여 에너지 주체가 일간이지만, 식상이 없어 식재로 활용하지 못하는 구조. 하여 강한 칠살을 주체로 삼아야 하나 또한 인수가 부실하다. 즉, 자신의 주관과 고집은 강하고 사람과 조직에는 과잉 충성하는 예스맨 심리의 소유자다. 그러므로 늘 일자리는 있으나 직장이동이 빈번하다.

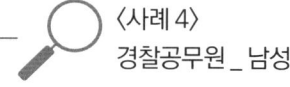

〈사례 4〉
경찰공무원 _ 남성

```
時 日 月 年
丙 辛 丁 己
申 丑 丑 亥
```

辛金이 丑월에 己土가 투출한 중 천간으로 丙丁 火가 떠서 관인상생을 이루었다. 일간이 비록 신강할지라도 에너지 주체는 관성과 인성이다. 조직이나 시스템을 활용하는 직무가 적합하다. 다만 재생관이 되지 않으니 하위직이다.

〈사례 5〉
정년퇴직 교사

```
時 日 月 年
庚 丁 癸 丙
戌 巳 巳 子
```

丁火 일간이 巳월에 생하고 丙火가 투출하여 비겁이 왕한 신강사주이다. 본인의 에너지 주체가 강하다. 그러나 연지 子水에 통근한 월간의 癸水 칠살을 시간의 庚金이 재생관을 하므로 사회성의 에너지 주체가 관살이 되었다. 교사로서 정년까지 하였다.

12장 십성의 에너지 주체와 직무적성

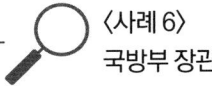
〈사례 6〉
국방부 장관

```
時 日 月 年
甲 戊 戊 己
寅 辰 辰 巳
```

戊土 일간이 비겁이 강해 신강사주이다. 시상의 편관 甲木이 월지와 일지 辰土에 통근하고 시지 寅에 뿌리를 두니 신왕하고 관성이 왕하다. 이 사주의 에너지 주체는 관성이 되었다. 군 장성출신으로 장관에 올랐다.

〈사례 7〉
의대 내과 교수

```
時 日 月 年
庚 癸 己 庚
申 卯 丑 子
```

癸水가 己丑월에 생하고 인수 庚金이 투간하여 사주의 전반적인 구조는 관인상생을 이루었다. 에너지 주체가 관인이므로 조직과 시스템을 활용하는 속에서 자신의 재능을 활용하여야 능률적이다

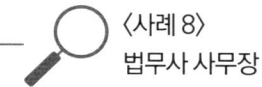
〈사례 8〉
법무사 사무장

```
時 日 月 年
戊 壬 戊 壬
申 寅 申 寅
```

壬水 일간이 申월 申시로 편인이 강한 중에 월간과 시간으로 戊土 편관이 투출하여 전반적인 관인상생의 구조이다. 에너지 주체가 관인이 된다. 이 사주의 주인공은 법학을 전공하고 여러 차례 사법시험에 낙방하고 결국 법무사 사무장으로 일하게 되었다.

3. 에너지 주체가 균형 (식재-관인)

에너지 주체가 한쪽으로 치우치지 않은 상태로 균형을 이룬 경우, 오행이 고르게 분포되고 격과 용이 치우치지 않고 잘 갖추어진 경우라면 중용의 인성과 안정된 심리를 갖추었다고 볼 수 있다. 그러나 사주는 평균값도 중요하지만, 강약과 전후의 위치 등 상관관계가 복잡하여 다양한 구조를 이루고 있다. 그러므로 다양성으로 이루어진 사주 내 십성의 상관관계를 구조적으로 분석해야 할 필요성이 주어진다.

- 일간을 중심으로 식재와 관인이 잘 갖추어졌다면 에너지의 주체 또한 치우침이 없을 것이다. 사회의 관계를 잘 받아들이고 자신의 재능이나 감성 또한 잘 표현하는 심리를 갖게 된다.
- 양방의 에너지를 잘 활용하므로 중개역할이나 중간자 역할에 강점을 가진다.
- 안정된 심리의 소유자다. 다만 치우침 없는 사고가 멋있고 긍정적이지만 다소 우유부단하며 개성이 뚜렷하지 않은 심리적 성향이 있다.
- 직업적으로는 양쪽 방면을 모두 활용하는 전문가형이다. 식재의 연구와 결과, 관인의 학습과 명예가 고르기 때문이다. 직종의 분야가 중요

한 것이 아니라, 무엇이든 한 분야에서 성과적일 수 있다.

- 다만, 어느 한쪽이 더 유력할 경우가 많으며, 대운의 개입에 의해 한편으로 치우치게 될 경우 변화가 나타날 수 있다.

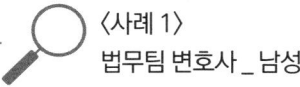
〈사례 1〉
법무팀 변호사 _ 남성

```
時 日 月 年
甲 壬 辛 甲
辰 子 未 寅
```

월지 未土 정관과 월간 辛金으로 관인상생을 이루었다. 그리고 식신 또한 강하다. 에너지의 주체가 관인이므로 시스템이나 잘 갖추어진 환경 속에서 자기 능력을 발휘하는 구조이다. 또 식상이 강하여 관인과 균형을 이루었으니 조직에 속하여 자신의 감성과 재능으로 친절하게 서비스하는 심리의 소유자다.

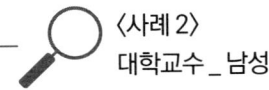
〈사례 2〉
대학교수_남성

```
時 日 月 年
甲 壬 庚 乙
辰 子 辰 卯
```

지지에서 子辰이 水의 국을 이루어 비겁이 강하며, 에너지 주체가 인성과 식상으로 균형을 이루었다. 인·비·식 전문가형이다. 다만 재성이 없으니 자기가 주체가 되기보다는 관인이 형성되어 있는 조직과 관계 속에서 본인의 주관적 재능이 돋보이도록 능력을 발휘해야 한다.

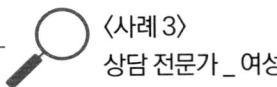
〈사례 3〉
상담 전문가_여성

```
時 日 月 年
癸 己 乙 丙
酉 卯 未 午
```

대체로 관인상생과 식신생재가 고르게 형성되어 있다. 즉, 에너지가 고르게 분포되었다. 자기 주체가 있으나 편관이 투출하여 시스템이 갖추어진 환경을 선호할 수 있다. 된다. 모임이나 단체 생활에 잘 적응하고, 자신의 활동에서도 재능을 개발하여 전문성을 갖추려는 균형적 심리를 가졌다. 성정이 온화하고 합리적이며 매사에 책임감 있고 적극적인 면이 돋보이는 상담 전문가이다.

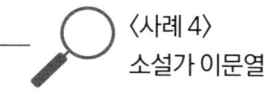
〈사례 4〉 소설가 이문열

```
時 日 月 年
壬 庚 戊 戊
午 辰 午 子
```

庚金 일간이 정관 午월생으로 연간과 월간에 戊土 편인이 투출되고 시상으로 壬水 식신이 투출되어 직무적성은 전문성이 강한 인비식의 구조를 이루고 있다. 사주는 편인이 왕한 가운데 시상 壬水 식신으로 일간 庚金이 水의 원천이 되어 해박하고 능수능란하며 현학적인 면이 강하다. 지지에 子午가 충하는 것이 상관과 정관의 충이므로 때로는 편협한 경향이 있다.

〈사례 5〉 연세대 총장 역임

```
時 日 月 年
丁 庚 己 乙
亥 辰 卯 未
```

庚金이 卯월에 생하고 지지는 亥卯未 木 재국을 이루었다. 그러나 월간의 정인 己土와 시상의 丁火 정관이 투간하여 관인상생을 이루었으니 1차적으로 에너지 주체는 관인이다. 다만 亥水 식신이 재국을 이루어 인수를 압박하니 결과적으로 에너지가 고르게 분포된 것이다.

〈사례 6〉
컴퓨터 백신 개발, 안철수

```
時 日 月 年
丙 乙 壬 壬
戌 未 寅 寅
```

乙木이 寅월에 병화가 투출하여 상관격이다. 연·월로 인수가 투출하여 인비식의 균형을 갖춘 전문가 사주다. 관성이 없으니 에너지 주체는 자신에게 있으며 고급 기술을 펼칠 수 있는 인수과 상관이 잘 갖추어져 있다.

〈사례 7〉
대학 교수_남성

```
時 日 月 年
壬 癸 乙 丙
子 酉 未 午
```

癸水가 편관 未월에 생하고 연·월로 木火 식신생재를 이루었다. 또한 월지와 일지로는 관인상생을 이루었다. 에너지를 고르게 활용하는 전문가형이다. 그렇더라도 식재관이 유력하여 에너지 주체는 자신이다. 독서 경영학을 스스로 개발하여 교수로 활동한다.

4. 에너지 주체가 편중

사주 내의 오행이 한쪽으로 치우쳐 있다면 편중으로 논할 수 있다. 편중된 사주라고 해서 상생구조를 이루지 못한 것이 아니라면 외부나 내부의 에너지를 활용하게 된다. 즉, 편중된 사주도 에너지의 주체가 있으며 이에 따라 재능이나 직무적성을 파악해야 한다.

현대 사회는 편중된 사주들이 기회를 만나면 성공하기에 좋은 환경을 가지고 있으며, 편중된 그 자체가 타고난 재능으로 활용되는 경우도 많다는 점을 간과해서는 안 된다.

- 일간을 중심으로 비겁 식상 재상 관성 인성으로 편중될 수 있다.
- 독특한 성격 심리를 보이거나 남다른 취미나 버릇 등의 심리소유자다.
- 에너지를 편중된 방향으로 집중하기에 특정한 분야에서 남다른 재능을 보이기도 한다.
- 편중되어 정서적 안녕감이 부족하거나 한쪽으로 뚜렷한 개성이 드러나기도 한다.
- 직업적성도 특정한 분야에서 탁월하거나 무엇이든 한 분야에서 성과

적일 수 있다.

- 다만, 치우쳐 있다는 것 자체가 일반적이거나 평범하지 않음을 의미한다.

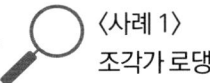
〈사례 1〉
조각가 로댕

```
時 日 月 年
丙 乙 丁 庚
戌 亥 亥 子
```

乙木 일간이 연·월·일지가 亥亥子로 인성 水가 태왕하다. 천간에 식상 丙丁이 투출하여 전반적인 구조는 인비식이다. 인수로 편중되어 생각이 많고 아이디어를 식상으로 표현하기에 기획력이 우수하고 총명하며 창의력이 남다르다. 시지 戌土 정재는 노력으로 얻는 결과물이다. 조각가들의 사주는 실현을 충족하는 재성의 소유자가 많다.

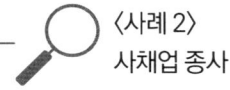
〈사례 2〉
사채업 종사

```
時 日 月 年
辛 戊 乙 乙
酉 申 酉 酉
```

戊土 일간이 酉월에 생하고 지지에 식상 金이 무리를 이루었다. 강력한 에너지 주체는 자신이다. 식상으로 무엇을 하든 자신의 선택과 자신의 감성과 재능을 활용하는 것이 좋은 구조다. 사금융업 또한 자신의 선택으로 간섭 당하지 않고 스스로 결정하면서 할 수 있는 직무이다.

〈사례 3〉
재다신약의 여명

```
時 日 月 年
甲 甲 戊 己
子 戌 辰 酉
```

甲木 일간이 辰월에 재성이 과다하여 신약하다. 甲木 비견이 투출하여 일간을 도우니 에너지 주체는 자신이다. 그러나 에너지가 편중되고 혼잡되어 있다. 일찍 결혼했으나 초년에 흉대운을 만나 이혼 후 식당일 등을 하면서 자녀를 부양하게 되었다. 水 대운을 만나야 좋다.

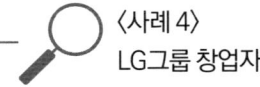
〈사례 4〉
LG그룹 창업자

```
時 日 月 年
乙 丙 己 丁
未 戌 酉 未
```

丙火 일간이 酉월생으로 土식상이 많으니 식상생재로 치우친 구조이다. 에너지 주체가 자신이다. 창의성과 실험정신을 활용하여 당시 금성사(Gold Star)를 크게 성공시켰다.

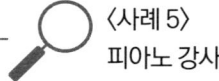
〈사례 5〉
피아노 강사

```
時 日 月 年
丁 己 癸 辛
卯 巳 巳 丑
```

己土 일간이 巳월에 생하고, 丁火를 투출하여 편인으로 치우쳤다. 지지에 巳丑의 합이 연간의 식상 辛金을 지지하고 있다. 편중된 중 인비식의 구조를 만들어 내고 있으니 자신의 재능 에너지를 나름 적극적으로 활용하게 된 구조다.

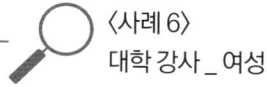

〈사례 6〉
대학 강사 _ 여성

```
時 日 月 年
己 辛 辛 壬
丑 亥 亥 子
```

辛金 일간이 亥월에 생하고 지지에 亥子丑 방합국을 이루고 있는 중 壬水가 투출되어 식상으로 치우쳤다. 에너지 주체는 자신이다. 대학에서 법학을 전공하였으나 식상으로 편중된 에너지 때문인지 시상의 己土 편인을 활용하여 동양학을 재차 공부하고 대학에서 강의하고 있다.

〈사례 7〉
직업소개소 대표 _ 여성

```
時 日 月 年
戊 戊 丙 戊
午 辰 辰 戌
```

戊土 일간이 辰월에 생하고 사주 전체가 대부분 비견으로 이루어진 종비격이다. 에너지 주체는 자신으로 스스로 선택하고 재능을 활용하여 활동하는 구조다. 인력을 보급하는 직업소개소를 운영하면서 쉴새 없이 바쁘게 활동하면 살아간다. 인력사무소는 자신의 적성에 매우 적합한 직무이다.

5. 에너지 주체가 불균형

앞 장에서 살펴보았듯이 사주가 편중된 상태로 격을 이루었거나 혹은 격을 이루지 못했어도 전체적인 구조의 흐름 자체가 쓰임의 에너지로 형성되어 있다면 외적이든 내적이든 직무적성이 발현된다. 그러나 편중된 것과 별개로 상생이 막혀 있거나 충과 극이나 합으로 변화가 심하면 에너지 주체가 불균형을 이루고 있다고 말한다. 이런 경우라 할지라도 유심히 잘 살피고 대세운을 따져서 진로를 상담할 수 있어야 한다.

현대 사회는 어떠한 사주 구조라도 자신만의 재능과 직무적성이 있기 마련이다. 다만 에너지 주체가 불균형한 경우, 선호 직업에서 다소 벗어날 수 있다는 점이 있다. 사주 구조가 어떠하든 자신이 선택한 직업이 타고난 재능을 활용하는 직무적성에 부합하면 성공할 수 있다. 그러나 부합하지 못하면 평범하거나 변화를 겪게 된다.

- 일간을 중심으로 사주의 월령과 타 간지의 상생이 원활하지 않은 경우이다.
- 이런 유형의 사주는 비범성이 나타나 크게 성공하기도 한다.
- 에너지의 불균형이 자신의 장점이 된다면 성공하기도 한다.

- 대체로 격정적이고 심리적 변화의 불안감이 잠복되어 있다.
- 변화를 즐기기도 하고 변화에 잘 적응하기도 하며 변화를 주도하기도 한다.

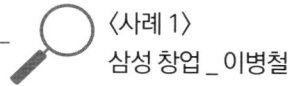

〈사례 1〉
삼성 창업 _ 이병철

```
時 日 月 年
壬 戊 戊 庚
戌 申 寅 戌
```

戊土 일간이 寅월에 생하여 편관격이나 인수가 없어 살인상생을 이루지 못하였다. 그리고 지지에 寅申 충이 있어 식신생재도 불안한 구조이다. 그러나 전체적으로 에너지가 비식재로 흐르니 주체적인 에너지는 자기 자신이다. 창의력을 통한 많은 모험과 도전으로 변화를 주도하였고 삼성가를 이루어냈다. (참고: 1966년 일본에서 사카린을 밀수하다 당국에 적발되어 회사 지분의 51%를 국가에 헌납하고 많은 벌금을 냈다.)

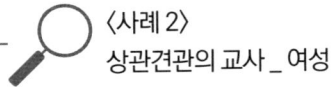
〈사례 2〉
상관견관의 교사 _ 여성

```
時 日 月 年
丙 乙 庚 辛
戌 亥 寅 丑
```

乙木 일간이 寅월생으로 상관 丙火가 시상으로 투출하였고 월간에 정관 庚金이 투출하여 상관견관을 이루고 있다. 상관을 제압할 수 있는 인수 亥水는 寅亥합이 되고 또한 戌土의 극도 받아서 에너지 주체가 모호하게 되었다. 개인사는 격정적이나 교사가 되어 상관을 활용하는 강의를 하게 되었다.

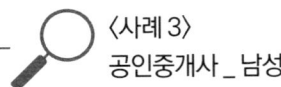
〈사례 3〉
공인중개사 _ 남성

```
時 日 月 年
丁 甲 丁 辛
卯 戌 酉 丑
```

甲木 일간이 酉월에 辛金이 투출하여 정관격이다. 그러나 인수가 없고 상관 丁火가 두 개나 투출하여 정관을 상하게 하고 있다. 귀한 정관을 상관이 극하여 모사와 잔꾀에 능하다. 그렇더라도 이 사람의 직무적성은 정관의 고정관념을 상관으로 변화시키는 것이다. 즉, 타인을 설득하고 중개하는 능력과 영업력, 홍보 능력을 가졌다. 부동산 중개업에 종사한다.

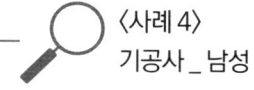
〈사례 4〉
기공사 _ 남성

```
時 日 月 年
丙 乙 壬 戌
戌 亥 戌 戌
```

乙木 일간이 戌월에 생하고 재성이 많아서 신약하다. 월간의 壬水 정인에게 의존하여야 하나 재성 土에게 극당하고 있으니 폐쇄적인 사고와 귀함을 추구할 수 없으니 어쩔 수 없이 상관을 활용하게 된다. 에너지 주체는 자신이 되나, 인수가 극을 당하니 고급기술 사용은 어렵게 되었다.

〈사례 5〉
변화가 심한 사업가

```
時 日 月 年
丁 丙 丙 丙
酉 午 申 午
```

丙火 일간이 편재 申월에 생하였으나 식상이 없고, 사주 전체에 火 기운이 왕하여 쟁재하고 있는 중 火를 다스릴 관성 水가 없다. 상극구조이나 결과적으로 강력한 비겁의 에너지 주체는 자신이다. 늘 사업을 하지만 변화와 기복이 심하고 안정됨이 없다.

직업선택 사례분석

13장에서는 자신의 재능과 적성에 맞는 직업을 선택한 경우와 그렇지 못한 경우의 직무만족도 또는 직무성과에 어떠한 차이가 있는지를 다양한 사례를 들어 설명하고자 한다. 남들이 인정하는 안정된 직업에 종사하고 있음에도 정작 본인은 그 직업에 만족하지 못하는 경우가 있고, 남들이 하찮게 생각하는 직업이라도 정작 본인은 즐겁게 만족하며 그 직업에 종사하는 경우도 있다. 또한 시스템이 잘 갖춰진 조직에 소속되어 자신의 능력을 발휘하는 것을 선호하는 사람이 있는가 하면, 자신이 주체가 되어 자신의 재능과 능력을 발휘하여 결과물을 얻는 것을 더 선호하는 사람이 있다.

어떠한 경우도 어떠한 선택도 옳고 그름은 없다. 다만, 자신의 에너지 주체와 재능의 방향이 어디냐에 따라 차이가 있는 것이다. 사례를 살펴보면, 자신의 에너지 주체와 재능의 방향에 맞는 직업에 종사하거나 또는 직무를 수행할 때 높은 만족도를 보여준다. 직무만족도는 아주 중요한 요소이다. 직업은 기본적으로 삶을 살아가는 데 있어 경제적 바탕이 되지만, 직무수행을 통해 성취감을 얻을 수 있으며 그에 따라 자기효능감도 높아진다.

우리는 하루 중 대부분의 시간을 직업과 관련된 일로 시간을 보낸다. 그러므로 이 시간을 최대한 보람과 성취감을 느끼며 만족스러운 시간으로 보낼 것인지, 스트레스를 받으면서 힘든 시간을 보낼 것인지를 결정 지어주는 직업선택은 중요한 척도가 된다.

1. 관인상생 구조의 직업선택

　관인상생 구조의 사주는 에너지 주체가 관·인이 되는 경우가 많다. 그러므로 직업유형은 직장형이라 할 수 있다. 공공기관이나 기업체 등 조직과 단체 등에 소속되어 직무를 수행하는 직업유형을 말한다. 자신에게 주어진 직무를 수행하며 정해진 규칙과 절차에 따라 일을 추진해 나가는 것을 더 선호한다.
　그렇다고 해서 반드시 직장만을 선호하는 것은 아니다. 관인상생 구조의 사주도 얼마든지 사업을 하거나 자영업을 할 수 있다. 커다란 시스템이 직무의 역할에 충실할 수 있도록 배경이 된다면 능률적이다. 즉, 사업을 할 때 프랜차이즈나 판매점 등은 오히려 관인상생 구조의 사주가 적합하다는 것이다. 실제 통계를 내어보면 자영업자들도 거의 50%는 관인상생 구조이고 직장생활하는 사람들도 거의 50%가 식상생재구조이다. 다만 그중에 일부가 직업만족도에서 차이를 나타내고 있을 뿐이다.
　그러므로 명리의 직업선택에서 매우 집중해서 학습해야 할 부분임을 강조하고 싶다.

1) 직업선택이 잘된 사례

 〈사례 1〉
한국전력공사 정년퇴임 _ 여성

```
時 日 月 年
戊 庚 丁 己
寅 戌 丑 亥

乙 甲 癸 壬 辛 庚 己 戊
酉 申 未 午 巳 辰 卯 寅
```

庚金 일간이 丑월에 己土가 투출하여 인수격이다. 월간의 丁火 정관이 투출하여 관인상생을 이루었다. 庚金 일간은 득령, 득지, 득세하여 신강사주다. 일·시지가 寅戌 火局을 이뤄 정관 丁火의 뿌리가 되며 동시에 재생관을 하게 되니 관성이 빛을 잃지 않게 되었다. 사주의 주인공은 대학을 졸업하고 한전에 취직하여 정년퇴임한 사람이다. 비교적 자신의 사주에 부합되는 진로를 선택하여 정년까지 근무할 수 있었다.

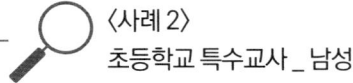
〈사례 2〉
초등학교 특수교사 _ 남성

```
時 日 月 年
庚 乙 甲 壬
辰 亥 辰 子

壬 辛 庚 己 戊 丁 丙 乙
子 亥 戌 酉 申 未 午 巳
```

乙木 일간이 辰월에 생하고 연지와 子辰 합 水局을 이루는 중 壬水가 투출하여 정인격이다. 시상으로 庚金이 투출하여 관인상생을 이루었다. 에너지 주체가 관인이다. 신강사주로 재성과 관성을 용신한다. 식상인 火가 없으니 어두운 곳에서 밝음을 지향하는 봉사정신을 활용하는 역할이 좋다. 사주의 주인공은 초등학교 특수교사로 장애아들의 교육을 담당하고 있다. 특수교사 직업에 책임감과 사명감이 투철한 사람이다.

〈사례 3〉
입시학원 부원장 _ 여성

```
時 日 月 年
己 辛 戊 癸
亥 亥 午 卯

乙 甲 癸 壬 辛 庚 己
丑 子 亥 戌 酉 申 未
```

辛金 일간이 午월생으로 己土가 투출하여 편인격이다. 월간의 정인 戊土까지 투출하여 인수가 왕한 관인상생격을 이루고 있다. 한편 일지와 시지에 나란히 상관 亥水가 일간을 설기하니 매우 총명한 사주이다. 비록 상관이 발달했으나 그보다 더 관인상생이 뚜렷하여 시스템 속에서 능력을 발휘하는 직무적성 구조다.

사주의 주인공은 입시학원의 부원장직을 맡고 국어를 가르치는 사람으로 관리능력도 뛰어나고 강의도 잘하여 인기 강사로 알려진 사람이다.

2) 직업선택이 잘못된 사례

〈사례 1〉
사업에 집착한 공학박사 _남성

```
時 日 月 年
戊 壬 己 乙
申 午 丑 巳
```

壬 癸 甲 乙 丙 丁 戊
午 未 申 酉 戌 亥 子

壬水 일간이 丑월에 己土가 투출하여 정관격이다. 또한 시상으로 戊土 편관이 투출하여 관살 혼잡을 이루었다. 신약사주로 시지 申金으로 살인상생 시키는 구조이다. 연간으로 乙木 상관이 있다지만 뿌리가 없으니 사용

하기 어렵다.

사주의 주인공은 S대 기계공학과 박사학위까지 받았고 동문들과 사업을 하였으나 잘 풀리지 않아 거지가 되다시피 하였다. 그러나 미련을 버리지 못하고 부인에게 용돈을 타서 쓰다가 결국 이혼까지 하게 되었다. 공학도로 교육계로 가든가 직장생활을 하였다면 안정된 생활을 하였을 것이다.

〈사례 2〉
수학을 잘하는 국어교사 _ 여성

```
時  日  月  年
己  丁  戊  乙
酉  酉  寅  卯
```

乙 甲 癸 壬 辛 庚 己
酉 申 未 午 巳 辰 卯

丁火 일간이 寅월에 출생하였고 연지에 卯木이 있어 木방국을 이루는 중 乙木이 연간으로 투출하여 인수격이다. 월간의 상관 戊土와 시상의 己土 식신으로 설기하며 일지와 시지의 편재 酉金이 나란히 하여 인비식재로 상생된다.

인수격답게 국어교사를 하게 되었으나 실제는 식상생재가 강하여 수학을 더 잘한다는 사람이다. 실제 관성이 없으니 인수가 관의 생을 받지 못하는 한계가 있다. 편재는 식상의 생을 받으니 확장성이 커져 수학교사가 더 잘 맞는 사주다. 이미 국어교사가 되었지만 더 큰 성취감을 느낄 수 있는 전공을 놓쳤다는 점은 매우 아쉬운 점이다.

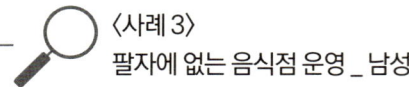

〈사례3〉
팔자에 없는 음식점 운영 _ 남성

```
時 日 月 年
甲 己 甲 癸
子 丑 寅 丑
```

丁 戊 己 庚 辛 壬 癸
未 申 酉 戌 亥 子 丑

己土 일간이 寅월에 甲木이 투출하여 정관격이다. 신약한 정관격이니 만큼 월지 寅木의 지장간 丙火 인수를 용신으로 써야 한다. 그러나 연간으로 투출한 편재 癸水가 재생관을 이루고 있으므로 신약한 己土 일간은 재성이 부담스럽다.

실제 사주의 주인공은 해외에서 음식점을 하는 여자와 동거하게 되며 음식점을 하게 되었으나 적자 운영을 면치 못하였다고 한다. 추진력과 결단성이 좋다는 평판이 있으니 직장생활이나 시스템을 활용한 직무에 적합한 사람이다.

2. 식상생재 구조의 직업선택

일간 자신이 에너지를 활용하는 구조로서 자신의 정서와 재능, 선택 등이 매우 중요하게 작동되는 구조이다. 식상생재 구조는 공개경쟁에 잘 대처하며 세상을 살아가는 유형이다. 자기전문성을 활용하는 만큼 프리랜서나 자영업은 물론 직장에서도 그러한 업무가 주어진다면 좋은 성과를 낼 수 있는 사람이다.

그러나 식상생재 구조의 사주도 직장생활을 잘할 수 있다. 직장에 소속은 되어 있지만, 자율성이 보장되고 자신에게 주어진 직무에 대해서 결과로 성과를 부여하는 곳에서는 능력을 잘 발휘할 수 있다. 매뉴얼에 따른 지침보다는 스스로의 융통성과 자율성이 보장된 직무에 적합하다.

식상생재 구조의 사주는 자신이 스스로 선택하고 결정한 활동이 금전적 이익 등의 결과로 나타나는 것을 선호하고 자신의 활동영역을 넓혀가는 것에 만족한다.

1) 직업선택이 잘된 사례

〈사례 1〉
S대 출신의 변호사 _ 남성

```
時 日 月 年
辛 辛 壬 己
卯 巳 申 酉

甲 乙 丙 丁 戊 己 庚 辛
子 丑 寅 卯 辰 巳 午 未
```

辛金 일간이 申월에 壬水가 투출하여 상관격이다. 연·월지 申酉 金 방합과 연간의 편인 己土와 시간의 비견 辛金까지 일간을 도우니 신강사주다. 상관격이자 상관을 용신할 수 있게 된 사주로 시지에 卯木 재성과 일지 巳火 관성이 서로 상극되지 않는 구조다. 상관의 탁월한 재능인 필설직에 해당하는 변호사의 직업은 매우 적합한 직업적성이다.

사주의 주인공은 사법고시에 패스한 후 주변에서 판사나 검사가 되길 조언했지만 자신은 변호사가 더 잘 맞는다고 스스로 판단하였다.

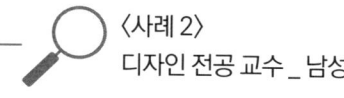

〈사례 2〉
디자인 전공 교수 _ 남성

```
時 日 月 年
戊 己 己 壬
戌 巳 酉 子
```

丙乙甲癸壬辛庚
辰卯寅丑子亥戌

己土 일간이 酉월에 생하여 식신격이다. 연주에 壬子 재성이 있으니 식신생재를 이루었다. 일지 巳火는 巳酉합으로 식신국을 이루고 사주 戊戌겁재는 일간을 도와 식신을 생해주니 전형적인 output 사주다. 자신의 감성과 재능을 활용하는 디자인 전공에 적합한 사주다.

사주의 주인공은 대학과 대학원에서 디자인을 전공하였고 대학에서 디자인과 교수로 활동하는 사람이다.

〈사례 3〉
피부과 의사 _ 남성

```
時 日 月 年
庚 庚 壬 辛
辰 寅 辰 亥
```

乙丙丁戊己庚辛
酉戌亥子丑寅卯

庚金 일간이 辰월에 생하고 壬水가 투출하여 식신격이다. 식신 壬水는 연지 亥水에 통근하고 연간의 겁재 辛金과 시간의 비견 庚金의 생을 받으니 식신은 강하게 되었다. 한편 일지 편재 寅木이 辰土와 재성 木방국을 이루고 연지 亥水에 생을 받으니 일간은 식신생재격을 이루게 되었다.

사주의 주인공은 의과대학을 졸업하고 부친이 운영하는 피부과 병원에서 근무하고 있다. 식신생재를 잘 이루었으니 자기 재능을 활용하는 피부과 의사는 적합한 직업이다.

2) 직업선택이 잘못된 사례

〈사례 1〉
맞는 적성을 버리고 사업 _여성

```
時 日 月 年
丙 甲 辛 丙
寅 戌 卯 申

甲 乙 丙 丁 戊 己 庚
申 酉 戌 亥 子 丑 寅
```

甲木 일간이 卯월에 생하여 양인격이다. 월간으로 辛金이 투출하였으나 丙辛合去되어 시상의 식신 丙火로 설기하는 용신을 쓴다. 일지 재성 戌土가 卯戌합으로 생재의 역할을 할 수 없으니 제조나 자영업은 불리하다. 비

겁으로 몸을 쓰는 기술을 익혀 식상으로 활용하는 직업이 적합하다.
사주의 주인공은 결혼 전 치위생사였으나 결혼 후 그만두고 자녀를 낳고 여러 가지 사업을 하였으나 번번이 실패하였다고 한다. 치위생사의 일을 계속했다면 문제가 없었을 것이다.

〈사례 2〉
소규모 사업 _여성

```
時 日 月 年
丙 乙 乙 戊
戌 酉 卯 辰
```

戊 己 庚 辛 壬 癸 甲
申 酉 戌 亥 子 丑 寅

乙木 일간이 卯월에 생하여 건록격이다. 월간에 비견 乙木이 투출하고 월지 卯木과 연지 辰土에 통근하니 일간이 약하지 않다. 일지 편관 酉金은 卯酉충이 되어 시상 丙火 상관으로 설기하는 용신을 쓴다. 연간의 정재 戊土는 비견 乙木의 극을 받아 생재가 안 되고 戊土는 조토(燥土)이니 재물이 클 수가 없다.
사주의 주인공은 소규모 사업을 여러 가지 하였으나 늘 고전을 면치 못하였다. 丙火 상관은 편관 酉金을 극하는 구조로서 설득력이 뛰어나므로 상담직이나 소개업에 적합하다. 실제 주변에서 화술이 좋다고 한다.

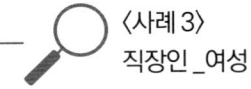

〈사례 3〉
직장인 _ 여성

```
時 日 月 年
己 壬 壬 壬
酉 午 寅 子

乙 丙 丁 戊 己 庚 辛
未 申 酉 戌 亥 子 丑
```

壬水 일간이 寅월에 생하여 식신격이다. 연지 子水에 근을 둔 연·월간의 壬水가 일간과 세력을 이루고 시지 정인 酉金이 일간을 생하니 신왕하다. 월지 식신 寅木과 일지 정재 午火가 寅午 火局으로 식신생재격을 이루었다. 시상의 己土 정관은 왕한 비견을 다스리기에 부족하고 식신격이니 만큼 관을 쓰기에는 부족하다.

사주의 주인공은 첫 남편과 이혼한 후 다시 만난 남자와 동거 중이라고 한다. 이를 보면 정관이 보호되지 못함을 알 수 있다. 현재 호구지책으로 직장생활을 하고 있다. 기회가 된다면 요리나 자영업 등 재능이 발현될 가능성이 크다.

3. 인비식 구조의 직업선택

　인비식 구조의 직업유형은 자유형태의 직업으로 조직이나 단체에 소속되어 근무하는 형식인 직업형이나 자신이 주체가 되어 사업체를 이끌어 나가는 사업형과 달리 자신의 고유한 전문지식을 무기로 자유롭게 근무하는 형태이다.
　조직에 속하지는 않으나 조직 활동에 개입하여 활동할 수도 있고, 조직을 구성하여 활동할 수는 있으나 매우 개인적이고 소규모적인 활동을 하는 전문성이 강한 업무를 선호한다. 대체가 가능하지 않은 자신만의 전문성을 인정받는 것에 만족한다.
　사주구조상 관인상생(官印相生)과 식상생재(食傷生財)의 혼합형으로 두 가지 구조의 장단점이 조화를 이루고 있는 유형이다.

1) 직업선택이 잘된 사례

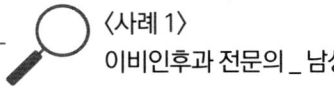
〈사례 1〉
이비인후과 전문의 _ 남성

```
時 日 月 年
甲 癸 壬 辛
寅 亥 辰 亥

乙 丙 丁 戊 己 庚 辛
酉 戌 亥 子 丑 寅 卯
```

癸水 일간이 辰월에 甲木이 투출하고 연지와 일지의 亥水와 시지 寅木에까지 통근하니 상관격이다. 상관격에 신강사주로 연간의 辛金 정인이 인비식 구조를 만들어 주었다. 머리가 좋은 전문가형의 사주이다.
사주의 주인공은 의과대학에 진학하여 이비인후과 전문의가 되었고 이후 창업하여 현재 성업 중인 사람이다. 사주의 전문가 적성과 잘 맞는다.

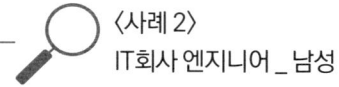

〈사례 2〉
IT회사 엔지니어 _ 남성

時 日 月 年
甲 己 丁 丙
戌 丑 酉 申

甲 癸 壬 辛 庚 己 戊
辰 卯 寅 丑 子 亥 戌

己土 일간이 酉월생으로 申酉戌 方局을 이루고 있으니 식신격이다. 재성 水가 없으니 생재를 이루지 못하였으나 연간의 丙火와 월간의 丁火 인수가 일간을 생하며 식상을 다스리니 인비식의 탁월한 전문기능을 갖추었다. 또한 시상의 정관 甲木이 관인상생을 이루어 조직이나 시스템이 존재하는 곳에서 자신의 재능을 활용하는 직무적성이다.

사주의 주인공은 국내 유수한 IT회사에서 인정받는 엔지니어로 근무하며 한국의 반도체 발전에 공을 세웠다.

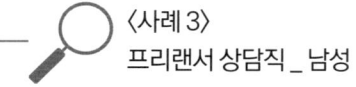
〈사례 3〉
프리랜서 상담직 _ 남성

```
時 日 月 年
乙 丙 丁 戊
未 戌 巳 午

甲 癸 壬 辛 庚 己 戊
子 亥 戌 酉 申 未 午
```

丙火 일간이 巳월에 생하고 巳午未 方局을 이루며 월간으로 丁火가 투출하여 火勢가 태왕하다. 사주 전체가 강한 火를 제화시킬 오행이 없으므로 비겁 火로 종하는 종비격이 되었다. 그렇더라도 시상의 乙木 정인과 연간의 戊土 식신이 인비식 구조를 이룬 것은 직무적성이 될 수 있다.

사주의 주인공은 심리학과 명리학 등을 공부하고 프리랜서로 상담활동을 하는 사람이다. 소속되거나 정착하지 않고 프리하게 활동하는 것은 자신의 직무적성에 부합하게 되니 급여를 능가하는 수입을 창출한다고 한다.

2) 직업선택이 잘못된 사례

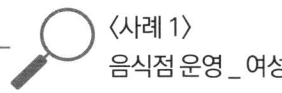
〈사례 1〉
음식점 운영 _ 여성

```
時 日 月 年
壬 辛 乙 辛
辰 亥 未 丑
```

癸 壬 辛 庚 己 戊 丁 丙
卯 寅 丑 子 亥 戌 酉 申

辛金 일간이 未月에 乙木이 투출하여 편재격이다. 시상의 壬水 상관이 투출하여 상관생재를 이루고 있어 자영업에 적합하다고 볼 수 있다. 그러나 연·월·시지가 모두 土 인수이니 식상이 자유로울 수가 없다. 또한 연간의 비견 辛金이 월간의 편재 乙木을 극하고 있어서 탈재되고 있다. 제조나 생산업은 노력에 비하여 결과가 부족하게 되는 사주다. 다행히 亥子 식상 대운에는 이재를 취하였으나 이후 辛丑대운에 어려움을 겪고 있다.

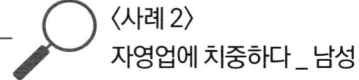
〈사례 2〉
자영업에 치중하다 _ 남성

```
時 日 月 年
己 丙 戊 庚
亥 子 寅 子
```

乙甲癸壬辛庚己
酉申未午巳辰卯

丙火 일간이 寅월에 생하였고 월간의 식신 戊土과 시간의 상관 己土가 투출하여 인비식의 구조가 되었다. 연간의 庚金 편재가 있으니 천간은 더하여 식신생재의 구조이다. 그러나 연지와 일지 정관 子水와 시지 亥水까지 지지로는 관인상생 구조이다. 인수로 자격증을 취득하고 식상으로 기술을 익혀 시스템이 구성된 직장생활을 하는 직무적성이다.

그러나 사주의 주인공은 오직 장사하는 것에 목적을 두었고 여러 가지 자영업에 손댔으나 결국 마지막에는 체인점을 운영했다가 실패했다고 한다.

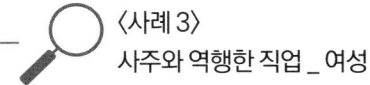
〈사례 3〉
사주와 역행한 직업 _ 여성

```
時 日 月 年
丁 甲 癸 甲
卯 申 酉 午

丙 丁 戊 己 庚 辛 壬
寅 卯 辰 巳 午 未 申
```

甲木 일간이 酉월에 생하여 정관격이며 癸水가 투출하여 관인상생격이다. 연간의 비견 甲木과 시지의 卯木 겁재가 일간의 세력이 되지만, 월·일지의 관성과 연지 午火 시간의 상관 丁火가 투출하여 신약사주다. 일찍부터 전문자격을 취득하거나 강의를 직업으로 선택하면 좋았을 사주이다.

사주의 주인공은 시골의 열악한 환경에서 특별히 전문지식을 습득하지 못하고 음식점에서 종업원으로 일을 하였다. 비록 환경이 받쳐주지 못했더라도 아이들을 키우고 나서 보다 적극적으로 자신의 영리한 두뇌를 활용했다면 좋았을 것이다.

4. 상극구조의 직업선택

상극구조는 비법성, 스피드, 번뜩이는 아이디어 등의 화학적 반응으로 표현되는 특별함을 가지고 있다. 상극 자체가 흉하다거나 나쁜 작용을 하는 것도 있겠으나 실제 상극이 주는 시원하고 명쾌한 부분도 있다. 이러한 상극구조는 사회생활 또는 직무를 수행할 때 자신만의 특별한 능력으로 표현된다는 점을 간과해서는 안 된다. 이와 관련된 실제 사례를 살펴보도록 하자.

1) 직업선택이 잘된 사례

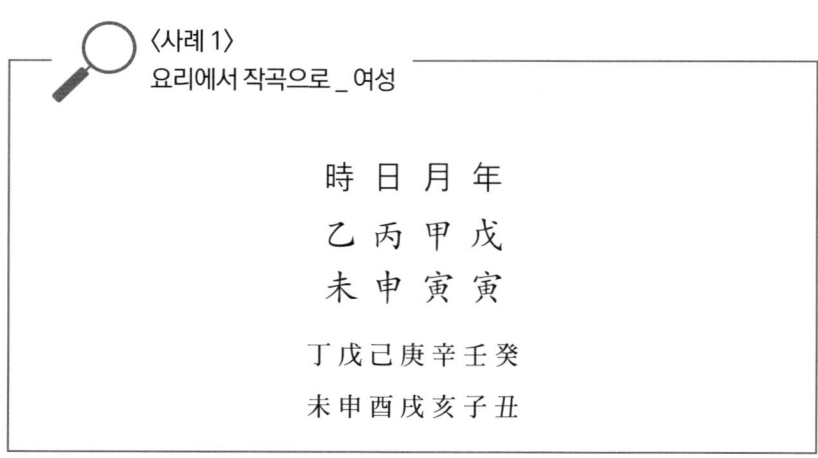

〈사례 1〉
요리에서 작곡으로 _ 여성

時	日	月	年
乙	丙	甲	戊
未	申	寅	寅

丁 戊 己 庚 辛 壬 癸
未 申 酉 戌 亥 子 丑

丙火 일간이 寅월에 생하고 월간으로 甲木이 투출하여 편인격이다. 연지 寅木과 시간의 정인 乙木까지 일간을 생하니 인수가 태왕한 신강사주다. 일지 申金 재성으로 왕한 편인 甲木을 제화시키는 편재용신이다. 연간의 식신 戊土는 甲木 편인에게 도식당하여 쓸모가 없게 되었다. 그러므로 식신을 활용하는 직업은 불리하다.

사주의 주인공은 3세 때 부모가 이혼하여 할머니 손에 자랐다고 한다. 이후 성장하여 이탈리아 식당에서 요리를 배우고 있는 중에 작곡과 진학을 희망했다. 편인은 작곡에 매우 유리한 적성이다. 편재는 또한 악보를 그려내고 작곡하기에 유리한데 왕한 편인을 재성이 자극하여 새로운 발상을 창출해 낼 수 있다. 작곡과 진학 선택은 맞는 진로방향이다.

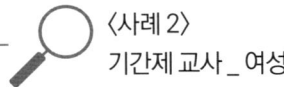
〈사례 2〉
기간제 교사 _ 여성

```
時 日 月 年
戊 甲 丙 壬
辰 午 午 子
```

```
己 庚 辛 壬 癸 甲 乙
亥 子 丑 寅 卯 辰 巳
```

甲木 일간이 午월에 생하여 월간으로 丙火가 투출하여 식신격이다. 그러나 월·일지에 午火가 병립하여 상관이 강하다. 다행히 연주에 壬子 인수가 상관을 제하고 일간을 생해 준다. 시지의 辰土가 습토이니 火氣를 설기

하여 일간을 돕는 것이 아름답다. 비록 오행이 상극의 구조이나 모두 쓸모 있게 되었다.

실제 사주의 주인공은 대학에서 영문학을 전공하고 교사자격증을 취득하였다. 대학원에서 석사학위 취득 후 결혼과 육아로 경력단절이 되었다가 다시 기간제교사로 근무하는 사람이다.

 〈사례 3〉
좋은 운에 사법시험 합격 _ 남성

```
時 日 月 年
甲 丁 乙 庚
辰 未 酉 申
```

壬 辛 庚 己 戊 丁 丙
辰 卯 寅 丑 子 亥 戌

丁火 일간이 酉월에 庚金이 투출하여 정재격이다. 연지의 申金과 월지의 酉金이 무리를 지어 재성이 왕하다. 월간의 편인 乙木은 庚金에게 합거되고 시간의 정인 甲木은 시지 辰土 통근하여 일간을 생하니 용신이다. 왕한 재성을 다스릴 비겁 火가 없고 재성 金을 설기하여 인성 甲木을 생해 줄 관성 水가 없으나 乙木이 庚金을 합하여 용신 甲木을 보호하니 경이롭다.

사주의 주인공은 명문대 법대를 졸업하고 관성 水대운에 재와 인수를 통관시키자 사법고시에 합격하여 대기업 법무팀에 취직하였다. 사주가 비록 상극구조이나 노력하여 인수의 자격을 얻은 예이다.

2) 직업선택이 잘못된 사례

〈사례 1〉
개그맨 _ 남성

時 日 月 年
丁 壬 戊 癸
未 寅 午 丑

壬 癸 甲 乙 丙 丁
子 丑 寅 卯 辰 巳

壬水 일간이 午월에 丁火가 투출하여 정재격이다. 신약한 일간을 생해줄 인수는 없고 연간의 겁재 癸水는 월간의 칠살 戊土에 합거된다. 결국 지지로 寅午 火局을 이루니 가종재격으로 볼 수 있다.

초년 火운에는 개그맨으로 잘나가는 듯 하였으나 중년으로 들어가면서 水운을 만나자 오행이 서로 상극하게 되어 술집에서 사건 사고가 일어나고 이로 인하여 연예계에서 거의 퇴출되었다.

사주가 재생살이 강하여 유연성이 요구되는 개그맨으로서의 직업이 잘 맞지 않는다고 볼 수 있다. 경찰이나 정치계가 더 나은 적성이라고 보여진다.

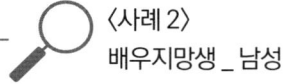
〈사례 2〉
배우지망생 _ 남성

```
時 日 月 年
庚 丁 癸 辛
戌 亥 巳 未
```

丙丁戊己庚辛壬
戌亥子丑寅卯辰

丁火 일간이 巳월에 생하여 득령하였으나 시·연간으로 庚辛 金이 투출하여 재격이 되었다. 火를 생해 줄 인성 木이 없으니 월간의 癸水 칠살은 연지 未土 식신과 시지 戌土 상관으로 제화시켜야 한다. 그러나 식상 土는 재성 金을 생하고 재성 金은 칠살 癸水를 생하니 자신의 재능이 결과로 나타나기에는 고통이 따르게 된다. 즉, 배우라는 직업은 잘 맞는 적성이 아니다.

사주의 주인공은 공부보다 예능에 관심이 많아 장시간 동안 단역을 해오며 기회를 엿보고 있다고 한다.

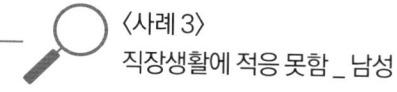

〈사례 3〉
직장생활에 적응 못함 _ 남성

```
時 日 月 年
庚 癸 丙 壬
申 卯 午 午
```

癸 壬 辛 庚 己 戊 丁
丑 子 亥 戌 酉 申 未

癸水 일간이 午월에 丙火가 투출하여 정재격이다. 정재 丙火는 연·월지 午火양인에 근을 두고 일지 卯木의 생을 받으니 매우 강하다. 연간의 壬水가 火를 제하고 시주의 庚申 인수가 돕는다. 그러나 火勢를 설기할 습토(濕土)가 없으니 재성 火를 제화시키기에 역부족이다.

사주의 주인공은 직장에 재직 중 뇌물수수 혐의로 회사에서 퇴출당했다. 그 후 여러 가지 일을 시도하였으나 제대로 마무리되는 일이 없었다고 한다. 인수가 용신이므로 일찍부터 자격증을 취득하여 자격증이 직업이 될 수 있었다면 좋았을 것이다.

5. 파격들의 직업선택

    과거에는 직업이 사·농·공·상으로 굉장히 직업의 범위가 협소하였다. 그러나 2020년 한국직업사전 통합본 제5판에 수록된 우리나라 직업 수는 16,891개에 달한다. 이렇듯 우리가 상상하는 숫자보다 많은 수의 직업이 현재 존재하고 있다.

    비록 제대로 격을 갖추지 못한 파격이라도 자신만의 재능을 찾아 직업을 선택할 수 있다. 파격이라도 자신의 재능에 맞게 직업을 선택하여 능률적으로 일하는 경우와 그렇지 못한 경우를 실제 사례를 들어 살펴보고자 한다.

1) 직업선택이 잘된 사례

〈사례 1〉
운명상담가의 길을 선택 _ 남성

```
時 日 月 年
己 甲 癸 丁
巳 戌 卯 未

乙 丙 丁 戊 己 庚 辛 壬
未 申 酉 戌 亥 子 丑 寅
```

甲木 일간이 卯월생으로 양인격이다. 양인을 제화시킬 관살이 없으며 연간의 丁火 상관으로 설기시켜야 하나 월간의 癸水가 극하여 파격이 되었다. 사주의 주인공은 청년시절 직장생활도 잘하지 못하고 그렇다고 자기 기술 또한 익히지도 못하였다. 己亥대운에 동양 술수학을 공부하여 운명상담소를 운영하게 되었다. 이후 결혼도 하고 자식도 얻게 된 사람이다. 대체적으로 파격의 사주들은 특별한 기술을 익히거나 운명술업, 종교계 등에서 좋은 역할을 하는 경우가 있다.

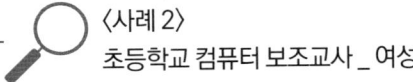
〈사례 2〉
초등학교 컴퓨터 보조교사 _ 여성

```
時 日 月 年
乙 辛 戊 癸
未 巳 午 丑

乙 甲 癸 壬 辛 庚 己
丑 子 亥 戌 酉 申 未
```

辛金 일간이 午월에 생하였고 巳午未 方局을 이루었으니 편관격이다. 연간의 식신 癸水로 제살하여야 하나 월간의 戊土와 합하여 파격이 되었다. 그러나 전반적으로 관인상생의 구조를 이루고 있으므로 시스템에 적응하는 능력이 뛰어나다.

사주의 주인공은 초등학교에 비정규직 보조교사로 입사하였고 능력을 인정받아 오래도록 근무할 수 있었다. 이후 자영업을 하였으나 손실을 입는 등 여의치 않아 접었다고 한다.

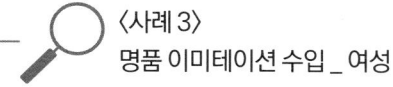

〈사례 3〉
명품 이미테이션 수입 _ 여성

```
時 日 月 年
庚 壬 壬 壬
子 午 子 子
```

乙 丙 丁 戊 己 庚 辛
巳 午 未 申 酉 戌 亥

壬水 일간이 子월생으로 연·월이 모두 壬子 비겁으로 이루어져 있고 시지 겁재 子水와 시간의 庚金 편인까지 일간을 돕는 세력이다. 일지 午火 정재가 극을 당하는 군겁쟁재의 사주이다. 이런 사주는 옛 고서에서도 가난을 면키 어렵다고 하였다. 도벽심이 가득하나 훔치는 게 직업이 될 수는 없지 않은가.

사주의 주인공은 남편과 별거하면서 딸 2명을 부양하였다. 그리고 중고 가방을 취급하기 위해 정식으로 사업자를 내고 프랑스 등에서 명품 이미테이션을 수입해 팔면서 돈을 벌어 아이를 키웠다.

2) 직업선택이 잘못된 사례

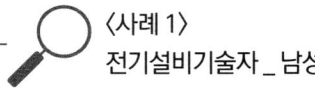
〈사례 1〉
전기설비기술자 _ 남성

時 日 月 年
壬 癸 癸 己
子 卯 酉 亥

丙丁戊己庚辛壬
寅卯辰巳午未申

癸水 일간이 酉월에 생하여 편인격이다. 월간의 癸水와 시간의 겁재 壬水가 투출하여 비겁이 태과하게 되었다. 편인 酉金을 제화시킬 재성 火가 없고 왕한 비겁을 제화시킬 관성은 연간에 뿌리 없는 편관 己土뿐이니 파격이다. 일지 卯木 식신으로 설기하는 용신을 삼지만 卯酉 충으로 도식이다. 사주의 주인공은 공고를 졸업하고 전기설비 기술자가 되었다. 기능사 자격을 갖추고 열심히 근무하고 있지만, 재성이 없기 때문에 전기설비 업무가 적성에 부합하는 직업은 아니라 직무만족도는 높지 않을 것으로 보인다.

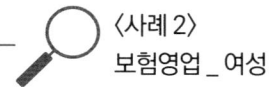
〈사례 2〉
보험영업 _ 여성

```
時 日 月 年
丁 戊 壬 戊
巳 午 戌 申

甲乙丙丁戊己庚辛
寅卯辰巳午未申酉
```

戊土 일간이 戌월에 戊土가 투출하여 건록격이다. 일지 午火와 시주 丁巳 인수까지 일간을 생하니 일간은 신태강하다. 비겁을 제할 관성이 없고 왕한 인수를 제할 재성이 극 당하여 파격이다. 단지 연지 申金 식신을 용신하며 월간으로 투출한 壬水 편재는 비견에 극 당하여 탈재되므로 식신과 재성을 용신으로 한다고 해도 이런 구조는 사업을 해서는 안 된다. 자신만이 잘할 수 있는 기술을 익히고 노력하여야 한다.

사주의 주인공은 남편이 주도하는 사업을 같이 하다가 여러 차례 실패하자 남편과 이혼하였다. 이후 보험영업을 하며 아이들을 키우고 있다고 한다.

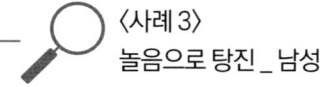

〈사례3〉
놀음으로 탕진 _ 남성

```
時 日 月 年
乙 己 癸 丁
丑 卯 卯 未
```

丙 丁 戊 己 庚 辛 壬
申 酉 戌 亥 子 丑 寅

己土 일간이 卯월에 생하고 乙木이 시상으로 투출하여 편관 칠살격이다. 칠살격은 식신으로 제살하여야 하나 식신 金이 없고, 인수로 살인상생시켜야 하나 연간의 丁火 편인은 월간의 癸水에게 극 당하고 있으니 파격이다. 파격의 사주는 미용사나 요리사 또는 중장비 운전 등 자신만의 기술을 익혀야 한다. 그리고 대운의 흐름을 참고하여 희신운에 자격증 등을 취득하여야 직업생활을 보장받을 수 있다.

사주의 주인공은 직장생활을 하며 결혼하고 자녀까지 두었으나 직장에 흥미를 붙이지 못하고 도박에 빠져 가정까지 잃게 되었다.

14장

명리직업상담의 미래

일반

심리상담이 한 개인의 과거경험에서 비롯된 각종 심리적 문제나 현재 겪고 있는 심리적 상태에 대한 분석과 치료라면, 명리직업상담은 심리상담을 포함한 개인의 진로지도와 더불어 미래를 조명하고 준비해 줄 수 있다. 그러므로 명리직업상담은 미래사회전망에 대한 전반적인 고찰을 통하여 보다 폭넓은 정보를 갖추고 제공해 줄 수 있어야 한다.

내담자의 직업선택에 도움을 주는 과정에서 그 직업의 미래에 대한 전망도 포함해야 한다. 비록 적성에 맞는 직업일지라도 머지않아 소멸될 가능성이 있거나 발전할 가능성이 없는 직업은 실직으로 이어질 수 있기 때문이다. 그러니 동일선상에 있는 직업군의 직업정보를 충분히 확보하고 전망이 있는 직종을 안내해야 상담은 성공할 수 있다.

이 장에서는 미래사회의 변화된 모습과 직업세계의 변화를 알아보고 명리직업상담이 앞으로 어떻게 전개될 것인가를 전망한다.

1. 미래사회와 직업의 변화[12]

미래사회의 모습을 조명한다는 것은 현재 사회의 모습을 가장 정확하게 분석할 수 있는 동시에 변화의 흐름을 읽을 수 있다는 것이다. 그리고 이러한 연구는 다양한 분야에서의 발전방향성을 알게 해준다. 직업이란 현재와 미래를 아울러 준비해야 한다는 가치가 포함된 개념이므로 명리직업상담은 미래전망이 선행되어야 하는 과정이다.

1) 장래인구추계(2020~2070년)

2021년 통계청이 발표한 대한민국 장래인구추계(2020~2070)를 살펴보면 다음과 같다.

첫째, 총인구는 5,184만 명에서 2070년 3,766만 명으로 감소할 것으로 전망했다. 2020년 현재 5,184만 명에서 향후 10년간 연평균 6만 명 내외로 감소해 2030년에 5,120만 명 수준으로 감소하고 2070년에 3,766만 명에 이를 전망이다. 인구성장률은 2021~2035년까지는 -0.1% 수준으로 유

---

12) 김기승·정경화, 『명리상담사를 위한 직업정보가이드』, 다산글방, 2021, 참조.

지하다가 이후 감소 속도가 빨라져 2070년에는 -1.24% 수준으로 전망했다. 자연감소(출생아수-사망자수) 규모는 2020년 -3만 명에서 2030년에 -10만 명, 2070년에 -51만 명 수준으로 계속 커질 전망이다. 출생아수는 2020년 27만 명에서 2070년 20만 명(2020년의 71.5% 수준)으로 감소하고 사망자수는 2020년 31만 명에서 2070년 70만 명(2020년의 2.3배 수준)으로 증가할 전망이다.

둘째, 2020년부터 향후 10년간 생산연령인구는 357만 명이 감소하고 고령인구는 490만 명이 증가할 것으로 전망했다. 연령구조로 보면 2020년과 2070년의 연령별 인구 구성비를 보면 15~64세 생산연령인구 비중은 감소(72.6% → 46.1%)하고 65세 이상 고령인구 비중은 증가(15.7% → 46.4%)하고 0~14세 유소년인구 비중은 감소(12.2% → 7.5%)할 전망이다. 생산연령인구는 2020년 3,738만 명에서 10년간 357만 명이 감소하여 2070년에 1,737만 명 수준으로 줄어들 전망이다. 중위 연령은 2020년 43.7세에서 2031년 50세를 넘고, 2070년 62.2세까지 증가할 것으로 전망했다.

셋째, 총부양비는 2020년 39명에서 2070년 117명으로 3배가 증가할 것으로 전망했다. 즉, 생산연령인구 1백 명당 부양할 인구는 2020년 38.7명(노년 21.8명)에서 계속 높아져 2070년 116.8명(노년 100.6명)까지 증가할 전망이다. 노령화 지수는 유소년인구 1백 명당 고령인구는 2020년 129.3명에서 2070년 620.6명으로 4.8배 증가할 것으로 전망했다.

이렇듯 앞으로의 인구구조는 출생자수는 감소하고 사망자수는 늘어나면서 인구절벽 시대를 맞이할 것으로 예상되고, 학령인구와 생산연령인구도 감소하여 생산연령인구가 부양해야 할 총부양비도 증가할 것으로 전망했다. 미래사회를 예측하면 그에 따른 직업변화를 예측할 수 있고 그에 맞는 직업 준비도 예상할 수 있다.

2) 1인 가구 수 증가

　1인 가구 수는 2016년 543만 명에서 2019년 603만 명으로 계속 증가하고 있는 추세이다. 2020년 서울시민 가구별 비율을 살펴보면 1인 가구는 33.3%, 2인 가구는 25.8%, 3인 가구는 20.6%, 4인 가구는 19.2%, 5인 가구 이상은 1.1%로 1인 가구의 수가 가장 높게 나타났다.

　2021년 통계청에서 발표한 1인 가구의 통계를 살펴보면, 2020년 1인 가구의 연령대별 비중을 보면, 20대가 19.1%로 가장 많고, 30대(16.8%), 50대(15.6%), 40대(13.6%) 등의 순으로 나타났다. 여자는 60대 이상 고령층(45.1%)의 비중이 높고, 남자는 30~50대(56.9%)의 비중이 높아 성별에 따른 1인 가구의 연령대가 확연히 다르게 나타났다. 남자는 30대에서, 여자는 20대에서 1인 가구 비중이 가장 크게 나타났다.

　혼자서 생활하는 가장 큰 이유로 청년 가구는 직장, 학교와의 거리 때문인 경우가 81.5%, 중장년 가구와 노인 가구는 배우자와의 이혼·별거·사별 때문인 경우가 각각 68.5%, 80.3%를 차지했다. 혼자 생활하면서 느끼는 만족도도 청년 가구가 71%로 가장 높았다. 중장년 가구는 41.5%, 노인 가구는 43.7%로 세대별 차이가 나타났다. 가장 곤란한 점으로 청년 가구는 위급할 때 대처의 어려움(42.1%), 중장년 가구는 외로움(33.1%), 노인 가구는 경제적 불안감(34.3%)을 각각 1순위로 꼽았다.

3) 기계와 인간이 더 비슷해진다

　로봇이 인공지능(AI)과 결합하면서 점점 똑똑해지고 정교해지고 있다. 산업용 로봇이 공장에서 자동차를 만든 지 오래되었고, 이제는 인공지능을 탑재한 협업로봇(코봇, collaborative robot)이 사람과 함께 전자부품을 조립하고 연구 과정을 보조하기도 한다. 사람의 모습을 한 휴머노이드 로봇은 호텔 접객원, 백화점 판매원, 노인시설 복지사, 병원 간호사 등 서비스 직종에서 일부 역할을 맡고 있다. 웨어러블 로봇(wearable robot, 착용로봇)은 노약자나 장애인, 근로자가 몸에 착용해 신체 기능을 강화하고 보조하는 역할을 한다.

　최근에는 로봇이 인간의 신체적 기능을 대신하는 것을 넘어 인지능력(지식, 이해력, 사고력, 문제해결력, 창의력 등)의 영역까지 넘어오는 사례가 등장하고 있다. 고도의 컴퓨터 알고리즘과 빅데이터를 기반으로 한 온라인 자산관리 서비스인 로보어드바이저(roboadvisor)는 인간 프라이빗 뱅커(PB)가 하던 자산관리 서비스는 물론이고, 적극적인 투자에도 활용되고 있다. 인공지능 왓슨은 환자의 영상자료를 보고 의사보다 더 정확한 확률로 각종 암 여부를 판독해 의사를 도와 환자의 병을 진단하는 역할을 한다.

　인공지능 변호사 로스(Ross)는 1초당 10억 건이 넘는 판례를 검색해 사건에 맞는 가장 적절한 판례를 추천해 주고 있다. 앞으로도 인공지능의 적용은 교통, 공공안전, 제조, 의료, 금융·보험·주식투자, 교육, 사무행정 및 경영, 법률 등으로 더욱 확산될 것이다. 통역 및 번역 분야도 이미 상당한 수준의 발전을 이루었다.

4) 정형화된 업무는 기계와 로봇으로 빠르게 대체된다

로봇이나 컴퓨터, 인공지능 등의 기술이 사람이 하는 일을 대체할 가능성, 즉 '기술 대체 가능성'이 높다는 것은 하는 일의 일부가 컴퓨터나 기계로 대체되어 해당 직업의 일자리 중 일부가 감소한다는 것을 의미한다.

기술 대체 가능성이 너무 높아 업무 전체가 컴퓨터나 기계로 대체되면 해당 직업의 일자리 전체가 사라질 수 있다. 기술 대체 가능성은 해당 직업이 수행하는 일(task)의 정형화 정도에 영향을 받는다. 수행하는 일이 일정한 매뉴얼에 따라 규칙적일 경우 정형화 정도가 높다고 할 수 있다. 예를 들어, 버스기사, 창고관리인, 시설안내원, 계산원, 텔레마케터, 제조생산직(조립, 포장, 품질관리) 등과 같이 일정한 방식에 따라 규칙적으로 하는 업무 비중이 높은 경우에는 기술로 일자리가 대체될 가능성이 높다.

숙련 직종이라고 해서 기술 대체로부터 안전한 것은 아니다. 전문직이라고 하더라도 정해진 절차에 따라 반복적인 업무를 한다면 정교한 알고리즘으로 자동화될 가능성이 높다. 예를 들면 법률사무원(또는 저숙련 초급 변호사), 회계사무원(또는 저숙련 초급 회계사), 영상의학 전문의 등 직종이 그러하다. 최근 우리나라에도 인공지능 변호사(Law-Bo)가 도입되어 소송에 관련된 판례나 법령, 논문 등의 검색 업무를 담당하는 법률비서(법률사무원)의 일자리가 위협받고 있다.

기계에 따른 일자리 대체 가능성은 고급 지식과 기술이 필요한 고숙련 직종인 경우에 저숙련 직종에 비해 상대적으로 낮다. 엔지니어나 과학자는 기술 대체 가능성이 낮은데, 이는 업무 수행 시 요구되는 높은 수준의 창조적 능력 때문이다. 또 고숙련 변호사도 저위험군에 속하는데, 이는 변호사에게 필요한 사회지식(사회와 인간에 대한 이해, 법정 변론), 통찰력(새로운 법리 해석), 영업력(의뢰인 상담) 등의 능력이 기계로 대체되기 어렵기 때문이다. 또한 기술대체에 따른 일자리 감소보다는 사회가 복잡화됨에 따른 고숙련 변호사에 대한 수요 증가가 변호사 일자리를 결정할 것이다.

5) 직업의 등장과 소멸이 더욱 빨라진다

기술발전으로 기존 산업생태계에 있던 직업 중 일부는 사라지는 대신 새로운 직업이 등장한다.

1910년대 초, 포드자동차가 대량 생산되면서 마부는 한순간에 일자리를 잃었지만 자동차 운전원과 자동차 제조공은 급격히 늘었다. 인쇄방식이 활자인쇄에서 컴퓨터출판으로 바뀌면서 원고에 따라 활자를 고르는 문선공과 이 활자들을 지면 크기에 맞춰 짜는 일을 하는 조판공이 사라지고, 편집디자이너가 그 자리를 대신하게 되었다. 지금은 인쇄소의 인력구성도 변화하였는데, 인쇄기의 자동화로 인쇄공장에서 일하는 남성 근로자들은 줄어든 반면에 편집디자인이 중요해지면서 여성 편집디자이너는 늘어났다. 또한 컴퓨터와 인터넷의 등장으로 컴퓨터공학기술자, 소프트웨어개발자, 프로게이머, 컴퓨터게임개발자 등 새로운 직업들이 대거 등장하였다. 이러한 사례는 무수히 많다. 이와 같은 기술발전에 따른 직업구조의 변화는 향후 4차 산업혁명으로 더욱 빨라질 것이다.

기술발전에 따라 직업구조 변화는 다음의 4가지 유형으로 나타날 것이다.

첫째, 4차 산업혁명의 핵심기술이 산업화(상품, 서비스)되면서 새로운 직업들이 등장하고 있다. 예를 들면, 사물인터넷 전문가, 인공지능 전문가, 자율주행차 개발자 등이 증가하고 있다.

둘째, 기존 직업이 전문화 및 세분화하고 있다. 예를 들면, IT 보안 전문가는 전문 영역에 따라 IoT보안 전문가, 핀테크 보안 전문가, 자율주행차 보안 전문가 등으로 전문화될 것이다. 또 로봇공학자는 산업용 로봇개발자, 서비스 로봇개발자, 웨어러블 로봇개발자, 휴머노이드 로봇개발자 등으로 전문화되고 있다.

셋째, 직무 또는 분야 간 융·복합에 따른 직업이 등장하고 있다. 예를 들면, 금융과 IT지식이 필요한 핀테크 전문가, 의료와 빅데이터, IT지식이 필요한 의료정보 분석사에 대한 수요가 증가하고 있다.

넷째, 기존 직업 중에서 역할이 더욱 커지는 직업이 등장하고 있다. 인공지능과 IoT, 블록체인, 자율주행차 등이 모두 데이터에 관계되는데, 이와 같이 데이터 기반의 경제·사회가 되면서 IT보안 전문가의 역할이 더욱 커지고 있다. 스마트팩토리에 대한 투자와 보급이 증가하면서 생산공정설계 기술자와 생산관리 기술자, 품질관리 기술자에 대한 역할이 더욱 중요해질 것이다.

6) 로봇과 협력, 디지털 지식의 활용이 중요해진다

4차 산업혁명으로 근로자의 일하는 방식과 도구에 또 한 번 변화가 예고되고 있다.

4차 산업혁명의 핵심기술, 즉 로봇, 인공지능(AI), 빅데이터, 가상현실(VR)·증강현실(AR), 3D 프린팅, 클라우드(cloud), 사물인터넷(IoT) 등의 첨단 기술들이 기존 기술 분야와 융·복합되고 연계되면서 빠르게 발전하고 있다. 이러한 속도가 산업현장과 직업현장에 반영되어 생산 공정과 생산 장비가 혁신되면서 근로자의 일하는 내용도 빠르게 바뀌고 있다.

10년 후에는 사람이 직접 제품을 조립하고 검사하고 적재하는 일은, 적어도 기계도입 비용을 감당할 수 있는 중견기업 이상에서는 거의 없어질 가능성이 크다. 근로자들은 생산시스템과 로봇을 관리하고, 작동 이상을 발견하면 신속하게 조치하는 유지보수 업무를 하게 될 것이다.

건물청소원도 모바일로 청소로봇들을 작동하고 관리하는 일을 하게 될 것이다. 건물경비원은 CCTV와 지능화영상분석시스템, 경비로봇을 관리하고 통제하는 일을 할 것이다. 기존에 사람들이 하던 업무의 상당 부분을 인공지능 탑재 컴퓨터가 담당하면서 금융전문가들은 사전에 축적되고 분석된 데이터 결과를 종합하여 주로 의사결정을 하게 될 것이다. 병원에서도 의료서비스 로봇이 복도를 쉴 새 없이 움직이고, 의사들은 대형 모니터를 보면서 인공지능 '왓슨'이 분석한 데이터 결과를 환자들에게 설명하고 왓슨이 제안한 치료방법을 더 정교하게 결정하는 일을 하게 될 것이다. 변호사들도 '인공지능 변호사'를 얼마나 효과적으로 활용하느냐에 따라 유능함을 인정받게 될 것이다.

이상과 같이 부품조립이나 창고관리, 일상적 행정사무 등 단순 반복적인 일은 로봇과 무인운반차, 자동화컴퓨터가 맡고, 근로자는 생산시설의 유지관리나 품질관리, 보수, 데이터 분석, 대인서비스 등의 종합적이고 통제적인 일을 주로 할 전망이다. 아니면 기계화나 로봇화가 어렵거나 비용 문제로 남겨진 일을 맡게 될 것이다. 직업현장에서 수행되는 업무 수준이 양극화되고, 따라서 근로자에게 요구되는 직업능력도 양극화될 것이다.

7) 디지털 기술을 잘 활용하는 사람이 성공한다

2016년 처음으로 미국 로펌에서 인공지능(AI)변호사 로스(ROSS)가 업무에 투입되었다. 로스는 초당 10억 건이 넘는 판례를 검토해 의뢰한 사건과 가장 유사한 판례를 추천했다.

최근 우리나라 로펌에서도 인공지능 변호사를 활용하기 시작하였다. 이로써 인공지능을 사용한 변호사는 더 빨리 업무를 처리할 수 있게 되었다. 인공지능 변호사 도입 이전에 판례를 조사해 기초 보고서를 작성하는 일은 초급 변호사나 법률비서(또는 법률사무원)가 해왔던 업무이다. 결국 인공지능 변호사가 더욱 일반화되면 의뢰인에게 법률지식만을 제공하는 변호사들은 생계의 위협을 받게 될 것이다. 반면에 논리적 전략을 세우고 사람들을 설득하고 공감할 수 있는 변호사들은 더욱 각광을 받을 것이고, 경제·사회 제도의 복잡화로 고급 변호사에 대한 수요는 더욱 증가할 것이다. 이러한 차이는 소득의 격차로 나타나게 될 것이다.

우리나라 일부 병원에서는 인공지능 왓슨을 도입해 진단과 처방에 활용하고 있다. 의료인공지능은 의료영상 분석 및 판독에 탁월한 성과를 내고, 병원과 의사는 환자의 신뢰를 얻는 성과를 올리고 있다. 앞으로 의사도 인공지능 등 디지털 기술을 적극 활용하는 사람과 그렇지 않은 사람 간에 생산성과 소득의 격차는 더 커질 것이다.

최근에는 통역 및 번역 업무도 인공지능 번역기로 대체되고 있다. 하지만 아직은 인간의 언어에 담긴 사회문화적 배경과 다의적(多義的) 해석 때문에 완벽한 통역이나 번역은 어려운 실정이다. 그러나 기술이 매우 빠르게 발전하고 있고, 구글 번역기는 초벌 번역수준으로 발전하였다. 일부 번역서비스 업체에서는 초벌 번역은 번역 솔루션을 사용하고, 전문번역사는 번역의 완성도를 높이는 일을 한다. 예전에는 초벌 번역사와 전문번역사가 함께 일했다면, 이제는 전문번역사가 인공지능 번역기와 일을 한다. 통역의 경우도 10년 안에 여행안내 등 초급 통역은 인공지능 통역기가 맡게 될 것이다. 앞으로 초급 번역사와 통역사는 일자리를 얻기가 더욱 어려워질 것이다. 반면에 고급 전문번역사는 인공지능 번역기를 사용하여 생산성을 더욱 높이게 될 것이다.

직종 내 양극화 사례는 3D프린터를 활용하는 치과기공사와 금형원, 협업로봇을 사용하는 제조생산직과 연구직, 가상현실과 증강현실 기술을 활용하는 건축가 등 많은 분야에서 등장하게 될 것이다.

8) 아이디어가 더욱 쉽게 사업화된다

1980년 미래학자 앨빈토플러는 그의 저서 〈제3의 물결〉에서 프로슈머(producer+consumer)의 존재를 예견했는데, 이러한 예언이 이제 현실화되었다.

프로슈머는 소비는 물론 제품개발과 생산, 판매까지 직접 관여하는 '생산적 소비자'를 뜻한다. 그런데 현재는 소비자로서 생산에 관여하는 정도가 아니라 '직접 생산하고 소비하는 주체'로 의미가 바뀌고 있다. 앞으로 4차 산업혁명의 핵심 기술들인 빅데이터, 온라인 플랫폼, 클라우드, 3D 프린팅 등의 기술이 '쉬운 창업과 '프로슈머의 등장'을 더욱 빠르게 앞당길 것이다. 데이터가 산업화의 기반이 되고 있다. 각종 IT 기기와 센서에서 생성된 데이터를 활용하여 이전에는 생각하지 못했던 비즈니스 모델이 창출되고 있다. 중국 알리바바그룹의 창업자 마윈은 "이제 IT(Information Technology)시대에서 DT(Data Technology)시대로 옮겨가고 있다. 지난 30년은 인터넷이 창업의 기회를 주었지만, 앞으로 30년은 빅데이터를 통해 새로운 창업 기회를 발견하게 될 것이다"라고 하였다.

미국의 거대 제조업체인 GE는 2011년 소프트웨어 기업으로의 변신을 선언했다. 기존에 판매하던 에너지, 항공, 운송 등의 장비 및 기계에서 발생하는 데이터를 통해 생산과 운영 효율을 높여주는 소프트웨어 솔루션 프레딕스를 개발했다. 2015년에 개발된 프레딕스는 산업용 장비나 부품에서 나오는 데이터를 활용해 운영상의 각종 문제를 해결하고 예방하는 소프트웨어 플랫폼이다. GE는 데이터를 기반으로 생산과 운영에 필요한 각종 서비스를 판매하고 있다. 자율주행차가 상용화되면 제조업뿐만 아니라 자율주행차에서 생성되는 데이터를 활용해 A/S, 엔터테인먼트를 위한 마케팅, 교통정책 수립 등에 활용할 수 있을 것이다. 일반인들도 의료, 행정 등 공공 빅데이터를 활용해 새로운 사업모델을 만들 기회가 증가할 것이다.

빅데이터 활용 외에도 VR(가상현실)과 AR(증강현실)을 활용한 교육훈련 콘텐츠 개발, IoT를 적용한 전자제품 개발, 인공지능을 이용한 애플리케이션,

온라인 플랫폼을 이용한 공유경제 등 다양한 제품 개발과 서비스가 증가하고 있다. 최근에는 3D프린터를 활용하여 디자인 평가를 위한 목업(모형)이나 시제품을 더 저렴하고 빠르게 제작해주는 업체도 등장했다. 정부와 지방자치단체에서도 '메이커 스페이스' 시설을 마련하여 새로운 아이디어로 창업에 도전하거나 만들기에 관심이 많은 청소년들을 대상으로 3D 프린터, 레이져커터 등의 장비를 대여하고 각종 교육프로그램을 제공하고 있다.

9) 평생직장, 평생직업의 시대에서 평생학습의 시대로

우리나라는 국가부도의 사태를 맞아 IMF 구제금융을 받았던 1998년을 기점으로 평생직장에서 평생직업의 시대로 접어들었다고 한다. 한 직장에서 정년퇴직을 하기가 어렵기 때문에 직업능력을 갖추는 것이 중요하다는 말이다. 하지만 이제는 '평생직업'이 아닌 '평생학습'의 시대가 되고 있다.

4차 산업혁명 시대에는 컴퓨터의 비약적 성능 향상, 빅데이터의 축적, 5세대 이동통신(5G Networks)의 상용화 등으로 기술 간 상호 상승효과를 발휘하고, 인공지능과 빅데이터, IoT등의 기술간 융복합화를 불러올 것이다. 이러한 기술발전의 가속화와 동시에 불확실성은 더욱 커질 전망이다. 기술발전이 빠르고 과도기적인 기술들이 서로 경쟁을 하고 있기 때문에 어떤 기술과 분야가 살아남고 도태될지, 어떤 분야가 새롭게 등장할지 예측하기가 더욱 어려워지고 있다. 기술발전의 가속화는 한번 배웠던 지식과 기술의 수명이 더 짧아진다는 것을 의미한다. 오늘 배웠던 지식과 기술이 몇 달 후에는 낡은 것이 되고, 새로운 지식과 기술을 온라인 공개강좌나 유튜브 등을 통해 쉽게 접할 수 있다. 인터넷으로 연결된 전 세계 네트워크를 통해 자신의 지식과 기술을 공유하고 평가받는 것이 일상화될 것이다. 첨단기술 분야일수록 근로자는 평생에 걸쳐 지속적으로 지식과 기술을 새롭게 습득하지 않으면 안 되게 되었다.

한편, 인간의 수명이 연장되고 있다. 생활 여건이 향상되고 의료 및 생명공학 기술이 발전해 인간의 수명은 더욱 길어질 예정이다. 2019년에 태어난 우리나라 아이의 기대수명은 83세로 추정되는 데, 21세기 말에 이르면 100세에 이를 것으로 예측하는 전문가도 있다. 수명 연장은 더 오래 일을 해야 하고, 평생에 걸쳐 지금보다 더 많은 직업을 갖게 된다는 것을 의미한다. 새로운 직업으로 전직하기 위해서는 새로운 지식과 기술을 습득해야 한다. 평생학습은 당연한 것이 되었다.

2. 명리직업상담의 방향

　명리직업상담은 명리학 이론을 바탕으로 상담이 이루어진다. 내담자를 위한 일련의 준비와 과정은 일반 상담과 비슷하게 진행이 되지만 내담자의 성격심리가 용이하게 파악된다는 이점 때문에 내담자를 배려한 상담이 가능하다. 또한 대운을 고려한 생애주기별 상담이 이루어진다는 것은 최대의 강점으로 작용하게 된다.

　현재 상담이론은 정신분석적치료, 실존치료, 현실치료, 인지행동치료 등 다양한 이론들이 있는가 하면, 근래 다양한 문제 해결에는 한 가지 이론으로 해결이 어렵다는 생각으로 통합적 치료라는 분야가 발달하고 있다. 그러나 이러한 분야도 새로운 상담이론의 한 분야라는 주장도 있으며 명리직업상담에서는 명리학 이론에 기초한 고유한 상담을 실시한다.

1) 명리직업상담 진행과정

　내담자를 고려한 진행과정상 주의점은 다음과 같다. 아래와 같은 내용을 숙지하여 상담에 임하여야 한다. 초보 상담자들과 미숙한 상담자들은 내담자에게 이끌려가며 상담을 진행하는 경우도 있는데 상담의 원만한 목적을 이루기 위해서는 주관과 일관된 자세로 상담을 진행해야 한다.

(1) 상담환경의 분위기 조성

기존의 철학관이나 명리상담실은 대부분 내담자에게 맞추기식의 일방적인 설명과 신비주의식 권위를 내세워 혐오감을 주거나 압박감을 다소 느끼게 하는 분위기가 빈번하다. 변화와 혁신이 없는 집단과 개인에게 미래는 없다.

명리직업상담은 인간을 이해하고 미래애 성공 가능한 직업방향을 예측하는 희망의 전도사다운 새로운 분위기를 조성해야 한다. 즉, 우주론적인 광의의 인간이해와 오행이론을 통한 한 사람의 인생을 컨설팅하는 전문가다운 분위기를 연출해야 한다.

적절한 장식이나 자료가 없더라도 인테리어를 구성하는 상식선에서 허용적이고 내담자가 릴렉스(relax)할 수 있는 분위기로 조성되어야 한다.

그리고 업종의 공통적인 브랜딩이 사업의 승패를 좌우할 수도 있는 현대사회에서 명리업계는 각각의 고유한 여건이 존재한다손 치더라도 대외적으로는 어느 정도 합의된 상담의 기본과 공유할 수 있는 지성적인 분위기 연출은 반드시 필요하다.

(2) 현대명리학적인 언어구사

현재 일부 명리저술에서 활용되고 있는 명리용어들은 너무나 구시대적인 언어를 사용하고 있다. 또한 신비적이고 너무 자극적인 용어를 사용하고 있기도 하다.

신살론이나 단식판단에 의한 상담으로 고객들에게 순간을 모면하는 대안을 제공하거나 말거리를 만들어 부정적인 이미지를 심어주어서는 안 된다.

또한 '당신은 언제 큰 사고가 난다', '절대 해결할 수 없다' 는 등의 절망감을 주거나, 혹세무민(惑世誣民)의 상담은 절대 안 된다.

앞으로 명리직업상담은 과학명리학이 추구하는 세련되고 정확한 용어를 활용한 상담이 되어야 한다. 그리고 내담자에게 꿈과 희망을 줄 수 있는 언어심리를 연구해야한다.

(3) 내담자에게 맞는 상담회기 안내

명리직업상담은 단 1회의 검사결과만을 전달해주는 상담도 있지만 내담자의 특성과 요구에 따라 다양한 회기의 상담을 진행할 수 있다.

적성검사 이외에 성격, 심리, 인간관계, 재물관리, 결혼문제 등에 따른 추가되는 상담내용으로 구성하여 다양한 회기의 상담진행이 가능하다.

또한 내담자의 요구에 따라 다양한 적성검사를 실시하여 확신을 갖도록 돕는 것도 좋은 방법이다.

다양한 성격검사, 적성검사, 직업카드분류검사 등 각종 심리검사에 대한 검사능력도 갖추어 내담자가 원하는 경우 응해줄 수 있어야 한다.

2) 내담자의 특성에 맞는 상담

다른 상담기법과는 달리 본 명리와 직업선택에서 제시하는 상담기법은 내담자의 특성을 최대한 정확하게 파악할 수 있다는 장점이 있다. 이것은 좀 더 효과적이고 성공적인 상담의 기본이 되어준다. 그 특성을 간략히 정리하면 다음과 같다.

(1) 편중된 십성에 의한 내담자

편중된 십성은 반드시 개인의 성격심리에 독특하고 편협된 영향을 주는 요인이므로 그 편중된 십성의 심리특성을 고려한 상담을 진행시켜야 한다. 비겁의 편중은 자존심이 강할 것이요, 인성의 편중은 자기생각을 변화시키기 어려울 것이며, 관성의 편중은 원칙을 고수하고, 재성의 편중은 계산적이며, 식상의 편중은 원칙을 무시하는 자유주의 성향임을 감안한 상담을 진행시켜 효과적인 상담결과를 얻게 될 수 있다.

(2) 사주구조에 따른 상담

사주구조는 한 사람이 추구하는 바를 알려주는 척도이다. 생각하고 행동하는 패턴과 직업적성까지도 이러한 사주구조의 파악에서 시작된다. 예컨대 관인상생의 구조라면 기존의 가치관 변화를 힘들어하고 식상생재라면 변화와 창조를 주도하는 마인드를 가지고 있으니 내담자의 인간관계나 재물에 대한 관점은 물론 가족과 사회에 대한 중요도를 두는 기준까지도 감지한 상담이 될 수 있다.

(3) 생애주기별 상담

명리상담의 가장 큰 장점은 운의 흐름에 따른 생애의 변화예측 상담이 가능하다는 것이다. 운의 개입에 따라 심리 및 가치관의 변화와 직업의 변화는 물론 일과 사안의 성패까지도 정확한 정보를 얻고 상담에 임할 수 있다.

(4) 연령에 따른 상담

십성의 작용은 다양하다. 예컨대 인수라도 어린이에게는 양육의 작용이며 학생에게는 공부와 교육, 대학생에게는 시험과 자격증 취득, 사회인에게는 문서와 계약 등의 작용으로 나누어진다. 같은 십성과 같은 운이어도 연령을 고려한 상담은 내담자로 하여금 훨씬 편안하고 상담목적에 쉽게 도달하도록 해주는 촉진제가 되어준다.

3) 내담자의 요구에 따른 상담

내담자의 특성에 따른 상담은 내담자의 사주구조에 의한 성격적인 면을 고려해야겠지만 대체적으로 다음의 두 종류로 나누어 볼 수 있다. 내담자가 결과지향적인 재관 중심의 사고방식을 가진다면 정보지향적 상담을 더욱 선호할 것이다. 과정 중심적인 인비식의 사고방식을 가진다면 상담결과도 중요하지만 인간적 교류가 있는 관계지향적 상담을 더 선호할 것이다.

(1) 정보지향적 상담

결과에 더 의의를 두는 내담자라면 상담자가 필요로 하는 정보 자체에 초점을 두어야 한다. 여기서 상담자는 정보 수집을 위해 탐색해보기, 개방형 질문 사용 등을 하여 수행한다.

(2) 관계 지향적 상담

이 유형의 상담에서는 내담자와의 관계성을 위하여 재진술, 감정의 반향 등이 포함된다. 재진술은 내담자에 대한 단순한 반사적 반응으로서 내담자에게 상담자가 적극적으로 듣고 있음을 알리며, 반향은 공감을 알린다.

4) 상담사의 사주특성별 주의사항

대면으로 이루어지는 상담에서는 상담사는 내담자에게 자신의 가치를 요구할 수도 있고 자신이 옳다고 믿는 것을 강요할 수도 있다.

다음은 상담사의 사주특성별 주의사항으로 어느 십성이 강하게 자리를 잡아서 편고된 사주구조의 상담사는 이러한 점에 주의하여 상담에 임하여야 한다.

<상담사의 사주 특성 별 주의사항>

사주 특성	주의사항
인성 강 상담사	자신의 생각을 주입시키려는 점 주의 같은 주제를 반복적으로 설명하는 단점 주의
비겁 강 상담사	일방적인 강요식의 상담 주의 설득과 제시보다는 단언으로 마무리 하는 단점 주의
식상 강 상담사	내담자의 고충을 듣기보다 자신의 경험을 더 많이 말함 상담의 목적보다 사람을 만난다는 자체를 즐기려는 단점 주의
재성 강 상담사	자신의 노력과 상담결과에 대한 손익을 계산하는 단점 주의 상담과정보다는 결과제시만으로 상담을 종료하려는 단점 주의
관성 강 상담사	자신의 사고방식의 틀을 강요하는 단점 주의 내담자의 부정적인 고충을 경시하고 판단하는 태도 주의

5) 상담사의 가치관

 상담사는 자신만의 고유한 가치관을 가지고 있지만 최대한 객관적인 입장에서 상담을 진행하여야 한다. 그러나 옳다고 믿는 신념과도 같은 가치관들은 분명히 상담사로서 긍정적으로 작용할 수 있는 요인이 있다. 다음의 내용도 이러한 신념과 밀접한 관련성이 있는 항목이지만 사회적으로 보다 객관성을 요하거나 예민한 부분이므로 이 점에 있어서는 자신의 신념을 넘어 보다 통상적이고 그 사회가 용인하는 범주를 벗어나지 않도록 노력하여야 한다.

■ 종교

자신이 진리라고 믿고 있지만 종교의 자유라는 측면과 종교는 강요할 수 없다는 차원에서 상담에서는 고려될 사항이다.

■ 동성애과 성 가치관

동성애자에 대해서는 이해해 주어야 할 사항인지 인정해 주어야 할 사항인가에 대한 상담사의 가치관을 정립하고 상담에 임하여야 하며 성 가치관 또한 지나친 개방적 사고나 보수적 사고방식을 강요할 수는 없다.

■ 사회문화적 요구

상담사나 내담자나 모두 하나의 사회에 속한 존재이다. 그러한 조건을 원만하게 수용하고 자신의 가치관과 조화시킬 수 있도록 돕는 것이 보다 긍정적인 상담이 될 수 있다.

3. 명리직업상담사의 전문성

명리직업상담사는 명리직업상담사만이 제공해줄 수 있는 전문적인 상담 능력과 정보가 있어야 경쟁력 있는 자신만의 분야를 소유할 수 있다. 이를 위하여 다음과 같은 분야에서의 전문지식이 요구된다.

1) 명리직업분류에 관한 이론습득

명리이론에서의 직업분류는 십성이 가지는 선천지능과 심리작용, 성격발현 그리고 업무수행기능과 직업유형 등을 분석하여 직업을 분류하여 내담자에게 적합한 직업을 추천해주게 된다.
또한 명리직업상담사는 사주구조의 분석에 능통하여 각 개인이 소유한 직업활동에 있어서 가장 유리한 직무능력을 분석할 수 있어야 하며, 이 모든 것들의 기초인 십성이 가진 성격심리에 관하여도 전문성을 배양해야 한다.

2) 명리직업상담에 관한 상담기법 습득

　명리직업상담사는 일반심리학에서 다루는 상담기법과 직업심리학의 상담기법 그리고 명리직업상담에서 다루는 상담기법에 대하여 이론과 실제적인 활용에 관한 모든 것을 습득해야 한다. 모든 상담이론은 나름대로의 인간관을 가지고 있다. 그러므로 명리직업상담사는 음양오행이론에 기초한 상생상극이라는 우주생성의 원리에 기초한 인간관을 가지고 너와 내가 하나인 '우리 의식'에 바탕을 둔 상담을 실시하여야 한다. 가장 좋은 상담은 내담자를 최고로 만들어주는 상담이 아니라 내담자가 최선의 선택을 할 수 있도록 안내해 주는 상담이다.

3) 직업정보와 상담에 필요한 다양한 지식 습득

　명리직업상담사는 변화하는 직업세계에 대한 직업정보를 지속적으로 수집하고 관심을 기울여야 한다. 직업정보를 제공해주는 기관은 현재 다양해지고 있으나 가장 많이 사용되고 방대한 정보를 보유하고 관리하는 곳은 고용정보 워크넷(www.work.go.kr)이다. 각종 채용정보와 취업상담 및 검사를 실시하고 있으며 여성, 고령자, 장애인, 청소년, 기업, 아르바이트, 해외취업이라는 분야로 분류하여 특성에 맞는 취업정보를 제공해주고 있다. 노동부에서 운영하는 곳으로 현재 다양한 연구활동과 함께 전문적인 정보를 제공해주고 있다.

명리직업상담사의 역할도 미래사회를 내다보는 미래학자적인 태도와 새로운 상담이론에 대한 연구와 함께 직업정보와 미래사회에 관한 모든 정보들을 가공하여 제공해 줄 수 있는 능력이 필요하다.

4) 명리직업상담사의 자질개선

미국의 국립직업지도협회(National Vocational Guidance Association : NAGA, 1982)에서는 직업상담사에게 요구되는 6가지 기술영역을 다음과 같이 제시하고 있다.

- 일반상담능력
- 정보분석과 적용능력
- 개인 및 집단검사 실시능력
- 관리능력
- 실행능력
- 조언능력

명리직업상담사도 직업상담을 담당하므로 이러한 기술적 능력을 갖추어야 한다. 위에서 제시한 능력이 활동하는 가운데 발휘되기 위하여 명리직업상담사는 다음과 같은 자질을 갖추어야 한다. 자질이란 필수적으로 요구되는 능력을 발휘하는 데에 긴밀하게 작용하는 요소이기도 하지만 능력 이전에 형성되어져 있는 인격과도 관련이 깊다. 이를 정신적, 물질적 측면으로 나누어 논한다.

(1) 정신적인 측면에서의 자질

명리직업상담사는 자신의 직무를 수행하는 데 있어서 내담자를 하나의 인격체로 존중하고 그들의 의견을 집중하여 들어줄 수 있어야 한다. 정확하고 분명한 검사결과의 전달은 매우 기계적인 업무의 결과일 뿐이며, 상담은 그러한 결과물 이상으로 자신이 존중받고 있다는 느낌 속에서 자기 확신과 만족을 주는 것이 목적이므로 이러한 내면적인 성숙이 상담사에게 요구된다.

모든 상담을 포함하여 명리직업상담도 문제를 해결하기 위하여 신청하는 경우가 많으므로 그들의 생각에 신중하게 공감해줄 수 있어야 하고, 다양한 특성을 가진 사람들을 접하게 되므로 상담자 자신이 오히려 심리적 압박을 받기 쉬운 여건을 가진다. 그러므로 명리직업상담사는 내면적인 측면에서 이러한 모든 요소들을 스스로 감당할 수 있고 내담자들이 원하는 정보 제공과 문제를 해결해 줄 수 있어야 한다.

(2) 물리적인 측면에서의 자질

외적인 측면에서 요구되는 자질은 명리직업상담을 진행하면서 필요한 환경적, 물질적 여건들을 조성하고 구사할 수 있는 능력과 관련된다. 명리직업상담은 외부가 아닌 상담실에서 이루어지므로 이와 관련된 다음과 같은 자질이 요구된다.

- **상담실 관리**: 원활한 상담을 촉진시킬 수 있는 상담실을 꾸미고 관리할 수 있어야 한다. 허용적이고 편안한 분위기를 조성하고 상담에 필요한 서류를 준비하고 관리할 수 있어야 한다.

- **원활한 기계조작**: 검사와 신청에 관련된 컴퓨터 조작을 원활하게 할 수 있어야 한다. 집단상담과 사이버상담에 관련된 정보검색 및 정보수집을 위한 조작도 필요하며 상담결과를 피드백하기 위한 각종 통계처리와 상담과 관련된 행정업무도 할 수 있어야 한다.

참고문헌

[단행본]

고영희(1997), 『당신의 양쪽뇌를 사용하라』, 양서원
김기승(2006), 『사주심리와 인간경영』, 창해
_____(2009), 『명리직업상담론』, 창해
_____(2010), 『놀라운 선천지능』, 창해
_____(2011), 『사주심리치료학』, 창해
_____(2013), 『타고난 재능이 최고의 스팩이다』, 창해
_____(2016), 『과학명리』, 다산글방
_____(2020), 『명리학 정론』, 다산글방
김기승·함혜수(2018), 『십성의 기질과 사회성』, 다산글방
김기승·노선희(2019), 『명리진로학습코칭』, 다산글방
김병숙(2006), 『직업상담심리학』, 시그마프레스
_____(2009), 『인간과 직업』, 시그마프레스
김홍경 (1993), 『음양오행설의 연구』, 신지서원
노안영 외(2006) 『성격심리학』, 학지사
리처드 도킨스(2006), 『이기적 유전자』, 을유출판사
브라이언 그린(2005), 『우주의 구조-시간과 공간 그 근원을 찾아서』, 승산
샌드라 아모토·샘 왕(2009), 『똑똑한 뇌 사용 설명서』, 살림출판사
스티븐 호킹(1998), 『시간의 역사』, 까치글방
어윤형 외 1(1994), 『오행은 뭘까?』, 도서출판 세기
이영희(2006), 『유대인의 밥상머리 자녀교육』, 규장
쟝샤오위엔(2008), 『별과 우주의 문화사』, 바다출판사
전창선 외 1(1994), 『음양이 뭐지?』, 도서출판 세기
하워드 가드너(2001), 『다중지능 인간지능의 새로운 이해』, 김영사
하워드 가드너(2007), 『다중지능』, 웅진지식하우스

[논문]

강경옥(2008), '사주구조와 운동선수의 적성관계 연구', 국제문화대학원대학교 석사학위논문.
김기승(2006), '사주명리를 통한 초등학생 영재판별 방법의 연구', 청소년지도학회
김의인(2004), '사주심리증후군과 교육방법과의 상관관계연구', 경기대학교국제문화대학원 석사학위논문.
이문정(2007), '명리이론을 활용한 초등학생 생활지도와 학부모상담', 국제문화대학원대학교 석사학위논문.
정회금(2003), '좌우뇌기능분화와 좌우뇌선호도가 MBTI 심리유형에 미치는 영향', 연세대학교대학원 석사학위논문
함혜수(2008), '사주의 격이 개인의 직업목표에 미치는 영향', 국제문화대학원대학교 석사학위논문.

[참고사이트]

고용노동부 http://www.moel.go.kr
워크넷 http://www.work.go.kr
통계청 http://www.nso.go.kr
하이인포 https://hinfo.sen.go.kr
한국MBTI연구소 https://www.mbti.co.kr/
한국고용정보원 http://www.keis.or.kr/main/
한국선천적성평가원 http://www.aatest.co.kr/
한국에니어그램교육연구소 https://www.kenneagram.com/
한국직업상담사협회 http://www.kvoca.org/

명리와 직업선택

초판 발행 2022년 8월 25일

지은이 김기승·정경화
펴낸이 방성열
펴낸곳 다산글방

출판등록 제313-2003-00328호
주소 서울특별시 마포구 동교로 36
전화 02-338-3630   070-8288-2072
팩스 02-338-3690   02-6442-0292
이메일 dasanpublish@daum.net
　　　　iebookblog@naver.com
홈페이지 www.iebook.co.kr

ⓒ 김기승·정경화, 2022, Printed in Korea

ISBN 979-11-6078-255-4 03150

* 이 책은 저작권법에 의해 보호받는 저작물이며, 저자와 출판사의 서면 허락 없이
  이 내용의 전부 또는 일부를 인용하거나 발췌하는 것을 금합니다.
* 제본, 인쇄가 잘못되거나 파손된 책은 구입하신 곳에서 교환해드립니다.
* 책값은 뒤표지에 있습니다.